JN432038

하늘의 여왕

—이미지로 본 「성모대관」의 다층적 의미

서강학술총서
032

하늘의 여왕

이미지로 본 「성모대관」의 다층적 의미

정은진 지음

서강대학교출판부

서강학술총서 032

하늘의 여왕

—이미지로 본 「성모대관」의 다층적 의미

초판발행 | 2011년 12월 26일
지 은 이 | 정은진
발 행 인 | 이종욱
편 집 인 | 우찬제
발 행 처 | 서강대학교 출판부
등록번호 | 1978년 9월 28일 제313-2002-170호

주 소 | 서울특별시 마포구 신수동 1번지
전 화 | (02) 705-8212
팩 스 | (02) 705-8612

ⓒ 정은진, 2011 Printed in Korea

ISBN 978-89-7273-192-4 94920
ISBN 978-89-7273-139-9(세트)

값 22,000원

* 잘못된 책은 구입하신 곳에서 바꿔드립니다.
* 이 책의 판권은 지은이와 서강대학교 출판부에 있습니다.
양측 서면 동의 없는 무단 전재 및 복제를 금합니다.

* '서강학술총서'는 SK SUPEX 기금의 후원으로 제작됩니다.

Cantabo Domino in vita mea,

psallam Deo meo quamdiu sum.

—PSALMUS 104:33

여는 글

하늘의 영원한 여왕
천상의 모후, 기뻐하소서!
당신은 옛세의 뿌리,
세상의 빛 나으신 이,
복되어라:
하늘의 문,
영화로운 동정녀여,
찬미하는 우리 위해
아드님께 빌어주소서.

12세기에 만들어진 작자 미상의 이 시는 지금까지도 수도원의 기도로 전해진다. 성모 마리아는 서양 문화에서 가장 빈번하게 다루어지는 여성 중 하나이다. 이 책은 서양 미술에 나타난 마리아 이미지 중 그녀를 여왕으로 그리고 있는 작품을 다루었다. 최초의 마리아 이미지는 3세기 초, 카타콤에 그려진 성모자이다. 그리고 성모대관이라는 주제는 12세기에 나타난다. 나의 관심은 '왜 12세기에 성모대관이 등장했을까?'에서 시작되었다. 흔히 역사학자들은 12세기의 서유럽을 인간의 성장기에 빗대어 청년기로의 진입이라 일컫는다. 미술사에서 새로운 주제의 등장은 변화된 사회의 모습을 반영하는 경우가 대부분이기에 유럽이 기지개를 켜는 시기, 일드프랑스에 속속 등장한 고딕대성당의 팀파늄에 조각된 성모대관을 둘러싼 배경이 궁금했다. 파리에 머물며 상리스 · 라옹 · 샤르트르 · 아미앵 · 랭스, 그리고 생드니까지, 카페 왕조의 왕령지를 오가며 본 도도

한 고딕성당의 「성모대관」과 루브르에 전시된 15세기 프라 안젤리코의 「성모대관」은 같은 주제이지만 사뭇 달랐다. 교황의 도시인 로마에서 탄생하여, 왕의 도시인 일드프랑스에서 발달하고, 이탈리아에서 마리아에게 봉헌된 도시들로 확산되어 절정을 구가한 성모대관은 지역과 시대의 흐름에 따라 다양한 변화를 보인다. 이 책은 12세기부터 16세기 초까지 성모대관이라는 주제의 파노라마 같은 변천을 담고 있다. 팀파눔 · 스테인드글라스 · 제단화 등 제작 매체의 변화, 새로운 모티프의 등장과 쇠퇴의 징후들에 관심을 두었다. 그리고 성모대관의 의미를 그것이 제작된 당대의 사회 문맥 속에서 바라보고자 했다. 종교와 일상이 미분화된 시대를 살았던 사람들에게 가장 공적인 공간인 교회에 나타난 성모대관은 어떤 의도로 제작되고, 수용자들에게 어떤 의미를 전달하였을까?

이러한 질문들에 답을 구하기 위해 2004년 피렌체에 있는 하버드대학교 부설 이탈리아 르네상스 연구센터인 빌라 이 타티(The Havard University Center for Italian Renaissance Study, Villa I Tatti)의 베른슨 아카이브(The Berenson Archive)와 로마 바티칸 도서관(Biblioteca Apostolica Vaticana)의 그리스도교 미술 색인(Index of Christian Art), 그리고 파리 에콜 루브르 도서관(Bibliothèque de l'Ecole du Louvre)의 카탈로그(Catalogue)를 이용해 자료를 수집하고, 선행 연구를 바탕으로 12세기에서 15세기까지의 성모대관을 주제로 한 334점의 작품의 목록을 만들었고, 이 책의 말미에 부록으로 첨가하였다. 그러나 목록에 있는 모든 성모대관이 작품 분석의 대상이 될 수 없기에 글의 목적에 적합한 작품을 선별하였고, 16세기 이후 쇠퇴의 경향은 라파엘로의 「오디제단화」로 설명하였다.

서론에 해당하는 1장에서는 선행 연구들이 분명히 밝히지 못했던 성모대관의 출발점에 관해 새로운 시각을 제안하였다. 이미 관을 쓰고 있는 성모의 경우는 아가(雅歌)의 신랑–신부 이미지와 혼란을 피하기 위해, 성모의 일생 중 죽음과 승천이라는 서사 구조 속에서 성모대관을 보았다. 따라서 이 책은 최초의 작품을 성모의 죽음과 승천이 함께 나타난 로마의 산타 마리아 인 트라스테베레 앱스에 그려진 「성모대관」으로 제시하였다. 2장에서는 성모대관의 유래를 다루었다. 도상적 내용의 단초가 된 문헌과 형식적인 근간이 된 성모대관 이전의 여러 대관의 양상들, 그리고 성모대관의 주인공인 마리아에 대한 신학적인 견해와 대중의 축제를 살펴보았다. 교회는 신자들의 신앙을 고취하는 정치적 수사의 도구로 마리아를 이용한 측면이 역력한데, 이러한 의도는 3장에서 다룬 12~13세기, 교황과 친밀한 관계를 유지했던 프랑스의 카페 왕조가 다스렸던 일드프랑스에서 제작된 성모대관에서 두드러진다. 4장에서는 교황의 힘이 쇠퇴해지는 13세기 후반에서 14세기의 성모대관이 정치적인 의미가 탈색하고 신학적 내용이 강화되는 양상을 이탈리아를 중심으로 논하였다. 교회를 장식하는 제단화에 성모대관이 그려지면서 교회 건축의 일부에 속했다는 입지와 성모의 죽음과 승천이라는 내러티브에서 탈피해 대관식이 일어나는 장면이 단독으로 나타나게 되면서, 이 사건이 일어나는 천국이라는 장소의 메타포가 부각된다. 5장에서 다룬 15세기 성모대관들은 이러한 천국이라는 장소를 보다 다채롭게 전달한다. 성모대관이 재현하는 구체적인 실재는 바로 우리가 현세에서는 볼 수 없는 천국의 모습이며, 교회라는 건축 공간에서 천국을 수용자의 눈으로 바라볼 수 있게 하고, 교회가 곧 땅 위에 세워진 하느님 나라임을 강조하는 것이다. 결국 성모대관에 그려진 마리아 이미지는 잠드심과 승천 대관으로 이어지는 내러티브일 뿐 아니라 카페 왕조의 왕권을 견고히 하는 정치적 수사로, 그리고 천국의 메타포라는 다층적 의미를 지닌다.

이제 왜 이런 시공간적으로 멀리 떨어진 낯선 주제로 연구를 시작했는지 이야기해야겠다. 1997년 여름, 현대 미술의 성지인 뉴욕을 방문했을 때였다. 당시 나는 로버트 스미드슨(Robert Smithson)과 같은 환경을 매체로 다룬 대지미술에게 관심이 있었고, 그가 찍어놓은 다큐멘터리 자료를 보러 버나드 컬리지(Barnard College)에 자주 드나들었다. 숙소로 돌아오는 길에는 메트로폴리탄미술관의 작품들을 조금씩 아껴가며 보곤 했다. 수천 점의 그림이 걸려 있는 그곳에서 유독 나의 눈길을 끄는 작품이 있었는데, 그것은 조반니 벨리니가 그린 「성모자」로 작지만 색채가 빛나는 작품이었다. 그 영롱함에 반해 조반니 벨리니의 「성모자」를 주제로 석사논문을 썼다. 성모자를 연구하면서 내내 궁금했다. 왜 서양미술에서 마리아가 이렇게 많이 다루어질까? 깊고 어두운 카타콤 벽에 그려진 성모의 이미지는 지금까지도 가톨릭 신자들은 집에 놓인 성모상이라는 조각으로 이어진다. 그리고 벨리니의 작품에서는 페사로 제단화에 그려진 성모대관이 흥미로웠다. 자신이 안고 있던 아기예수가 성인의 모습으로 마리아의 머리에 왕관을 씌워주고 있는 모습인데, 그녀는 어머니가 아니라 신부처럼 보인다. 이러한 궁금증은 자연스럽게 박사논문으로 이어졌다. 이 책은 나의 박사학위 논문인 「12~15세기 「성모대관」에 관한 연구: 정치 종교적 의미를 중심으로」를 수정 · 보완한 것이다. 학위논문을 마친 것이 2006년 8월이었으니, 벌써 5년이라는 시간이 흘렀고, 그동안 '가늘고 길게' 이 책을 준비했다. 이제 짧고 굵게 감사 인사를 할 시간이다. 먼저 부족한 연구를 서강학술총서로 선정해주신 서강대학교와 출판부에 감사드린다. 그리고 이화여자대학교 미술사학과의 은사님들과 동학들, 가르쳐주시고 격려해주는 그분들께 감사의 마음을 전한다. 마지막으로, 늘 모자란 딸, 누나, 아내, 며느리인 나를 사랑으로 감싸주는 소중한 가족들에게 이 책을 드린다.

2011년 12월

정은진

차례

제1장

왜 성모대관인가?

그림 1 조반니 벨리니, 「성모대관」, 1471~1473, 패널에 유채, 262×240cm, 시립미술관, 페사로.

1. 세 가지 목적

「성모대관」(The Coronation of the Virgin)[1](그림 1)은 성모 마리아가 지상에서의 삶을 마치고 하늘로 올라갔을 때, 성자(聖子) 그리스도 혹은 성부(聖父) 하느님이 그녀에게 왕관을 수여하는 장면이다.[2] 성모대관의 주인공인 마리아는 서양 미술사, 특히 그리스도교 도상학(Christian Iconography)에서 다루어지는 무수한 작품 중 예수 그리스도와 함께 가장 많이 등장하는 인물이다. 그러나 신학적으로 그녀의 역할은 대부분 그리스도를 위한 것으로, 마리아 자신이 주인공으로 등장하는 경우는 매우 드물다. 실제로 신약성서에 등장하는 마리아는 그 위치가 더더욱 눈에 띄지 않는다. 특히 네 복음서는 그리스도의 삶과 가르침에 초점을 두었기에, 마리아가 그리스도를 잉태한 사건은 루카[3]와 마태오만이 언급하고 있다.[4] 그러나 마리

1 이 책에서 「성모대관」이라고 표기한 경우는 작품을 일컬을 때이고 그밖에는 「 」 표시를 사용하지 않았다.

2 Mrs Jameson, *Legends of the Madonna*(London: Longmans, Green, 1890), p. 13.

아는 하느님을 잉태한 자, 즉 '하느님의 어머니'(Theotokos)로 일컬어진다. 또한 초기 그리스도교 시대 이후, 그리스도교의 수용자인 신앙인들에게 마리아는 인간이지만 인간을 초월한 인물로서, 인류의 시작과 함께 보편적 심성으로 면면히 흐르고 있는 어머니 신인 대지모신(大地母神)의 역할을 대신하였다.[5]

그리스도교 전통에서 마리아의 일생은 늙도록 아이를 갖지 못했던 요아킴과 안나의 잉태에서 시작된다.[6] 신심 깊은 부모에게서 태어나, 일찍부터 성전에 봉헌되어 베 짜는 일을 하다가 요셉과 약혼한 마리아는, 대천사 가브리엘의 방문으로 성령으로 예수를 잉태하게 되었음을 알게 되고 이를 순순히 받아들인다. 이때부터 마리아의 일생은 그리스도의 삶과 오버랩된다. 아들 예수의 십자가에서의 죽음과 부활의 증인이 되었던 마리아는 예수를 따르던 제자들과 남은 생애를 보내다가 깊은 잠(Dormition)[7]에 떨어진다. 그런데 그녀의 일생은 여기서 끝나지 않는다. 성모는 그리스도, 혹은 구약시대의 엘리야처럼 하늘로 올라간다. 그리고 하늘에서는 그녀를 위한 대관식이 열린다. 물론 이 성모대관에서 그리스도

---

3 이 책에서는 성서에 언급된 인명과 지명은 주교회의 성서위원회(편), 『성경』(서울: 한국천주교중앙협의회, 2005)의 표기를, 이를 제외한 것은 『한국브리태니커사전』을 따랐다.

4 여성주의적인 시각에서는 성서에서 마리아의 역할이 강조되지 않은 점을 초기 그리스도교 시대에 성서의 편집자들이 남성들이었기 때문에 이 문헌의 편집자들이 나사렛의 어린 소녀에게서 메시아가 태어났다는 사실을 소홀히 다룬 것이라고 보기도 한다. Barbara J. MacHaffie, *Readings in Her Story: Women in Christian Tradition*(Minneapolis: Fortress Press, 1992) 참조.

5 James J. Preston(ed), *Mother Worship: Theme and Variations*(Chaple Hill: The Univ. of North Carolina Press, 1982) 참조. 성모 마리아를 대지모신으로 보는 견해는 가톨릭교회의 공식 입장이 아니라, 사회적인 성(Gender)의 관점이다.

6 Jacobus de Voragine, Granger Ryan & Helmut Ripperger(trans), *The Golden Legend*(London: Longmans, Green & co. 1941), pp. 519~520.

7 가톨릭교회는 전통적으로 마리아의 죽음을 '잠드심'이라고 일컫는다. 이와 관련해서는 이 책의 2장에서 다룰 것이다.

는 성모 옆에 앉아 있거나, 관을 씌워주는 주체로서 주인공으로 등장한다. 그럼에도 이 대관식은 그리스도의 일생에 속한 것이 아니라 성모의 죽음과 승천에 이어지는 마리아 일생의 대미(大尾)를 장식한다. 즉 대관식은 그리스도의 삶에서 분리된 마리아를 위한 일화이다.

그리스도와 마리아가 두 주인공으로 등장하는 또 다른 주제인 성모자(Virgin and Child)(그림 2)의 경우, 어머니 마리아는 아기 예수를 안고 있다. 여기서 마리아는 사람들을 어린 그리스도에게 이끄는 안내자이자 예수를 품었던 그릇(container)으로 당당히 옥좌에 앉아 있다. 요컨대 성모는 그리스도를 위해 존재하는 것이다. 그러나 성모대관에서는 성모를 위해 그리스도가 존재한다고 해도 지나치지 않다. 무엇보다 성모가 강조된 이 주제는 정경이 아닌 성서 외적인 전통에 그 근거를 두었음에도, 가톨릭교회에서 특별히 중요하게 여겨졌는데, 이는 성모가 '하늘의 여왕'(Regina Caeli)임을 나타내는 사건이기 때문이다.

성모대관은 성모의 일생에서 마지막을 차지하는 동시에 구약에서 신약으로 이어지는 그리스도 도상학의 레퍼토리에서도 마지막에 위치한다. 게다가 이 일화는 다른 도상적 주제들과 달리 이야기가 펼쳐지는 장소가 지상이 아니라 그 누구도 실제로 가본 적이 없는 곳, 하늘나라란 점이 매우 흥미롭다. 천국에서 일어나는 일이기에 우리는 사건이 일어나는 시간 또한 가늠할 수 없다. 현실의 시간과 장소를 초월해 일어난 이 사건은 그 의미가 매우 낯설게 다가오며, 따라서 성모의 대관식이라는 의식 이면에 감추어진 의도가 궁금증을 자아낸다. 이러한 의문을 밝히기 위해서는 이 도상이 나타난 시점, 즉 기원으로 돌아가야 한다. 대부분의 그리스도교 도상은 로마제국 말기에 나타나 비잔틴 시대에 정교해진다. 그런데 성모대관은 그리스도 도상학의 일련의 주기에서 종착점에 위치하는 것처럼, 그 이미지도 12세기가 되어서야 나타난다. 도상이 나타나는 시점이 12세기라는 것은 역사적으로 매우 흥미진진한 일이다. 농업 생산물의 증가와 인구의 증가, 그리고 도시와 대학이 생겨난 것도 모두 이 시기에 일어난 변화들이다. 12세기는 1000년을 기점으로 나타났던 세상의 종말에 대한 두려움이 점차 사라지고 마치 인간이 유년기에서 청년기로 넘어가듯 서유럽 사회가 '성장'이라는 다양한 변화를 맞게 되는 때이다. 무엇보다 가장 큰 변화는 당시 사회의 근간이던 교회 내부에서 일어났다. 브렌다 볼튼(Brenda Bolton)은 비록 12세기 서유럽 교회가 분열되지 않았다 하더라도, 당시 그리스도교 세계는 16세기의 상황과 마찬가지로 심각한 종교적 위기에 처해 있었고, 이 위기에 대응하기 위해서는 강력한 힘이 요구되었다고 했다.[8] 여기서 그 강력한 힘은 바로 교황의 권력이었다. 교황이 군주와 같은 통치권을 지니는 교황 군주제는 중세 정치 구조의 핵심이다.

이 책의 첫 번째 목적은 바로 왜 12세기에 성모대관 도상이 출현했나를 밝히는 데 있다. 그리스도 도상학에서 하나의 이미지가 나타나고 발전하고 사라지는 것은 단지 작품의 형식적 문제에 국한된 것이 아니며, 그 작품을 둘러싼 당시 시대적 환경과 관계가 깊다. 특별히 당대의 시대상과 맞물려 인기를 누리는 이미지가 있으며, 결국 그 이미지는 시대의 거울과 같은 역할을 하게 된다. 따라서 이 책은 12세기 사회의 중요하고도 다양한 면모가 성모대관의 출현과 불가분의 관계가 있다는 가정 아래, 이를 찾아보고자 한다.

프랑스의 도상학자 앙드레 그라바(André Grabar)는 『그리스도교 도상학 창조의 여러 갈래들』(*Les voies de la création en Iconographie Chrétienne*)에서, 도상의 주제들은 마치 언어의 어휘가 시간이 흘러감에 따라 그 의미를 유

8 Brenda Bolton, *The Medieval Reformation*(New York: Holmes & Meier, 1983), p. 10.

지하면서도 변화하고 새로운 어휘에 의해 풍부해진다고 지적했다.[9] 이처럼 성모대관 역시 그 출현 이후 시대와 지역에 따라 다양한 모습으로 변화한다. 팀파눔에서 앱스 모자이크, 스테인글라스, 제단화, 그리고 프레스코화로 성모대관의 이미지를 담는 매체가 변화할 뿐 아니라 시대의 마디마디에 새로운 모티프가 등장하기도 한다. 그 새로운 모티프는 새로운 형식을 가져올 뿐 아니라 새로운 의미를 창조하고 본래의 의미를 강조하기도 한다. 요컨대 작품은 생산된 시대의 문맥(context)에 따라 새롭고 다양한 의미를 전달하게 되는 것이다. 따라서 성모대관의 출현을 둘러싼 담론들에 이어 이미지 변화의 추이와 이를 가능케 한 시대적 징표들을 찾아내는 것이 이 책의 두 번째 과업이다. 즉 도상 자체의 정교한 설명과 함께 그 이미지를 만들어낸 사회적 요인에 대한 이해를 동시에 시도하고자 한다.

이 책은 성모대관이라는 주제가 시각화된 작품의 형식과 내용을 작품이 생산된 역사적 문맥에서 파악하고자 한다. 작품의 역사성을 다루는 데 있어서 그 작품의 수용자와의 소통은 간과해서는 안 될 또 하나의 문제이다. 종교와 일상이 미분화된 시대를 살았던 당시의 사람들에게 미술관이 아닌 물질세계와 비물질 세계를 연결하는 장소인 교회에 놓인 성모대관이 어떠한 의미로 읽혔냐는 것은 매우 중요한 문제이다. 이는 이 작품이 '왜 출현했느냐?'와도 연결될 수 있다. 수용자에게 어떻게 읽히는가의 문제는 바꾸어 말하면 작품의 의미가 어떻게 전달되는가의 문제이다. 그리스도교 전통에서 이미지는 곧 '실재'(presence)[10]이기에, 성모대관이 재현

9 André Grabar, *Les Voies de la Création en Iconographie Chrétienne: Antiquité et Moyen Âge*(Paris: Flammarion, 1979), p. 6.

10 Hans Belting, Edmund Jephcott(trans), *Likeness and Presence: A History of the Image before the Era of Art*(Chicago: Univ. of Chicago Press, 1994), pp. 1~16.

하는 그 실재를 파악하는 일이 이 책의 세 번째 과업이자 궁극적인 목적이 될 것이다.

2. 선행 연구와 문제점들

「성모대관」을 다룬 기존의 주요 연구를 살펴보면, 1902년에 에밀 말(Emile Mâle)의 『13세기 프랑스의 종교미술』(*L'art religueux du XIII siècle en France*)을 그 시작으로 꼽을 수 있다. 물론 이 책에서 에밀 말은 「성모대관」만을 다룬 것이 아니고, 흔히 고딕 이미지로 일컬어지는 중세 여러 도상을 함께 다루고 있다. 그러나 작품에 대한 도상학적 인식이 정확하였던 그는 도상의 기원이 되는 중세 문헌을 제시하고 도상의 형식적인 변화까지 짚어냄으로써 후속 연구에 교과서적인 지침이 되었다.[11] 1957년에 출판된 루이 레오(Louis Réau)의 『그리스도교 미술의 도상학』(*Iconographie de l'Art Chrétien*)은 구약과 신약 그리고 성인에 이르는 방대한 그리스도교 미술의 도상학을 주제별로 정리했다. 그는 이 연구의 신약 부분에서 마리아에 관한 도상들을 다루며 영광의 주기(Le cycle de la glorification)[12] 마지막에 성모대관을 다루었는데, 도상들을 이미 관을 쓰고 있는 경우, 천사가 관을 씌워주는 경우, 그리스도가 관을 씌워주는 경우, 그리고 성부가 관을 씌워주는 경우인 네 개의 범주로 나누었다. 그의 연구는 백과사전적이지만 카탈로그적이기도 하다는 특징이자 한계를 지녔기에, 본 연구의 초

11 에밀 말은 1922년에 출판된 『12세기 프랑스의 종교 미술』(*L' Art religieux du XII siécle en France*)의 '쉬제와 그의 영향'이라는 장에서 상리스의 성모대관이 나타나게 된 배경을 언급하였다.

12 영광의 주기에는 마리아의 부활 · 승천 · 대관이 포함된다.

기 단계에 유익한 기초 자료가 되었고 많은 작품을 분류하는 데 훌륭한 길잡이가 되었다. 루이 레오의 연구가 프랑스판 그리스도교 미술의 도상학의 집대성이라면, 이에 자극을 받은 독일 연구자들의 성과물은 1968년에 출간된 『그리스도교 도상학 사전』(*Lexikon der christlichen Ikonographie*)이다. 또한 독일에서 이보다 조금 앞서 1966년에 출판된 쉴러(*Gertrud Schiller*)의 『그리스도교 미술의 도상학』(*Ikonographie der christlichen Kunst*)[13]은 예수의 일생만 다루고 있어 성모대관은 전혀 언급되지 않았다.

1970년대에 이르기까지 성모대관에 관한 연구는 앞서 살펴본 대로, 그리스도교 도상학의 일부 주제로 연구되었을 뿐 성모대관만을 주제로 한 독자적인 연구는 이루어지지 않은 상태였다. 성모대관에 관한 주목할 만한 연구는 1972년에 나온 필립 베르디에의 논문 『성모대관: 도상적 주제의 기원과 초기의 발전들』(*Le Couronnement de la Vierge: Les origines et les premiers développements d'un thème iconographique*)이다. 1980년에 단행본으로 출판된 그의 논문은 본 연구의 가장 중요한 문헌 자료가 되었다. 베르디에는 12~13세기의 프랑스와 이탈리아의 주요 성모대관을 분석하였는데, 성모대관의 예표로 아가(雅歌)를 들었고, 이 도상의 탄생에 영향을 준 문헌으로는 『황금 전설』(*Legenda Aurea*)[14]을 드는 등, 그의 연구는 성모대관의 문헌적 기원에 비교적 많은 부분을 할애하였다. 그러나 성모대관의

---

13 1999년에 Schiller와 Rupert Schreiner가 Ikonographie der christlichen Kunst, Bd.4/2, *Maria*(Gütersloher Verlagshaus, 1999)를 출판하였다. 이는 1994년 Schiller가 죽은 후, Schreiner가 완성한 것이다.

14 원제는 『성인들의 전설』(*Legenda sanctorum*)이며 성인들의 일생을 기록한 책이다. 그러나 대중성을 위해 『황금 전설』(*Legenda aurea*)이라는 제목으로 바꾸었다. 라틴어로 씌어진 원본이 일찍부터 각국어로 번역되었으며, 1483년에 캑스턴(William Caxton)이 영어로 번역하였다. 이 책은 1941년에 Granger Ryan and Helmut Ripperger가 요약 · 번역한 것을 사용하였다.

시작에 관해서는 분명한 입장을 피력하지 않고, 영국 글로스터에 있는 퀘닝턴의 팀파눔과 로마의 산타 마리아인 트라스테베레의 앱스 등을 도상의 출발점으로 보았다. 앞서 밝힌 바와 같이 그의 이런 혼동은 성모대관의 정의를 분명히 하지 않은 데서 기인한 것이다. 그러나 이러한 미진함에도 불구하고, 그의 연구는 최초로 성모대관을 다룬 연구답게 이후의 연구들에 탄탄한 참고 문헌이 되었고, 이 책의 집필에도 좋은 자료가 되었다.

베르디에의 연구에서는 이탈리아의 성모대관을 다루고는 있지만, 그의 말대로 초기 발전 단계에 있는 몇몇 작품만을 예로 들었다. 베르디에의 연구에서 한 발짝 더 나아간 연구는 1976년에 나온 에콜스의 박사학위 논문 『15세기 이탈리아 미술에서 성모대관』(*The Coronation of the Virgin in Fifteenth Century Italian Art*)이다. 이 연구는 성모대관이라는 주제가 가장 많이 제작되고, 형식과 모티프 면에서도 절정을 이룬 15세기의 작품을 다루고 있다. 그녀는 크게 피렌체, 시에나와 베네치아로 나누어 지역적인 특징을 짚어내고, 주요한 작품을 선별하여 깊이 있게 분석하였다. 그러나 그녀의 연구는 성모대관이라는 작품 내에만 머물러 있을 뿐, 형식적으로 다양한 변화와 지역적인 차이를 보이는 원인, 즉 작품을 둘러싼 여러 배경들에 관한 논의는 다루고 있지 않다. 이는 베르디에의 연구에서도 마찬가지이다. 이들의 연구에는 왜 12~13세기 고딕 성당 팀파눔에 성모대관이 나타나게 되었는가에 대한 의문을 가지지 않았다는 아쉬움이 있다.

이처럼 기존 연구물들은 성모대관을 둘러싼 사회적 배경에 관한 담론 연구가 미진하다는 점과 함께, 도상이 프랑스에서 이탈리아로 확산되는 13세기 후반에서 14세기까지의 국면을 다루지 않았다는 점을 한계로 들 수 있다. 따라서 이 책은 성모대관에 대한 선행 연구들의 이러한 단점을 보완하는 동시에, 성모대관의 탄생에서 절정과 쇠퇴의 변천을 통사적으로 파악하고자 한다. 이러한 연구는 시대 흐름에 따른 작품 변화의 추이를 한눈에 알아볼 수 있다는 장점이 있다. 뿐만 아니라 이 책에서는 작품의 형식적인 변화와 더불어 그 변화를 가져온 사회적 요인들을 밝히고자 한다. 이러한 목적을 달성하기 위해서는 문화사로서의 미술사를 뛰어넘는, 그리고 학문의 경계를 넘나드는 학제간(inter-disciplinary) 연구가 요구된다.

이 때문에 성모대관이 출현한 시대인 12~13세기의 정치와 사회상을 설명하는 데 있어서 뒤비(Georges Duby, 1919~1996)의 연구와 한국서양중세사학회가 펴낸 『서양 중세사 연구』에 실린 논문들을 참고하였다. 또한 성모대관의 주인공인 마리아에 대한 신학적인 논의와 공경(cultus)의 역사는 조규만의 『마리아 은총의 어머니: 마리아 교의와 공경의 역사』[15]에서 많은 부분을 인용하였다. 이 책은 초대 교회부터 현대에 이르기까지 가톨릭교회의 중요한 교리인 마리아 공경의 모든 면모를 빠짐없이 다루고 있다. 『마리아 은총의 어머니: 마리아 교의와 공경의 역사』가 가톨릭교회가 공식적으로 말하는 마리아에 관한 시각을 담고 있다면, 마리나 워너(Marina Warner)의 『유일한 여성: 성모 마리아의 신화와 공경』(*Alone of All Her Sex: The Myth and the Cult of the Virgin Mary*)[16]은 서양 문화에 있어 마리아의 역할을 다각적으로 소개하고 있다.

이 책에서 성모대관 도상을 다루는 데 있어서, 무엇보다 먼저 해결해야 할 문제는 '성모대관의 시작을 어떤 작품으로 볼 것인가?'이다. 이는 성모대관이라는 도상적 주제의 정의를 명확히 하는 것과도 긴밀하게 연관되

15 조규만, 『마리아, 은총의 어머니: 마리아 교의와 공경의 역사』(서울: 가톨릭대학교 출판부, 1998).

16 Marina Warner, *Alone of All Her Sex: The Myth and the Cult of the Virgin Mary*(New York:Vintage Books,1976).

며, 다루어야 할 작품의 범위를 정하는 데도 필요하다. 그런데 도상의 탄생 혹은 사멸의 정확한 시점을 밝혀내는 일은 매우 어렵고도 난감한 일이다. 때로는 시작으로 알고 있었던 작품 이전에 제작된 작품이 발견되거나, 문헌에 의해 잘못 알려진 연대가 또 다른 연구에 의해 수정되는 경우가 빈번하기에, 작품 앞에 '최초' 혹은 '최후'라는 수식어를 붙이는 일은 지극히 조심스럽다.

성모대관 역시 그 '최초'에 관하여 기존의 연구들에서는 여러 의견이 분분하다. 성모대관을 최초로 언급한 에밀 말은 1922년에 그의 저서 『12세기 프랑스의 종교 미술』(*L'art religieux du XII siécle en France*)에서 상리스(Senlis) 팀파눔에 제작된 「성모대관」(그림 3)이 프랑스에서 제작된 최초의 작품이라고 언급하였지만 정확한 연도를 밝히지는 않았다. 다만 1140년경에 만들어진 로마의 산타 마리아 인 트라스테베레(Santa Maria in Trastevere) 앱스의 「성모대관」(그림 4)이 유입되어 프랑스에서 토착화된 것이라고 밝혔다. 에밀 말은 생 드니 수도원(The Abbey of Saint-Denis) 원장인 쉬제(Suger)와 절친한 인노켄티우스 2세(Innocentius II, 1130~1143 재위)가 1131년에 프랑스를 방문한 후, 트라스테베레의 앱스를 주문했다고 설명한다.[17] 그는 은근히 새로운 이미지에 쉬제가 영향을 미쳤음을 행간에서 드러내고 있다. 그러나 시대적으로 트라스테베레의 것이 상리스의 것을 앞서는 것임은 분명하다.

한편, 조지 자르네키(George Zarnecki)는 1950년에 「리딩 수도원 주두(柱頭)의 성모대관」(The Coronation of the Virgin on a Capital from Reading Abbey)에서 영국 서리(Surrey)에 있는 리딩 수도원(Reading Abbey)[18] 주두에

17 Emile Mâle, *L'art religueux du XIII siècle en France*(Paris: Librairie Armand Colin, 1958), pp. 183~185.

18 리딩 수도원은 1121년 영국의 헨리 1세가 세운 수도원으로 귀족적인 클뤼니 수도원의 회칙

「성모대관」(그림 5)이 처음으로 나타났으며 그 시기를 1130년경이라고 밝혔다.[19] 1970~1980년대에 프랑스어권에서 성모대관을 연구한 베르디에(Philppe Verdier)[20]나 테렐(Marie-Louise Thérel)[21]은 영국 글로스터(Gloucester)에 있는 퀘닝턴(Quenington)의 팀파눔에 나타난 「성모대관」(그림 6)이 최초의 것이라고 언급한다. 그러나 두 연구자는 퀘닝턴의 제작 연도를 각각 다르게 밝히고 있다. 베르디에는 퀘닝턴 팀파눔의 연도를 1140년 전후로 추측한 반면, 테렐은 1150~1160년으로 보고 있다. 또한 베르디에의 경우 최초의 「성모대관」을 제시하는 대신 '최초의 국면들'이라는 이름 아래에 몇 가지 예를 들고 있는데, 1140~1143년에 제작된 로마 산타 마리아 인 트라스테베레도 퀘닝턴의 것과 함께 최초의 국면 중 하나로 보았다. 반면 테렐은 이 산타 마리아 인 트라스테베레의 것을 「성모대관」이 아닌 '마리아-교회'(Maria-Ecclesia)라는 주제로 설명하였다. 또 미국의 에콜스(Mary Tuck Echols)는 산타 마리아 인 트라스테베레의 「성모대관」을 그 기원으로 보며, 그 도상의 기원을 중세 로마 미술에 두고 있다.[22] 필자는 최초의 작품에 대한 기존 연구들의 이러한 논란들을 정리하고 성모대관 도상의 시작점을 밝히기 위해, 우선 성모대관을 어떻게 정의하는가의 문제와 연결시켜보고자 한다. 앞서 밝힌 것처럼 성모대관은 '지상에서의

을 따랐으며, 마리아와 사도 요한에게 봉헌되었다. CATHOLIC ENCYCLOPEDIA 참조.

19 George Zarnecki, "The Coronation of the Virgin on a Capital from Reading Abbey", *Journal of the Warburg and Courtauld Institutes*, 13:1/2(1950), pp. 1~12.

20 베르디에의 연구는 1972년 캐나다의 퀘벡에서 이뤄졌고, 단행본으로 출판된 것은 1980년이다. Philippe Verdier, *Le Couronnement de la Vierge: Les origines et les premiers développements d'un thème iconographique*(Montréal: Publication de l'Institut d'études médiévals Albert-le-Grand, 1980).

21 Marie-Louise Thérel, *Le Triomphe de la Vierge-Église*(Paris: Éditions du CNRS, 1984).

22 Mary Tuck Echols, *The Coronation of the Virgin in 15th Century Italian Art*, Ph. D. diss., University of Virgin, 1976.

삶을 마치고 하늘로 올라간 성모에게 성자(聖子) 그리스도 또는 성부(聖父) 하느님이 왕관을 씌워주는 장면'이다. 무엇보다 대관식을 묘사하는 장면의 핵심은 성자(또는 성부)가 왕관을 수여하고, 마리아가 왕관을 받는 동작에 있다. 왕관이 씌워지고 있는 그 순간의 동작을 묘사한 작품들은 문제가 없으나, 루이 레오의 분류대로 이미 그리스도에 의해 왕관이 수여되고, 대관식이 끝나 성자와 나란히 앉아 있는 경우[23]에는 성모대관의 문헌적 기원인 구약에 등장하는 아가의 신부 이미지와 혼동을 일으키기 쉽다. 따라서 필자는 이러한 경우에 성모대관을 서술적인 문맥에서 바라보아야 한다고 제안한다. 즉 마리아의 일생이라는 서사 구조 속에서 마리아의 죽음과 승천에 이어지는 대관식 장면을 성모대관으로 보고자 한다. 그렇다면 리딩 수도원의 주두(그림 5)나 퀘닝턴의 팀파눔(그림 6)은 도상의 식별이 어려울 정도로 훼손이 심하다는 난점은 접어두고라도, 이들이 트라스테베레(그림 4)나 상리스(그림 3)와 달리 죽음과 승천에 이어지는 장면이 아니라는 점에서 문제가 된다. 따라서 이 책 에서는 아가서의 신부 이미지와 혼동을 야기할 수 있는 리딩 수도원과 퀘닝턴 팀파눔을 분석의 대상으로 고려하지 않을 것이다.

또 이미 관을 쓰고 성자와 나란히 앉아 있는 장면의 경우, 마리아의 죽음과 승천이라는 문맥과 연결된 작품만을 성모대관으로 본다는 전제는 마리아의 죽음과 승천의 연결선상에서 제작된 트라스테베레의 「성모대관」(그림 4)을 최초의 작품으로 보는 데 충분한 근거가 될 수 있다. 이와 함께 간혹 성모대관은 「마리아의 승리[또는 영광]」(The Triumph of Virgin)(그림 7)와 혼동이 되는 경우가 있는데, 「마리아의 승리」 역시 마리아가 왕관

23 Louis Réau, *Iconographie de L'Art Chrétien*(Paris: Presses Universitaires de France, 1957), pp. 621~626.

을 쓰고 옥좌에 앉아 있는 자세로, 성자 예수는 아기로 표현되어 그녀의 무릎에 앉아 있다. 얀 반 아이크(Jan van Eyck c. 1395~1441)의 「롤랭 수상과 함께 있는 성모자」(The Virgin of Chancellor Rolin)(그림 8)에서 천사가 화려한 관을 씌워주는 성모의 경우도 관이 수여되는 순간이지만 성자가 아기의 모습으로 나타나기에 성모대관으로 일컬어지지 않는다. 요컨대 성모대관에서는 성인이 된 그리스도나 성부가 성모에게 관을 수여하는 주체이다. 예외적으로 프랑스에서는 성자나 성부가 등장하더라도 천사가 관을 수여하는 경우가 종종 있다.

3. 연구의 경계: 시간, 공간, 매체

이 책이 다루는 시간적 범위는 도상이 처음 등장하는 12세기에서 성모대관이 절정을 이루는 15세기를 지나, 해체와 변형의 양상을 보이는 16세기까지로 한정하였다. 15세기가 지나면 성모대관은 조금씩 쇠퇴의 징후를 보이며, 대신 성모승천이 자주 등장한다. 서유럽 역사에서 12~15세기는 중세의 가을[24]로 일컬어지기도 하며, 르네상스라는 봄으로 진화하는 흥미진진한 시기이며, 16세기는 르네상스가 절정을 이루는 동시에 해체의 양상을 보인다. 또 장소적 범위는 이 시간 동안 서유럽 세력의 중심지였던 프랑스와 이탈리아 두 지역으로 한정했다. 이 시기에는 특히 '교황과 프랑스 왕들의 관계는 긴밀했다'는 문장만으로는 설명하기가 부족할 정도로, 서로의 이해관계가 복잡하게 얽혀 있었다. 카페 왕조는 자신들의 입지를 다지기 위해 교황의 후광이 필요했고, 그 후광으로 왕조의

24 호이징가, 최홍숙 역, 『중세의 가을』(서울: 문학과지성사, 1999).

세력을 강화하고 견고히 할 수 있었다. 그러자 이번에는 교황이 프랑스 왕의 힘을 필요로 했다. 이러한 관계는 보편 그리스도 제국을 추구한 로마 교회 내부의 문제로 이어져 교황청을 로마에서 아비뇽(Avignon)으로 옮기는 사건이 발생하기도 하였다. 또 1494년에 프랑스의 이탈리아 침공은 이들 두 지역의 힘겨루기를 보여주는 예이며, 이탈리아 르네상스의 해체를 예견하는 사건이기도 하다. 바로 이 두 지역이 힘의 중심이었던 만큼, 이곳에서 생산된 도상이 양적으로 우세할 뿐 아니라 흔히 주류 미술사에서 대가로 평가받는 이들의 작품이 대다수이다. 무엇보다 도상의 탄생과 교황 군주제라는 정치 제도가 밀착되어 있기에 교황과 왕들 간의 묘한 정치적 갈등이 있었던 두 지역의 상황은 매우 흥미롭다.

이러한 시간과 장소의 범위와 함께, '성모대관이 어디에 그려졌는가'라는 제작 매체의 문제가 있다. 이에 관해서는 12~16세기에 걸쳐 가장 공적인 공간이었던 교회의 팀파눔 조각과 앱스 모자이크, 스테인드글라스, 그리고 제단화에 그려진 성모대관을 다룰 것이다. 성모대관은 마리아에 대한 신심의 고조와 함께 다양한 매체로 제작되었지만, 교회라는 공적인 공간에 제작된 성모대관의 제작 의도는 보다 분명하다. 제작 의도와 함께 교회가 성모대관을 통해 신자들에게 전달하고자 한 그 의미를 알아보는 것은 이 책의 중요한 목적이 될 것이다. 따라서 사적인 용도로 사용된 필사본과 개인의 기도용으로 제작된 성모대관은 연구 대상에서 제외하였다. 이는 연구의 통일성을 위한 것이기도 하지만, 교회라는 공적인 공간에 재현된 성모대관의 수사(修辭)[25]적 의미를 보다 분명하게 밝히기 위함

25 수사학(rhetoric)은 웅변을 체계화한 분야로, 고대 그리스와 로마 시대에 웅변가들에게 토론법이나 대중 연설시의 여러 화술을 훈련하는 데 적용되었다. 아리스토텔레스에 따르면, 수사학은 곧 남을 설득하는 기술이었다. 언어를 매개로 사상이나 감정을 주고받는 사람, 즉 말하는 사람, 듣는 사람, 글 쓰는 사람, 읽는 사람 사이에 의사소통의 정도를 높일 수 있도록 말

이다.

지역과 시대의 흐름에 따라 성모대관은 다양한 형식의 변화를 보이는데, 이 책은 이러한 형식적 새로움에 주목할 것이다. 그리고 이러한 변화를 가져온 사회의 면면들은 단순히 시대적인 배경에 머무는 것이 아니라, 배경을 뛰어넘어 작품 안으로 들어오게 된다. 무엇보다 이 책은 작품 자체의 형식적 변화와 작품을 둘러싼 문맥에 대해 균등하고 조화로운 시각을 추구하였다. 기존의 연구가 작품의 형식적 변화를 설명하는 데 머물렀다면, 이 책은 좀 더 새롭고 열린 시각으로 작품과 작품을 둘러싼 문맥들을 대면할 것이다. 왜냐하면 "역사적 사건은 그 사건이 일어난 시대와 공간에서 멀리 떨어질수록 더욱 명확해진다"[26]라는 블로크(Marc Bloch, 1886~1944)의 말처럼, 이 논문은 원작들과 시공간적으로 아주 멀리 떨어져 있기에 '다시 보기'가 가능할 것이다.

또는 글을 효과적으로 이용하는 방법, 또는 그 방법을 가르치는 학문. 『브리태니커 백과사전 CD EX』(서울: 한국브리태니커회사, 2004). 이처럼 원래 수사학은 언어에 적용되는 분야이나, 그 범위가 확대되어 이미지에도 통용된다. 이 책에서는 이미지가 마치 정치적인 화술처럼 대중에게 메시지를 전달하는 역할을 하기에 수사라는 표현을 사용한다.

26 마르크 블로크, 정남기 역, 『역사를 위한 변명』(서울: 한길사, 2000).

제2장
유래: 텍스트와 이미지에서의 기원들

그림 26 '「성모대관」, 1140~1143, 산타 마리아 인 트라스테베레, 로마'의 세부.

성모대관이 일어나는 장면은 성서의 어느 곳에서도 찾아볼 수 없다. 그러나 마리아의 예표론(Typology)적인 인물로 여겨지는 구약의 에스테르(Ester) 왕후의 이야기는 성모대관이라는 에피소드가 만들어지는 근거를 제공하였다.[1] 뿐만 아니라 아가와 시편은 신랑과 신부의 결혼식에서 왕관을 씌우는 장면을 노래하고 있다. 이 장에서는 성모대관의 유래를 구약성서를 비롯한 여러 문헌에서 찾아보겠다. 또한 성모대관 도상의 형식적인 기원이 된 비너스의 대관, 황제의 대관, 황제와 황후의 대관 등 성모대관 이전에 존재한 고대 미술에 표현된 여러 대관들을 살펴볼 것이다. 그리고 성모대관이 제작된 동기로 마리아 공경의 신학적인 측면과 대중적으로 행해진 마리아 축제를 논할 것이다.

1 Mary Tuck Echols(1976), p. 8.

1. 문헌에 언급된 성모대관

구약성서[2]

왕비의 대관식을 묘사하고 있는 문헌 중 가장 오래된 것은 구약성서이다. 에스테르 왕후는 이스라엘 민족을 구원한 중재인으로서 마리아와 유사성을 지니는 마리아의 예표론적 인물이다. 에스테르서[3]는 이러한 에스테르 왕후의 이야기를 다루며, 에스테르서는 물론 아가, 시편에는 대관과 함께 결혼식이 묘사되어 있다. 에스테르서는 다음과 같이 쓰고 있다.

> 임금은 다른 어떤 여자보다도 에스테르를 사랑하게 되어, 그는 모든 처녀들보다 임금의 귀여움과 총애를 더 많이 받았다. 임금은 에스테르의 머리에 왕관을 씌우고 그를 와스티 대신 왕비로 삼았다. 임금은 대신들과 시종들을 위하여 큰 잔치를 베풀었다. 이렇게 '에스테르의 잔치'를 벌이고, 모든 주에 면세를 베풀며 임금답게 풍성한 선물을 내렸다.[4]

위에서 언급된 '에스테르의 잔치'가 바로 에스테르의 대관식이다. 12세기에 들어서면 크세르크세스 왕과 에스테르의 이야기는 그리스도와 교회와의 관계를 신랑과 신부의 관계로 보는 예로 해석되었다. 이러한 해석을 가능케 한 것은 다음과 같은 일화이다.

---

2 이 책에서 인용된 성서는 특별한 언급이 없으면, 주교회의 성서위원회 엮음, 『성경』(서울: 한국천주교중앙협의회, 2005)이며, 다른 번역본을 사용할 때는 각주에 언급하였다.

3 에스테르는 미모를 이용하여 남성들이 바라는 충성스러운 행위를 함으로써 유대 민족을 구한 모범적인 아내이다. 에스테르기는 B. C. 4세기 중엽에 씌어졌으며 B. C. 2세기 중엽에 내용이 첨가되어 그리스어로 번역되었다. 국제가톨릭성서공회 편, 『해설판 공동번역 성서』(서울: 일과 놀이, 1995), pp. 775~793; 박영옥 역, 『아가/애가/에스테르/룻기』(서울: 한국신학연구소, 1992), pp. 231~282 참조.

4 에스테르기 2: 17~18.

> 에스테르 왕비가 뜰에 서 있는 것을 임금이 보고 그를 귀엽게 여겼다. 그래서 임금이 자기 손에 든 황금 왕홀을 그에게 내밀자, 에스테르는 가서 왕홀 끝에 손을 대었다. 임금이 그에게 말하였다. "에스테르 왕비, 무슨 일이오? 그대의 소원이 무엇이오? 왕국의 반이라도 그대에게 주겠소." [……] 술을 마시면서 임금이 에스테르에게 말하였다. "그대의 소청이 무엇이오? 그대에게 그대로 이루어질 것이오. 그대의 소원이 무엇이오? 왕국의 반이라도 그대에게 주겠소."[5]

크세르크세스 왕은 에스테르 왕비에게 이 나라의 반이라도 주겠다는 약속을 거듭한다. 에스테르는 왕비가 됨으로써 왕이 가진 권력의 절반을 가지게 된다. 에스테르는 황금 왕홀을 내미는 왕에게 전멸의 위기에 처한 유대민족을 구해줄 것을 청한다. 에스테르의 이 일화는 샤르트르(Chartres) 성당의 북쪽 출입문 오른쪽 문의 아키볼트에 조각된 구약성서의 다섯 일화(그림 9) 중 하나로, 아키볼트 아래 팀파눔에는 「성모대관」이 있다. 에스테르 왕비의 대관식은 마리아 대관식의 예표이기에 성모대관과 함께 조각된 것이다. 즉 마리아의 대관식은 신약성서에서 직접적으로 언급되지 않으나, 구약성서에 나타난 여왕의 대관식에서 왕의 권력을 나누어 받는 것처럼, 마리아의 대관은 그리스도의 힘을 나누어 가진다는 의미로 해석될 수 있을 것이다.

한편 불가타(Vulgate) 성서의 아가[6]에는 신랑이 신부를 부르는—유혹하

---

5 에스테르기 5: 2~6.

6 '가장 아름다운 노래'라는 의미의 아가는 사랑을 노래한 대중가요 모음집이다. 이 노래들은 아마 신랑신부를 왕과 왕비로 부른 결혼 축제 때 불렀을 것이다. 이런 노래들을 어떤 편집자가 모으고 선별하여 일종의 극작시로 꾸민 다음, 그 저자를 이스라엘 안에서 지혜 문학의 원조로 여기던 솔로몬으로 삼았다. 아가서의 연대에 관해서는 여러 논란이 있지만 이 책의 최종 형태는 기원전 5세기, 6세기로 올라간다. 국제가톨릭성서공회(1995), p. 1103.
알레고리 주석자들은 이 책을 하느님과 이스라엘, 그리스도와 교회, 혹은 그리스도와 각 사

는— 장면을 다음과 같이 묘사하고 있다.

나의 신부여, 레바논에서 이리 오너라. 레바논에서 이리 오너라.
내가 왕관을 씌우리라.[7]

아가와 함께 시편[8]에도 (솔로몬의) 결혼식을 노래한 대목이 제45편에 있다.

몰약과 침향과 육계향기로 당신 옷들이 향내를 피우고
상아궁에서 들리는 거문고 소리도 흥겹습니다.
당신의 사랑을 받는 여인들 중에는
외국의 공주들이 끼어 있고,
오빌의 황금으로 단장한 왕후는 당신 오른편에 서 있습니다.

내 딸아, 들어라. 잘 보고 귀를 기울여라.
네 겨레와 아비의 집은 잊어버려라.
너의 낭군, 너의 임금이 너의 아름다움을 사랑하리라.
그는 너의 주님이시니 그 앞에 꿇어 절하여라.[9]

람들 사이의 애정 관계를 비유적으로 묘사한 것이라고 파악한다. 특히 중세의 신비주의자들이 이렇게 주석하는 경향이 있었다. 박영옥(1992), p. 15.

7 *Veni de Libano sponsa mea, veni de Libano, veni; coronaberis de capite amana* (아가 4: 8). 불가타 성서만이 "내가 왕관을 씌우리라"라고 적고 있다. 공동번역 성서에서는 "어서 오너라"로, 성경(2005)에는 "나의 신부여, 나와 함께 레바논에서 떠납시다"라고 옮겨져 있다.

8 시편이라는 낱말은 악기에 맞추어 노래 부르면서 바치는 기도를 말한다. 시편은 150편의 기도로 구성되었으며, 구약성서의 심장에 해당한다. 시편은 구약성서의 모든 주제를 종합하고 있다. 국제가톨릭성서공회(1995), p. 932.

9 시편 45: 8~11(공동번역).

시편 작가는 결혼식을 올리기 위해 왕에게 오는 신부를 묘사하고 있다. 유대인들의 결혼식에서는 신랑이 관을 썼으며,[10] 신혼부부는 왕과 왕비로 경축되었다고 한다.[11] 유대인들의 역사서로 그들의 관습과 문화를 보여주는 구약성서는 왕비의 대관과 신부의 대관을 모두 언급하는 주요한 문헌이다. 특히 '마리아의 박사'로 불리는 클레르보의 성 베르나르(Bernard of Clairvaux, 1090~1153)[12]는 시편에 등장하는 솔로몬의 신부—마

---

10 "이 즐거운 혼인날, 솔로몬 왕은 그 어머니가 씌워주신 면류관을 쓰고 있구나." (아가 3: 11).

11 박영옥(1992), p. 42.

12 성 베르나르는 테셀랭 소렐(Tescelin Sorrel)과 몽바르드 영주의 딸 알레(Aleth)의 일곱 아들 중 셋째로, 부르고뉴(Bourgogne) 디종(Dijon) 근교의 가족 성(城)인 퐁텐(Fontaine)에서 태어났다. 그는 샤티용(Chatillon)에 가서 공부하면서 청운의 꿈을 펼치고 있었으나, 1107년에 어머니의 죽음으로 많은 충격을 받고서 수도 생활을 추구하기에 이르렀다. 그는 원래 시토회의 설립자 3명 가운데 한 명은 아니었지만, 흔히 그를 시토회의 설립자라고 한다. 그가 새로운 수도회인 시토회에 입회한 해는 1112년 4월인데, 그때 그는 자기 형제 4명을 비롯하여 모두 30명의 친척, 친구들과 함께 베네딕투스회 규칙의 엄격한 해석을 따르기 위하여 1098년에 설립된 시토회에 들어갔다. 그들은 원장이던 성 스테파누스 하딩(Stephanus Harding)에게서 대단한 환영을 받았다. 1115년에 베르나르는 스테파누스 하딩의 지시에 따라 12명의 수도자와 함께 부르고뉴와 샹파뉴의 경계 지역에 있는 클레르보라는 고립된 계곡에 수도원을 세우기 위해 파견되었다. 여기서 그는 자신의 준엄한 규율과 엄격성 때문에 약간의 어려움에 봉착하였으나, 그의 성덕으로 수많은 제자들을 거느릴 수 있었다. 이때 수도원의 이름을 발레 답생트에서 클레르보로 바꾸었고, 당시 68개의 시토회 수도원의 모원이 되었다. 그 후 베르나르는 자신의 학덕과 지덕을 활용하여 수도원의 외부 일을 처리하게 되었는데, 얼마 지나지 않아 그는 유럽의 가장 영향력 있는 인사 중의 하나가 되어 통치자와 교황의 자문을 담당하기도 하였다. 그는 대립 교황인 아나클레투스 2세의 요구에 대항하여 1130년의 인노켄티우스 2세(Innocentius II) 선출의 합법성을 지지하였다. 또한 그는 로타이르 2세를 황제로 인정하도록 롬바르디아(Lombardia) 사람들을 설득시키는 일을 성공적으로 수행하였다. 1140년부터 그는 공적으로 설교하는 일을 시작하여 놀라운 명성을 얻었다. 1145년에는 예전에 클레르보의 수도자이던 유게니우스 3세(Eugenius III)가 교황으로 선출되자, 그는 교황직의 의무에 대한 글을 교황 앞으로 보내어, 로마 교황청의 남용을 자제하고, 교황이 항상 목전에 두어야 할 종교적 신비에 대하여 자세히 설명하였다. 교황 에우게니우스는 그를 전적으로 신뢰하고 있었으므로, 그를 랑그독(Languedoc)에 파견하여 알비파(Albigenses) 이단에 대항하여 설교토록 하였고, 프랑스와 독일에 제2차 십자군 원정의 열기를 북돋우는 특사로 임

리아—와 교회를 연결하였다.[13] 교회와 그리스도의 관계를 신랑과 신부의 관계로 본 베르나르의 이러한 비유는 사도 바오로(St. Paulus, 10~60)가 에페소스서에서 그리스도를 남편으로, 교회를 아내로 비유한 것에서 시작되었다.[14]

아우구스티누스의 『신국』[15]

『신국』(*De Civitats Dei*)은 아우구스티누스가 생의 말년인 413~426년에 저술한 것으로 서구 사상의 금자탑이라 할 수 있다. 여기서 그는 인류 전체 역사를 신의 뜻과 구원 계획에 따라서 진행되는 일회적인 과정이라고 본다. 『신국』이 보여주는 사상 체계는 이후 서구의 신학 사상뿐 아니라 철학 사상, 특히 역사철학의 바탕을 이룬다. '신국', 곧 신의 나라는 세상

명하였다. 심각한 건강 문제가 있었음에도 이러한 여러 가지 활동을 펼친 그는 왕성한 저술가로도 유명하며, '꿀처럼 단 박사'(Doctor Mellifluus)라는 칭호를 얻었다. 교황 피우스 8세(Pius VIII)가 그를 1830년에 교회학자로 선언하였다. 그는 스콜라학파 이전의 신학자이며, 때로는 '마지막 교부'로 불리기도 한다. G. R. Evans, *Bernard of Clairvaux*(New York: Oxford Univ. Press, 2000) 참조.

13 Carolyn C. Wilson, "*Bellini's Pesaro Altarpiece: A Study in Context and Meaning*", Ph. D. diss., New York University, 1977, p. 16.

14 에페소스서 5: 22~23.

15 『신국』은 모두 22권으로 되어 있다. 사후에 공개된 아우구스티누스의 편지에 따르면 아우구스티누스 자신은 『신국』을 5개 부분으로 나누었다. 첫 5권으로 구성된 제1부는 이방신이 이 세상의 행복을 보장할 수 있는가의 문제를 다룬다. 6~10권으로 구성된 제2부는 이방신이 내세의 행복을 보장할 수 없음을 밝힌다. 제1부와 제2부는 로마가 이방신을 배척하고 그리스도교를 받아들였기 때문에 로마가 멸망했다는 소문에 반박하기 위해 씌어졌다고 한다. 그러나 단순히 시사적인 저술이 아니라 자연신학의 문제, 플라톤 철학의 한계 등을 웅장하게 설득하고 있다. 제3부는 11~14권까지 해당된다. 신의 나라의 기원을 다루는 부분으로 창조와 시간의 문제, 악의 문제 등을 분석한다. 제4부는 15~18권으로 이루어지는데, 신의 나라의 진행을 다루며 그리스도에 이르기까지 성서의 역사관을 분석한다. 제5부는 신의 나라의 종국을 다루고, 평화, 최후심판, 법과 질서 등의 문제들을 언급한다. 아우구스티누스, 성염 역, 『신국론』(왜관읍: 분도출판사, 2004), p. 83.

나라(Civitas mundi)와 구별되는 개념이다. 이 세상에는 신의 나라와 세상 나라가 서로 얽혀 있지만 결국 신의 나라가 승리한다고 본다. 즉 신의 나라는 이 세상 나라에 참여하여 세상 나라를 끊임없이 변화시킨다는 것이다. 아우구스티누스는 예언자 시대의 하느님 도성을 다룬 『신국』의 17편[16]에서 다음과 같이 언급한다.

> 아가야말로 성스러운 지성들의 영적 쾌락에 해당한다. 즉 저 도성의 임금인 그리스도와 여왕인 교회의 혼인으로 말미암은 쾌락이기도 하다.[17]

여기에서는 신랑-왕-그리스도, 신부-여왕-교회라는 은유가 명확히 드러날 뿐 아니라, 교회가 하느님 나라의 모델임을 전한다. 이와 같은 아우구스티누스의 사상과 『신국』의 역사철학은 중세 전체를 풍미했으며, 교황권과 황제권이 패권 다툼을 할 때에도 제각기 아우구스티누스에게서 자신들의 논거를 끄집어낼 만큼 그의 사상은 영향력이 있었다.

---

16 제17권에서는 예언(豫言) 개념의 분석과 연구가 이루어진다. 신적 섭리의 안배와 계획을 다루는데 앞의 책들과 상당히 다른 접근 방법을 채택한다. 천사들을 통한 하느님의 현존과 말씀이 소개되고, 사무엘 이후 인간이 하느님의 이름으로 발설하는 현상을 통해서 인류의 여정에 초역사적 차원과 역사적 차원이 소통하고 교류하는 계기가 있었음을 보고자 한다. 예언이 시편의 작문으로도 이루어진다. 정확한 의미의 예언자도 등장한다. 예언서들은 이후의 책에서 취급된다. 일어나는 사건들과 그것이 예표하는 현실이 대조되고 인물들과 그 인물이 상징하는 인물상이 대조된다. 부분으로 나누기 어려울 만큼 일화적 성격이 강하다. 아우구스티누스(2004), p. 96.

17 *Iam uero canticum canticorum spiritalis quaedam sanctarum est uoluptas mentium in coniugio illius regis et reginae ciuitatis, quod est Christus et ecclesia*. 신국 제17권의 4부. 아우구스티누스(2004), p. 1921.
4부는 지혜서와 집회서 같은 솔로몬의 저서들을 간략하게 언급하고, 유다 왕국과 이스라엘 왕국의 분열, 그들의 역사적인 운명도 다루고 넘어간다. 그리스도가 그의 죽음과 부활을 통해 신약의 왕이자 제관으로 부각된다. 아우구스티누스(2004), p. 97.

투르의 그레고리우스

투르의 그레고리우스(Gregorius of Tours, c. 540~604)는 성모 마리아의 중재로 이루어진 수많은 기적의 사례들을 수집한 첫 번째 교부이자, 서방 교부로서는 처음으로 마리아의 승천[18]에 관한 신비를 전해준 작가이다. 마리아의 승천은 죽음[19]과 대관을 이어주는 일련의 에피소드로 신학적으로 일찍부터 논의되었다.

> 마침내 복되신 동정녀는 당신이 살아온 지상의 삶을 마치고 저세상으로 불리기를 기다리고 있을 때, [……] 그 거룩한 육체를 거두어 낙원으로 데려가셨다. 그 천상에서 영혼과 결합하면서 모든 선택된 자들과 함께 찬양하며, 끝없는 영원한 지복자들의 기쁨을 함께 누리고 있다.[20]

투르의 그레고리우스는 마리아의 대관을 직접 언급하고 있지 않으나, 천상낙원에 관한 묘사와 선택된 자들에 관한 언급을 하고 있다. 모든 선택된 자들과 함께 찬양하는 영원한 기쁨을 누리는 모습으로 마리아의 사후를 언급하고 있고, 이는 성모대관 도상에 중요한 모티프로 등장하며, 성모대관의 의미를 밝히는 실마리가 된다.

---

18 성모 마리아의 승천에 관한 신앙은 주로 비경전 고대 문헌들에 바탕을 두고 서기 4세기부터 발전된 것으로 보이는데, 이것은 동방과 서방 교회에서 신학과 신앙 실천 측면에서 엄청난 영향을 미쳤다. 이동진 역, 『제2의 성서 아포크리파: 신약시대』(서울: 해누리, 2001), p. 703.

19 마리아의 죽음을 처음으로 언급한 것은 살라미스의 에피파니우스(Epiphanius of Salamis, 5세기)이다. 그의 주장에 의하면 성모의 죽음에 관하여 성서에서 침묵하고 있는 만큼 우리는 그 실정을 잘 모른다는 것이다. 그러나 요한계시록을 통하여 그분의 육체가 하늘의 영광을 받게 되었다고 가정해볼 수 있다고 하였다. L. Gambero Maria nel pensiero dei padri della Chiesa(Torino: Edizione Paoline, 1991), p. 129 재인용: 조규만(1998), pp. 162~163.

20 *Ibid.*, p. 211.

가명-예로니모(Pseudo-Gerolamo)

800년경, 예로니모의 이름으로 쓰인 편지는 마리아가 천상으로 이주한 것에 대해 언급하고 있다. 당시는 위대한 교부들의 이름을 빌려 쓴 많은 가명의 승천 전승들이 전해지고 있었고, 이는 외경적인 성격을 띠었다. 예로니모는 다음과 같이 마리아의 천상으로의 이주를 전한다.

> 성모는 승천하여 세상의 여왕에서 그리스도가 왕좌를 나누도록 허락한 천상의 궁전으로 옮겨갔다.

예로니모가 언급한 이 구절은 성모승천 대축일 전례에 다음과 같이 인용되어 오늘날까지 전해진다.

> 티 없이 깨끗하신 동정녀시며 성자의 어머니신 마리아의 육신을
> 그 영혼과 함께 천상 영광에 불러들이셨으니
> 저희도 언제나 주님을 그리워하며 그 영광을 함께 누리게 하소서.[21]

마리아 찬미가

12세기에 마리아에 대한 공경과 더불어 교회의 전례가 체계화되면서 마리아 찬미가가 만들어졌다. 교회의 공식 예배에서 사용하는 성시(聖詩)인 찬미가는 오늘날까지 수도원에 전해지는데, 대표적인 것으로 「하늘의 영원한 여왕」(Ave Regina Coelorum)과 「천상의 모후여」(Regina Caeli)가 있다.

---

21 『매일미사 고유 기도문』(서울 한국천주교중앙협의회, 2005, 미간행), p. 20.

하늘의 영원한 여왕
천상의 모후, 기뻐하소서!
당신은 옛세의 뿌리
세상의 빛 나으신 이,
복되어라:
하늘의 문,
영화로운 동정녀여,
찬미하는 우리 위해
아드님께 빌어주소서.[22]

기뻐하소서, 천상 모후, 알렐루야:
태중에 모시던 아드님이, 알렐루야,
말씀대로 부활하셨네, 알렐루야.
우리 위해 빌으소서, 알렐루야.[23]

이 두 찬미가에 앞서 11세기의 마리아 신심을 표현한 것으로 「여왕이시며」(Salve Regina)[24]가 있다. 「여왕이시며」가 우리 인간이 처한 가련한 입장을 마리아에게 고하고 보호와 청원을 드리는 내용인 데 반해, 12세기에 만들어진 찬미가는 마리아의 영광에 초점을 맞추고 이를 부각하였다.

---

22 「하늘의 영원한 여왕」, 최정오 편역, 『마리아 사전』(서울: 계성출판사, 1989), pp. 305~306.

23 「천상의 모후여」, *Ibid*.

24 여왕이시며 사랑이 넘치신 어머니/우리의 생명, 기쁨, 희망이시여/당신 우러러/에와의 그 자손들이 눈물을 흘리며 애원하나이다./슬픔의 골짜기에서 우리들의 보호자, 성모여,/불쌍한 우리/인자로운 눈으로 굽어보소서./귀향 살이 끝날 그때/당신 아드님 우리 주 예수를 뵙게 하소서./너그러우시고 자애로우시며/오 아름다우신, 동정 마리아. *Ibid*., pp. 305~308.

『황금전설』

『황금전설』은 1275년에 제노바의 주교 야코부스 데 보라지네(Jacobus de Voragine, 1230~1298)가 라틴어로 쓴 성인전으로서 중세 문학과 예술에 큰 영향을 미쳤다. 성인력(Saints' Calendar)의 구성으로 각 축일에 알맞은 환상적인 이야기를 싣고 있다. 이 책은 성인들의 이상화된 삶을 보여주며 전기라기보다는 신심서로 역사적 사실에는 목적을 두지 않았다. 『황금전설』은 마리아의 죽음과 승천을 자세히 적고 있다. 마리아는 예수가 승천한 후 24년을 더 산 72세에 죽음을 맞았고, 예수의 제자들은 그녀의 임종을 지키기 위해 예루살렘 근처 시온산에 있는 마리아의 거처에 모여들었다. 성모 마리아는 그리스도가 그녀의 영혼을 모셔가기 위해 하늘에서 내려왔을 때 고통 없이 잠들었다. 마리아의 육체는 사도들에 의해 요사팟 계곡의 무덤에 놓였다. 대천사 미카엘이 무덤 뚜껑을 열었고, 마리아의 영혼과 육체는 재결합되었으며, 천사들은 그녀를 하늘로 끌어 올렸다. 하늘에 올라간 성모에게 일어난 일은 다음과 같다.

> 이날 가장 거룩한 성모는 천상신부의 방으로 들어갔다. [……] 마침내 아들의 왕좌에 앉게 되었다.[25]

이처럼 『황금전설』은 마리아를 천상신부이자 아들의 왕좌에 앉게 될 여왕으로 묘사하고 있다.

「신곡」(La Divina Commedia)[26]

단테(Dante Alighieri, 1265~1321)의 『신곡』 천국편 제23곡에 따르면 시인

---

25 Jacobus de Voragine(1941), p. 463.

26 단테가 죽음을 앞둔, 1321년에 완성된 신곡의 원래 제목은 *Commedia*로서, 비극(Tragedia)

은 항성천(제8천)에서 그리스도가 내려오심을 본다. 이어서 성모 마리아의 장미, 성 사도들의 백합이 나타난다. 어느덧 그리스도는 올라가시고 가브리엘 천사가 내려와 성모 마리아께 대관한다. 모든 성자들은 레지나 코엘리(Regina Coeli)의 대합창을 바치는 것으로 묘사하고 있다.[27]

하늘 한가운데서 조그마한 횃불[28]이

동그랗게 내려와서는

에 상응하는 말이다. 이는 '슬픈 시작'에 이어 '행복한 결말'에 이르기 때문이라고 단테는 밝히고 있다. 1373~1374년 보카치오(Giovanni Boccaccio, 1313~1375)가 Commedia가 다루는 시재의 숭고함과 고귀한 시형에 매료되어 '신적인 희곡'이라는 의미로 형용사 Divina를 첨가하였다. 필사본으로 제작된 신곡은 빠른 속도로 확산되어 1400년에는 이미 12권 정도의 주석서가 생겨났다. 15세기 인쇄술의 발달로 신곡은 *Divina poeta*라는 제목으로 널리 알려지기도 했는데, 1555년 베네치아에서 출판된 책에서 *Divina Commedia*라는 제목을 사용한 이래 오늘날과 같이 불리는 것이다.

신곡은 3편(tre cantiche)으로 나누어져 있는데, 각 편은 서로 깊은 유대 관계를 지니고 있고, 각 편은 모두 33곡으로 되어 있다. 그러나 지옥편엔 작품 전체에 대한 서곡이 들어 있어 34곡이 들어 있는 셈이니 전 책을 합하면 100곡이 된다. 그리고 신곡은 모두가 3연체(terza rima)에 11음절(endecasillabo)로 구성되어 있다. 각 곡의 길이는 일정치 않으나 평균 142행을 약간 넘는다. 작품 전체는 14,233행으로 구성되어 있다. 신곡은 3이라는 숫자의 개념을 매우 중요시한다. 이는 삼위일체 정신에 입각한 것이다.

신곡의 요지는 단테 자신이 작중 인물로 등장하여 1300년 4월 7일부터 14일까지, 부활주일 금요일부터 다음 목요일 사이에 연인 베아트리체의 도움으로 저승 세계를 일주일 동안 편력하면서 벌어진 환상적이고 웅대한 규모의 서사시이다. 그는 지옥에서 3일, 연옥에서 3일, 천국에서 하루의 시간을 보내는데, 지옥은 어둠과 증오와 영원한 저주의 세계, 연옥은 정죄와 희망의 세계, 천국은 빛과 춤, 그리고 노래와 축복이 넘치는 환희의 세계이다. 단테는 인간들이 지옥에서 받고 있는 벌의 제 양상과 연옥에서 죄를 정화시키고 천국에 오르는 섭리의 역사를 깨닫게 하려는 의도를 지녔다. 즉 신곡은 인류를 죄의식에서 해방시키고 영혼의 평화를 위해 노력하게 하는 것이 목적이다. 본 논문은 1860년 피렌체의 Pietro Fraticelli가 주석을 단 *La Divina Commedia*(Firenze: G. Barbèra, 1877)와 우리말 주해는 최민순 역, 『신곡』(서울: 을유문화사, 1987), 영어판은 1954년에 John Ciardi가 번역한 *The Divine Comedy*(New York: Norton, 1970)를 참조하였다.

27 단테 알리기에리, 최민순 역, 『신곡(하)』(서울 :을유문화사, 1987), p. 719.

28 가브리엘 천사. 성모영보(聖母領報) 때처럼 천국에서도 그 곁에서 노래한다. *Ibid.*, p. 725.

그이를 감아주고 그 곁을 맴돌더라 (94~96연)

[……]

저 벽옥[29]에게 금관을 씌워주고자

소리하는 저 칠현금에 비긴다면

구름 뚫는 천둥소리와 같을레라 (100~102연)

[……]

그리하여 나의 눈은 당신 아드님 뒤를 따라서

오르시는 관을 쓴 불꽃을

좇아갈 힘이 없었느니라 (118~120연)

[……]

다음 그들은 듣기에도 좋은 레지나 코엘리[30]를

노래하며 내 면전 거기 머물렀는데

그 기쁨은 한 번도 나한테서 가시지 않았느니라 (127~129연)[31]

천국편 23편은 항상천에 헌정된 첫 번째 곡으로 그리스도의 승리, 마리아의 대관 등을 중점적으로 다루고 있으며, 형식에 있어서나 미학적 견지

29 성모 마리아를 상징한다. 고대의 화가들은 성모를 벽옥색으로 그렸고, 지금도 교회는 성모 마리아의 기(旗)를 벽옥색으로 한다. 벽옥은 보석 중에서도 가장 값진 것으로, 건강을 의미하고 제액을 물리치며 질투와 공포를 없애주고 포로의 사슬을 끊어주며, 문을 열고 사람을 자유롭게 해주는 힘의 표상으로 알려져 있다. *Ibid.*

30 「하늘의 여왕이시여」. 교회가 부활절에 부르는 성모찬가. *Ibid.*

31 Per entro'l cielo scese una facella, Formata in cerchio a guisa di corona E cinsela, e girossi intorno ad ella.//Parrebbe nube che squarciata tuona, Comparata al suonar di quella lira, Onde si coronava il bel zaffiro, Del quale il ciel più chiaro s'inzaffira.//Per non ebber gli occhi miei potenza Di seguitar la coronata fiamma, Che si levò appresso a sua semenza.//Indi rimaser lì nel mio cospetto, Regina coeli cantando sì dolce, Che mai da me non si partì il diletto.

에서 가장 정제된 곡으로 평가되고 있다.[32] 특히 신곡은 15세기 이탈리아에서 그려진 성모대관들에 지대한 영향을 미쳤으며, 이는 이후 제4장에서 다시 다룰 것이다.

지금까지 살펴본 바와 같이 성모대관 도상의 문헌 출처는 간접적으로는 에스테르의 이야기가 있는 구약성서까지 거슬러 올라간다. 에스테르 왕비의 대관식은 왕의 권력을 나누어 받는 의식이기에, 이는 뒤에 나타날 마리아의 대관식을 권력의 분배라는 측면에서 해석할 수 있는 근거가 된다. 또 아우구스티누스의 『신국』은 신랑-그리스도, 신부-교회(마리아)라는 은유와 교회가 하느님 나라의 모델임을 밝히고 있고, 바로 이 같은 문헌에 따라 마리아를 신부이미지와 여왕이미지로 분류하여 제3장에서 그 의미를 밝힐 것이다. 또한 그레고리우스, 가명-예로니모의 글들은 마리아의 대관보다는 승천에 관한 교리가 더 우선했음을, 그리고 대관식에 관한 묘사보다는 마리아가 천상신부로서 그리스도와 왕좌를 나란히 하는 모습으로 표현되었음을 상세히 적고 있다. 그러나 무엇보다 대관식과 그것이 일어난 천국에 대한 구체적인 상상은 단테의 『신곡』에 이르러 완성되었다. 문헌에 드러난 이러한 특징은 성모대관 이미지에 고스란히 반영되었고, 성모대관의 의미를 해석하는 데 있어 중요한 근거들이 될 것이다.

2. 성모대관 이전의 대관 이미지

비너스의 대관

앞서 성모대관과 관련된 여러 문헌을 살펴본 데 이어, 이제 성모대관이

32 한형곤, 『풀어쓴 단테의 신곡』(서울 :한국외국어대학교 출판부, 2003), p. 298.

나타나기 이전의 여러 대관식 이미지를 다룰 것이다. 주로 로마 미술, 서로마제국은 물론 동로마로 일컫는 비잔틴 제국에서 나타난 여러 종류의 대관식을 알아보겠다. 이전의 여러 대관식들은 성모대관이 등장하는 데 형식적인 원형이 될 뿐 아니라, 의미적으로도 맞닿아 있다.

6세기경에 제작된 것으로 추정되는 카르타고의 모자이크에는 왕관을 쓰고 있는 여인이 등장한다. 그라바는 이 도상을 「비너스-아리아드네의 대관식」(Coronation of Venus-Ariadne)[33](그림 10)이라고 부르고, 헬레니즘 왕국과 로마에서 확립된 군주제의 발전과 연관이 있다고 언급하였다. 그는 이 도상을 그리스도교 미술이 탄생하기 이전, 광대한 로마제국에 퍼져 있던 여신 비너스의 존귀함을 상징하는 이교도 도상으로 간주하였다.[34] 그리스의 여신 아프로디테는 잔인하고 교활한 신으로 자주 묘사되었지만, 비너스라는 이름으로 로마로 유입되면서 진지하고 자비로운 신으로 변모하였으며, 최고의 생식신(生殖神)으로 여겨졌다.[35] 로마에서 비너스는 사람들에게 다양한 방식으로 추앙을 받았다. '생산의 비너스'(Venus Genetrixs)[36]는 로마인의 시조인 영웅 아에네아스의 어머니로 율리우스 가문의 수호신이기도 했다. 비너스는 행운을 가져다주고(Venus Felix), 전쟁

33 왕관을 쓴 인물이 아리아드네로 간주된다면, 낙소스 섬에서 테세우스에게서 버림받은 후, 바쿠스와 결혼을 하게 되는 그녀가 결혼식에서 화관(혹은 왕관)을 쓰는 장면으로 볼 수 있겠다.

34 André Grabar(1979), pp. 146~147.

35 M. 그랜트 & J. 헤이즐, 김진욱 역, 『그리스 · 로마 신화사전』(서울: 범우사, 1993), pp. 239~243 참조. 로마 초기에는 유노와 미네르바의 제식이 유행하였다. 또 그리스 운명의 여신 티케(Tyche)와 동일시된 포르투나(Fortuna)와, 과거에는 아르데아에서 정원과 과수원의 여신으로 숭배 받았으나 후대에는 그리스의 사랑과 미의 여신 아프로디테와 동일시된 베누스도 제식으로 도입되었다. 프리츠 하이켈하임, 김덕수 역, 『로마사』(서울: 현대지성사, 1999), p. 95.

36 Genetrix는 어머니, 만들어내는 여자, 생산자, 수확의 어머니(=ceres)란 의미이며 또 Cýbele의 별명이기도 하다. 여기서는 안키세스와 정을 통해 로마의 시조격인 아에네아스를 낳았으므로 로마의 어머니라는 의미를 강조하여 어머니 비너스로 번역하였다.

에서 승리를 약속하며(Venus Victrix), 여성의 순결을 수호해주는(Venus Verticordia) 등 다양한 역할을 하는 여신으로 숭배되었다. 또 로마인들에게 비너스는 봄을 불러오는 자연의 여신이며, 신과 인간에게 기쁨을 가져다주는 '즐거움의 여왕'(Queen of Pleasure)으로 추앙 받았다. 로마에는 기원전 215년 카피톨리네 언덕에 비너스 사원이 세워졌으며, 율리우스 카이사르(Gaius Julius, Caesar, 100~44 BC)는 기원전 46년 포룸 율리움에 기원전 48년에 있었던 파르살루스(Pharsalus) 전투에서의 승리를 기념하며 '생산의 비너스' 사원을 세우고, 9월 26일을 '생산의 비너스'를 기리는 커다란 축제일로 정했다.[37] 무엇보다 비너스 숭배가 가장 성했던 도시는 비너스를 수호 여신으로 모신 폼페이였다. 폼페이에 비너스 제의(cult)를 소개한 것은 장군이자 정치가였던 술라(Lucius Cornelius Sulla, 138~178 BC)로, 이곳이 로마의 식민지임을 명백히 하기 위한 목적이었다고 한다.[38] 폼페이 포름의 오른편에 비너스 신전이 당당하게 세워졌고, 폼페이 저택의 정원 곳곳에서 발견된 「폼페이의 비너스」(Venus Pompeiana)(그림 11)에서 비너스는 왕관을 쓴 누드로 그려졌다.

인류의 시작과 함께 일어난 어머니 신에 대한 숭배가 로마제국에서는 비너스에 대한 숭배로 나타났다. 그러나 로마제국이 그리스도교화되면서 비너스에 대한 제의와 축제가 금지되자 대중들은 이를 대체할 것을 찾았다. 그리하여 비너스 자리에 마리아가 들어가게 되며, 이는 이교와 구별하기 위한 신학적 노력과 함께 마리아 공경으로 이어지게 된다. 결국 마리아는 신학자들에 의해 신적 모성이 입증되기 이전부터 수용자들에게는 어머니 신으로의 역할을 대신할 수밖에 없었다.[39] 다시 「비너스-마리아

37 또 다른 비너스 축제는 4월 1일 'Venus Verticordia', 8월 12일과 10월 9일은 'Venus Victrix'로 로마인들에게 비너스 축제는 하나의 제식으로 도입되었다.

38 Greg Woolf (ed), *Roman World*(New York: Cambridge Univ. Press, 2003), p. 206.

드네의 대관식」(그림 10)으로 돌아가 볼 때, 이 대관식이 비너스의 존귀함을 상징하는 동시에 군주제의 발전을 시사한다는 사실은 훗날 비너스의 자리를 차지하는 성모 대관식의 의미를 권력의 이양이라고 해석하는 데에도 중요한 실마리가 될 것이다.

황제대관

로마에서 비너스의 머리에 놓였던 관은 이제 황제의 머리 위에 씌워지게 된다. 먼저 기록에 나타난 황제대관을 살펴보겠다. 기원전 44년 2월 15일, 로마 포름에서 마르쿠스 안토니우스(Marcus Antonius, 82~30 BC)가 율리우스 카이사르에게 왕관을 씌워주었다. 안토니우스는 루페르칼리아(Lupercalia) 축제[40]에서 카이사르를 위한 아주 특별한 의식을 마련하였는데, 로마 포름을 달리던 그는 갑자기 걸음을 멈추고 연단 위로 올라가 로마의 통치자에게 왕관을 전달했다. 이러한 행동은 왕관을 이용하여 카이사르의 이미지를 부각시키려 한 시도였다. 이와 유사한 의도의 또 다른 사건은 안토니우스가 카이사르에게 전달한 화관 모양의 왕관이 로마 시내에 세워진 그의 조각상들에도 씌워진다는 것이다. 그러나 평민들의 권리를 보호하는 역할을 수행하는 호민관 두 명이 즉시 그 왕관을 제거했는데, 결국 이들은 이후 호민관 지위를 박탈당했다고 전해진다.[41] 우리는 이 일화를 통해 로마제국 초기에는 황제의 대관식이 체계적인 의식으로 확립되지 않았고, 다만 왕관이 통치자의 영예와 권력을 상징하는 메타포

---

39 Barbara J. MacHaffie(1992), p. 71.

40 2월 15일 열린 이 축제는 원래 결혼과 출산의 여신 '주노'와 자연신 '판'을 섬기며 풍요를 기원하는 행사였는데, 이날 아가씨들이 자신의 이름과 시를 쓴 쪽지를 항아리에 담아두면 청년들이 그 중에서 제비를 뽑아 각자 연인으로 삼았다고 한다.

41 Time-Life Books(ed), *The Roman Empire 100 BC~AD 200*(New York: Time-Life Books, 1997), p. 20.

가 되었음을 알 수 있다.

로마에서 왕관 수여의 기원은 그리스의 올림피아 제전으로 거슬러 올라간다. 올림피아 제전에서는 승자에게 월계관을 수여했고, 이에 대한 증거는 도기화에 잘 나타난다(그림 12). 또한 아테네 의원들은 영광의 상징으로 머리에 은매화로 만든 관을 썼다고 한다.[42] 즉 왕관 수여의 전형인 그리스의 월계관은 승리자의 영광이다. 티베리우스(Tiberius Claudius Nero, BC 42~AD 37) 황제 시대에 만들어진 은잔(그림 13)에는 아우구스투스(Imperator Caesar Divi Filius Augustus, BC 63~AD 14)의 뒤를 이어 황제에 오르기 전, 이미 걸출한 장군이었던 티베리우스가 전투에서 승리를 거둔 후 위풍당당하게 전차에 올라 행진을 하는 모습이 묘사되어 있다. 전차에 올라 횃불과 올리브가지를 들고 시민들의 환호에 답하는 티베리우스 뒤쪽의 한 인물을 주목해보면, 그는 티베리우스에게 왕관(또는 월계관)을 씌워주고 있다. 티베리우스에게 씌워지는 월계관은 승리자를 의미하는 것이다.[43] 즉 그리스에서는 순수하게 운동 경기에서의 승리자라는 의미를 지녔던 월계관이 로마에서 정치적 성격을 띠게 된 것이다.

한편, 로마제국에서 원수정이라는 일인 전제정치를 시작한 아우구스투스가 등장하는 「젬마 아우구스테아」(Gemma Augustea)(그림 14)에는 대관식의 위용을 갖춘 모습이 나타난다. 아우구스투스는 제우스의 모습으로 왕좌에 앉아 있다. 발아래 있는 독수리는 로마 황제 가문의 상징으로, 제우스로 묘사된 아우구스투스가 하늘을 다스리는 제우스와 같은 권력자임을

42 화관에 대한 또 다른 기록은 페리클레스 시대, 향연이 벌어질 때 유행했던 음주 노래로 "나와 함께 마시자, 나와 함께 노닐자, 나와 함께 사랑하자, 나와 함께 화관을 쓰자, 내가 미쳤을 때 나와 함께 미치자, 그리고 내가 현명할 때 나와 함께 현명해지자"라는 곡이 기록에 전한다. Time-Life Books(ed), *At the Dawn of Democracy: Classical Athens 525~322 BC*(New York: Time-Life Books, 1997) 참조.

43 *Ibid.*, p. 60.

암시한다. 아우구스투스와 마주 보는 여신은 의인화한 로마인데, 그의 아내 리비아(Livia)와 유사한 모습으로 표현되었다. 아우구스투스 뒤쪽에서 월계관을 씌워주는 여인은 문명세계를 상징하는 오이쿠메네(Oikoumene)이다. 또 카메오 좌측, 마차에서 내리고 있는 인물은 아우구스투스의 뒤를 이어 권력을 계승할 티베리우스이다. 아우구스투스에서 티베리우스로의 권력의 이양을 암시하는 이 카메오는 아우구스투스 통치기 후반이나, 티베리우스가 황제가 된 다음에 제작된 것으로 추정되며 황제의 신적 권력을 보여주는 정치적 성명서이다.[44] 또한 로마 여신과 나란히 앉아 있는 아우구스투스의 모습은 황제와 황실 가족을 신성시 했던 로마의 황제 신격화(Apotheosis)[45]를 나타낸다. 특히 「클라우디우스의 신격화」(Apotheosis of Claudius)(그림 15)에도 제우스의 상징인 독수리와 함께 천사가 왕관을 씌워주는 모습이 나타난다.

그리스도교를 공인한 콘스탄티누스 1세(Constantinus I, 306~337 재위) 시대에 만들어진 동전에서는 군사들의 호위를 받고 있는 황제의 머리에 관이 씌워지고 있다(그림 16). 여기서 관을 씌워주는 주체에 주목하면, 아우구스투스에게 관을 씌워주던 오이쿠메네도, 클라우디우스에게 관을 씌워주던 천사도 아닌, 하늘에서 내려오는 손이다. 그라바에 따르면 하늘

44 Nacy H. Ramage & Andrew Ramage, *Roman Art: Romulus to Constantine*(New Jersey: Prentice Hall, 1991), p. 106.

45 로마의 황제 신격화는 알렉산드로스 대왕을 신격화했던 헬레니즘 왕국에서 유래한 것이다. 로마가 지중해의 패권을 장악하자 그리스인들은 정략적으로 로마 여신, 원로원과 로마인들을 숭배하기 시작했으며, 이에 걸맞은 축제와 제의도 발전하였다. 초기 로마 황제들은 사후에 신격화되었고, 화장 연료 위에서 시신을 태우고, 제사장은 망자의 영혼을 상징하는 독수리를 하늘로 날리는 등의 절차로 자리 잡혔다. 아우구스투스는 죽은 황제에 대한 지나친 황제 신격화를 금하였으나 아이러니하게 페르가몬에서는 그에 대한 찬미가까지 만들어졌다. 로마의 속주 귀족들은 이러한 황제 숭배 의식을 통해 자신들이 로마 시민이라는 자긍심과 로마 문화에 속해 있다는 정체성을 가질 수 있었기에 제국의 전역으로 확산되었다. Greg Woolf(2003), pp. 270~272.

에서 내려오는 이 손은 하느님의 손으로, 천상 제국을 반영한 지상의 그리스도 제국의 이상을 표현한 권력의 도식[46]이다. 황제의 권력은 하늘에서 부여받은 것이며, 이는 로마제국의 신정정치를 암시한다. 여기서 우리는 흥미로운 사실을 발견하게 된다. 콘스탄티누스 황제 이전의 대관은 황제와 수평적인 위치에서 이루어지나, 콘스탄티누스의 대관은 수직적인 위치에서 관이 수여된다는 점이다. 다시 말해, 다신교적 사회 구조에서는 황제의 신격화는 황제를 신과 동등한 자리에 올려놓았지만, 그리스도교 공인 이후의 일신교적 구조에서의 신정정치에서는 신과 황제가 수직적인 관계가 된 것이다. 이는 황제 신격화와 신정정치의 차이를 시각적으로 명확히 보여주는 예가 될 수 있다. 결국 로마의 그리스도교화는 실질적인 신정정치를 가져온 것이다.

특별히 황제 대관식[47]이라는 의식이 체계화되고 정교해진 것은 비잔틴 제국에서였는데, 황제가 즉위할 때 동방에서 전해온 의식용 도구가 사용되는 등 장려한 의식이 행해졌다고 한다. 비잔틴에서 황제는 신과 동일한 존재로, 신이 구체적 형상으로 나타난 모습이라고 여겨졌다. 신이 우주 질서의 관리자이며 만물의 중심인 것처럼, 황제는 신이 주관하는 인간의 세계에서 사회 질서의 관리자이며 그 중심을 차지했다. 황제의 생활에서는 여러 의식이 매우 중요시 되었다. 왜냐하면 그것은 단지 지상에서 열리는 의식이 아니라, 신적인 힘으로 천상에서 행해지고 있는 눈에 보이지 않은 의식들을 모방한 것이기 때문이다. 특히 장엄한 대관식과 이에 따른 신비로운 행렬은 황제가 신의 대리자임을 과시하는 수단이 되었다.[48]

46 André Grabar(1979), p. 130.

47 비잔틴에서는 457년 레오 1세가 총대주교 집전으로 최초로 대관식을 받았다.

48 황제가 따라야 할 의식에 관해서는 콘스탄티누스 7세 포르피로게니투스(Constantine VII Prophyrogenitus; 913~959년 재위)가 편찬한 「의식의 서」가 의식 절차를 가장 상세하게 묘사하였다. Philip Sherrard, *Byzantium*(New Yok: Time-Life Books, 1966), pp. 75~82.

945년에 만들어진 「콘스탄티누스 7세 포르피로게니투스의 대관식」(Coronation of Constantine VII Prophyrogenitus)(그림 17)에는 그리스도에게서 관을 받고 있는 황제(913~959 재위)의 초상이 있다. 바르베리니 상아(Barberni Ivory)로 알려진 6세기에 제작된 「유스티니아누스의 승리」(Triumph of Justinian)(그림 18)에는 황제를 축복하는 그리스도가 황제의 영역과는 분리된 천상 영역에 위치하나, 「콘스탄티누스 7세 포르피로게니투스의 대관식」에서 그리스도는 황제의 공간에 들어와 왕관을 수여하고 있다. 매튜(Thomas F. Mathews)는 이를 매우 중요한 변화로 지적하였다.[49] 고대 로마에서 황제는 이교도 신들에게 번제물을 바치는 사제로 묘사되었다. 그러나 이제 신적 권리를 가진 황제는 지상의 대리자가 된 것이다. 신성화된 황제 대관 의식은 이러한 변화를 잘 나타내준다. 비잔틴 제국 초기에는 군대가 전차 경기장에 모인 대중 앞에서 황제에게 관을 씌워주었으나, 중세 비잔틴에서는 교황이 하기아 소피아(Hagia Sophia)의 설교단에서 관을 수여하였다.

그러나 「콘스탄티누스 7세 포르피로게니투스의 대관식」에서는 관을 수여하는 인물이 당시 교황의 모습이 아니라 그리스도의 모습으로 표현되었다. 상아판에는 "하느님에 의하여 콘스탄티누스는 로마의 아우토크라토르(autokrator)이며 바실리우스(basileus)이다"라는 글귀가 씌어 있다. '아우토크라토르'는 고대부터 유래한 로마 황제의 칭호이며, 7세기부터 씌어진 '바실리우스'는 황제를 구약의 왕들과 그리스도와 연결시킨 칭호로 기도 예식에서 종종 사용되었다. 바실리우스라는 칭호에는 황제가 자신을 다윗 왕과 연결시키고자 하는 뜻이 담겨 있다. 이 상아 패널은 황제

49 Thomas F. Mathews, *Byzantium: From Antiquity to the Renaissance*(New York: Harry N. Abrams, 1988), p. 35.

의 대관식을 동맹국에 알리려는 의도로 제작되었으며, 황제 대관식의 도상은 동전을 통해 널리 유통되었다.[50]

결국 로마제국의 황제 신격화는 비잔틴 제국에서 계서 체계가 엄격한 그리스도교와 결합함으로써 신정정치로 발전하게 되고, 중세에는 '그리스도 왕국'이라는 개념으로 이어진다. 특히 750년에 교황 자카리우스(Zacharius)가 교황의 사절 보니파키우스(Bonifacius, 672~754)를 피핀(Pépin le Bref, 751~768 재위)에게 보내 왕관을 씌워주고 왕으로 도유한 이후, 대관식은 중세 왕권의 신정적 성격을 명확히 보여주는 동시에 교권과 제권 사이의 관계를 특징지어주는 정치적이고도 외교적인 의미를 지니게 되었다. 그리고 비잔틴의 황제대관은 황제의 신적 권력을 강조하는 의미가 강했으나 서유럽에서 대관식은 교황의 권위를 강조하는 의미로 변화했다. 성모대관과 황제의 대관은 신적 권력의 이양이라는 의미에서 연결되지만, 형식적인 측면에서는 황제와 황후의 대관과 유사하므로, 이어 황제와 황후의 대관을 살펴보겠다.

황제 · 황후의 대관

비잔틴에서는 황제가 단독으로, 혹은 황제와 황후가 함께 그리스도에게서 축복을 받는 모습이 자주 나타난다. 먼저 10세기에 제작된 두 상아판, 「로마누스와 에우도키아에게 관을 수여하는 그리스도」(Christ Crowns Romanus and Eudokia)(그림 19)와 「오토 2세와 테오파니에게 복을 주는 그리스도」(Christ Blessing Emperor Otto II and Theophani)(그림 20)를 비교해보겠다. 두 작품은 형태와 크기에서 조금 차이를 보일 뿐, 화면 구성은 매우 유사하다. 동일한 일화에 대해 유형화된 양식이 나타나는 것은 비잔틴 미

50 *Ibid.*, pp. 35~36.

술의 특징으로, 이는 이후 그리스도교 도상에 큰 영향을 주었으며, 「로마누스와 에우도키아에게 관을 수여하는 그리스도」(그림 19)는 콘스탄티누스 7세의 아들인 로마누스와 이탈리아 왕 위그(Hugh King of Italy, 880~947)의 딸인 베르타-에우도키아가 그리스도에게서 왕관을 받는 장면이며, 일반적으로는 대관식 장면으로 알려져 있다. 그러나 상아판의 제작 연대가 944~949년 사이이고, 이 시기는 로마누스의 아버지인 콘스탄티누스 7세의 재위 기간이다. 게다가 로마누스가 수염이 없는 어린 모습으로 표현된 것으로 미루어 이 작품은 비잔틴 황제 가문과 이탈리아 왕족의 약혼식 혹은 결혼식의 모습으로 추측할 수 있겠다. 콘스탄티누스 7세는 일찌감치 어린 아들을 정략적인 결혼을 시켜 동맹을 맺은 이탈리아 왕의 힘을 얻은 것으로 알려졌다.[51]

로마 시대의 결혼식 모습(그림 21)에는 신랑과 신부가 악수를 나누고, 그들 뒤에는 가정과 결혼을 주관하는 베스타(Vesta)[52] 여신이 나타난 반면, 비잔틴의 결혼식에는 축복을 주는 그리스도(혹은 사제)가 등장한다. 결혼을 주관하는 것이 여신에서 그리스도(혹은 사제)로 변화한 것은 비잔틴에서 세속 결혼에 교회가 개입한 것으로, 8세기 말 비잔틴에서 발표된 법은 사제의 결혼 축복을 결혼식의 필요충분조건으로 규정하였다. 또한 6세기 이후 약혼의 중요성이 증가하여 결혼식과 동일한 효력을 가졌다. 6~7세기의 동전(그림 22)에 표현된 막 결혼한 신랑, 신부에게 그리스도가 복을 주는 장면도 결혼 축복을 시사한다.[53] 에블린 파틀라잔(Evelyne

---

51 Warren Treadgold, *A History of the Byzantine State and Society*(Stanford Univ. Press, 1997), pp. 484~486.

52 이 여신은 화덕과 가정의 수호신인 베스타로 볼 수 있지만, 결혼의 수호여신인 헤라로 볼 수도 있다. 그러나 헤라의 경우, 여인의 결혼 생활을 수호하는 것으로 알려졌으며 베스타로 보는 것이 더 일반적이다. M. 그랜트, J. 헤이즐(1993) 참조.

53 비잔틴의 주화는 당시 외교적인 선물로 이용되었으며 서방 귀족들에게 인기 있는 기념물이

Patlagean)에 따르면 비잔틴에서는 전통적으로 여자는 열두 살, 남자는 열네 살로 법적인 결혼 나이가 정해져 있었으나, 이를 기다릴 수 없는 성급한 가족에게 약혼은 하나의 해결책이었다고 한다.[54] 따라서 「로마누스와 에우도키아에게 관을 수여하는 그리스도」(그림 19)는 신정정치를 암시하는 황제의 대관과는 구별되는 결혼의 도상으로 여겨진다.

스킬리체스의 『연대기』에 등장하는 삽화 「콘스탄티누스 7세와 로마누스 1세의 딸 헬레나의 결혼」(그림 23)은 그리스 의식으로 행해진 당시의 결혼식 모습을 보다 사실적으로 보여준다. 콘스탄티누스 7세는 수염이 없는 젊은 청년으로 표현되었고, 헬레나는 두 손을 가슴에 모으고 있다. 또한 신랑 · 신부에게 축복을 주는 긴 수염을 기른 연장자는 사제로 묘사되었다. 즉 실제 비잔틴 결혼 예식에 있는 사제의 축복이 「로마누스와 에우도키아에게 관을 수여하는 그리스도」(그림 19)에서는 그리스도의 축복으로 변화된 것이다. 이 같은 표현에 대해 존 로덴(John Lowden)은 황제권을 승인하기 위해 너무 노골적으로 그리스도교 도상을 변용한 것이라고 비판하였지만, 이것이 당시 비잔틴인들이 허용하는 범위는 넘지 않았을 것이라고 밝히고 있다.[55] 결국 결혼식에서 그리스도에게 관을 받는 황제 · 황후의 초상은 결혼 축복이라는 의미와 함께 제국의 신정정치, 그리고 황제 가문에 대한 신성화를 나타내는 중첩된 의미로 해석이 가능하겠다.

덧붙여 비잔틴에서는 서로마와 달리 황제와 황후가 함께 관을 받는 모

었다. 특히 베잔트라고 불린 금화 노미스마는 서유럽과 중앙아시아에 걸쳐 교환의 기준이 되었고, 러시아나 인도 같은 원격지에서도 사용되었다.

54 또한 에블린 파틀라장은 11세기 문헌에 커플에 대한 언급이 자주 등장하는데, 그는 이때부터 커플을 인식하고 귀 기울이기 시작했다는, 사랑하는 사람들 사이의 태도를 인식하는 것으로 보았다. 폴벤느 편, 주명철 · 전수연 역, 『사생활의 역사』(서울: 새물결, 2002), pp. 820~832.

55 John Lowden, *Early Christian & Byzantine Art*(London: Phaidon, 1997), pp. 219~220.

습이 자주 등장하는데, 이는 비잔틴에서 여성—황후—의 지위를 가늠하는 단서가 될 수 있다. 황제 제노(Jeno, 474~91 재위)의 부인 「황후 아리아도나」(Empress Ariadona)(그림 24)의 모습을 조각한 상아 패널을 보면, 그녀는 왕관을 쓰고 있음은 물론 황제가 드는 홀과 십자가가 있는 천구를 들고 있다. 두 마리의 독수리 아래 당당히 서 있는 그녀의 모습은 황제와 흡사하다. 비잔틴에서 황후는 종종 섭정을 하기도 했을 뿐만 아니라 실제로 여성 황제가 존재하기도 하였다. 797~802년 비잔틴 제국을 통치했던 이레네(Irene)는 780년부터 열 살의 나이에 즉위한 아들 콘스탄티누스 6세의 섭정을 시작했고, 아들이 성장하여 자신의 뜻을 따르지 않자 아들을 감옥에 가두고 797년 왕위에 올라 자신의 이름으로 통치하였다. 이레네가 아들과의 싸움에서 승리한 사건은 로마를 발칵 뒤집어놓았으며, 교황 레오 3세는 콘스탄티누스 6세의 실각을 교황의 위신을 높일 기회로 삼았다. 레오 3세는 남자가 없는 비잔틴의 왕위는 공석이 되었다고 단정하고 800년 샤를마뉴에게 황제의 관(冠)과 위(位)를 주었다. 이 사건은 비잔틴 교회와 교황청이 결정적으로 대립하는 계기가 되었다.

비잔틴의 황후는 아들을 제거하고 왕위에 오를 만큼 강력한 권력을 지녔을 뿐 아니라 신성로마제국 성립에 드러나지는 않지만 결정적인 원인을 제공했다. 아들에게 영향력을 미친 비잔틴 황후의 모습이 잘 묘사된 것은 11세기 비잔틴의 관리, 요하네스 스킬리체스가 기술한 「바실리우스 대제의 일대기」(그림 25)의 14세기 사본에서이다. 여기에는 황제 미카일 3세의 모친인 황후 테오도라가 아들에게 바실리우스를 조심하라고 타이르는 모습이 그려져 있으며, 황후 왼쪽에 서 있는 이가 바실리우스이다. 황제와 나란히 옥좌에 앉아 대화를 나누는 왕관을 쓴 어머니 황후의 모습에서 우리는 그녀의 권력을 충분히 가늠할 수 있다.

앞서 살펴보았던, 982~983년에 제작된 「오토 2세와 테오파니에게 복을 주는 그리스도」(그림 20)는 972년에 있었던 오토 1세[56]의 아들 오토 2세와 비잔틴 황제 니케포로스(Nikephoros II Phokas)의 조카 테오파니의 결혼식을 묘사한 것으로, 오토 1세의 대사 리우프랑드(Liutprand)가 비잔틴에서 신성로마제국으로 가져온 것이다. 오토 1세가 962년 교황 요한네스 12세에게서 '로마의 황제'(emperor of the Romans)라는 칭호와 함께 대관식을 받았을 때, 니케포루스는 그를 '프랑크족의 왕'으로밖에 여기지 않았으나, 황제의 조카딸과의 결혼으로 오토 2세는 로마의 신성한 황제가 된 것이며, 황제의 머리 위에 새겨진 '신성한 로마의 황제'(imperator Romanorum augustos)라는 글귀가 이를 증명한다. 황제와 황후는 예복[57]을 입고 있으며, 「콘스탄티누스 7세 포르피로게니투스의 대관식」(그림 17)에서처럼 신적 왕권의 권위는 그리스도의 손을 통해 두 사람에게 전해지고 있다. 여기서 흥미로운 점은 황제의 발아래, 황제의 예식을 담당한 이탈리아 주교가 묘사되었다는 것인데, 이것으로 이 작품이 이탈리아에서 제작되었을 것이라는 추측을 할 수 있다.[58] 오토 1세가 이탈리아 지배권을 놓고 교황과 대립하기 시작했다는 점으로 미루어볼 때, 이러한 표현은 신적 권위를 받은 신성로마제국 황제의 이탈리아 지배를 강하게 암시하는 장치로 여겨진다.

지금까지 로마의 어머니로서 비너스의 대관, 신정정치를 암시하는 황제의 대관, 또 결혼의 축복을 나타내는 황제와 황후의 대관을 살펴보았

56 신성로마제국의 창시자인 오토 대제는 962년에 교황 요한네스 12세에게서 "Emperor of the Romans"라는 칭호와 함께 숙원이었던 대관식을 받았다. 또한 아들 오토 2세의 비로 비잔틴 황녀 테오파니를 맞아, 수교와 황제권의 상호 승인을 꾀하는 정치적 포석을 마련한다. 이러한 외교 정책과 문화 교류로 문학과 예술의 융성을 가져와 흔히 이를 '오토의 문예 부흥'이라고 한다.

57 황후는 loros라는 대관식에 착용하는 스카프를 착용했으며, 오토 2세는 sagion이라는 망토를 입고 있다. Thomas F. Mathews(1988), pp. 139~140.

58 *Ibid.*

다. 성모대관 이전에 나타난 이 대관들은 후대에 나타나는 성모대관에 형식적으로 영향을 미칠 뿐 아니라, 교회가 주관하는 결혼을 시사하는 도상의 의미와도 연결된다. 이제 대관식의 주인공으로 등장하는 마리아로 그 논의를 옮겨보겠다.

3. 마리아 공경과 축제

이제 「성모대관」의 주인공인 마리아에 관한 신학적 의미, 즉 마리아를 '하느님의 어머니'로 일컫는 신적 모성에 관한 신학적 논의를 정리할 것이다. 이와 함께 대중적으로 치러진 마리아와 관련된 중요한 축제인 '성모승천'(Assumption)에 관하여 살펴보겠다. 왜냐하면 마리아와 관련된 가장 중요한 교회의 네 가지 교의 중[59] 두 가지인 신적 모성과 성모승천은 성모대관을 이해하는 데 주요한 배경이 되며, 작품의 해석과도 밀접한 연관이 있기 때문이다.

하느님의 어머니: 마리아의 신적 모성

마리아를 '하느님의 어머니'로 부르기 시작한 것은 3세기부터이다. 누가 그 칭호를 처음 사용했는지에 대해서는 여러 논의[60]가 있지만, 무엇보다 확실한 것은 3세기경부터 오늘날까지 전해오는 기도문 「천주의 성모여 당신 보호하심에」(Sub tuum praesidium)[61]이다. 이 기도문은 마리아를

---

59 마리아와 관련하여 역사상 가장 문제가 되었던 교의는 마리아의 동정성, 신적 모성, 무죄한 잉태, 그리고 승천이다. 조규만(1998), p. 325.

60 일부 전승은 히폴리투스(Hippolytus Romanus), 오리게네스(Origenes)가 마리아를 '하느님의 어머니'로 불렀다고 전한다. *Ibid.*, p. 347.

61 Sub tuum praesidium confugimus, sancta Dei Genetrix, nostras deprecation nedespicias

'하느님의 어머니'로 부르고 있으며, 마리아 공경이 확고히 자리를 잡은 4세기 동방 교회에서는 이 칭호가 널리 사용되었다. 그러나 325년 니케아 공의회 전까지 로마제국은 다양한 민족의 다양한 종교를 인정하고 있었기 때문에, 그리스도교를 국교로 선포한 이후에도 다양한 이방 민족 종교에서 유래한 여신 숭배가 일반적이었고, 마리아도 자칫 여신으로 숭배될 가능성이 있었다. 그러나 431년 에페소스 공의회에서 교회는 마리아에 대한 공식 입장을 확실히 밝혔다.

에페소스 공의회의 발단은 428년경에 유명한 강론가였던 프로클로스(Proclus Constantinopolitanus)가 거룩한 동정녀에 대한 강론 중에 마리아를 찬양하며 '하느님의 어머니'라는 칭호를 사용한 데서 시작되었다. 그러나 당시 그 예식에 참여하고 있었던 네스토리우스(Nestorius) 주교가 이 칭호에 대해 문제를 제기했는데, 그는 예수의 인성을 강조하여 '그리스도의 어머니'(Christokos)라는 칭호를 사용해야 한다고 주장하였다. 이에 대해 알렉산드리아의 주교 키릴루스(Cyrillus Alexadrinus)가 '하느님의 어머니'라는 칭호를 옹호함으로써, 두 의견으로 교회가 나누어졌다. 황제 테오도시우스 2세(Theodosius II)는 이 문제를 해결하기 위해 431년 에페소스로 모든 주교를 소집하여 공의회를 열었다. 공의회는 우여곡절 끝에 '하느님의 어머니'라는 칭호가 마리아에게 합당한 것으로 결론을 지었다. 에페소스 공의회 선언의 요지는 다음과 같다.

> 거룩한 교부들은 거룩한 동정녀를 '하느님의 어머니'로 부르는 것을 주저하지 않는다. 그것은 말씀의 신적 본성이 그분으로부터 기원을 받은 것이 아니고, 단지

---

in necessitatibus, sed a periculis libera nos semper, Virgo gloiosa et benedicta(거룩하신 천주의 성모님 저희를 지켜주시고 어려울 때 저희가 드리는 간절한 기도를 물리치지 마소서. 또한 온갖 위험에서 언제나 저희를 지켜주소서. 영화롭고 복되신 동정녀시여). *Ibid.*, p. 152.

이성적 영혼이 주어져 있는 당신의 거룩한 몸을 그분으로 받았다는 의미에서 그렇다. 말씀께서 이 몸과 위격적인 일치를 이루고 있는 만큼 육을 따라서 그분은 진정으로 태어났다고 말할 수 있다.[62]

키릴루스의 주장은 마리아 자신이 신성의 기원으로서 신적인 존재가 아님에도 성령으로 말미암아 마리아가 낳은 분이 바로 하느님의 말씀이고, 그분—예수 그리스도—은 인성과 신성을 지녔으며, 그 두 가지 본성은 소위 위격 결합을 통하여 하나라는 것이다.[63] 결국 당시 마리아의 호칭에 관한 논의는 마리아에 초점이 맞추어진 것이 아니라, 그리스도의 인성과 신성에 관련된 문제였다. 흔히 교회사에서 교부들의 시대로 불리는 1세기에서 8세기에 이르는 시기에 신학적으로 가장 논쟁이 되었던 부분은 그리스도의 육화에 관한 신비였다. 그리스도교 사상이 그리스 철학과 사상의 영향을 받았던 당시에는, 어떻게 하느님이 사람이 될 수 있는가, 한 인격 안에서 신성과 인성이 동시에 공존할 수 있는가라는 그리스도론의 문제와 그의 모친 마리아의 역할과 위치, 삼위일체론을 체계적으로 설명할 필요가 있었기 때문에 신학이 발전하였다. 특히 당시 마리아 공경은 주의가 필요한 상황이었다. 그러나 에페소스 공의회는 예수가 하느님의 아들이지만 마리아를 통해 인간의 육신을 취했다는 점에서 마리아를 여신으로 취급할 수 없는 신학적 의미를 견고히 했다. 바로 마리아가 예수의 어머니가 되신다는 사실에서 마리아의 모든 사명과 특권이 이해된다. 이에 관하여 신학자 필립(M. D. Philippe)은 다음과 같이 진술하였다.

마리아의 신적 모성에 대한 신비는 그녀의 생에 있어서 탁월한 신비다. 그 신비

62 에페소스 공의회 선언, 재인용: *Ibid.*, p. 189.
63 *Ibid.*, pp. 188~190.

는 다른 신비의 신적 이해를 우리에게 가져다준다. [……] 만일 하느님이 마리아의 육체가 부패되기를 원치 않으셨다면, 직접적으로 영광을 받으시길 원하셨다면 그것은 마리아의 육체가 성자를 낳은 모태였기 때문일 것이다.[64]

결국 다른 여신과 마리아가 확실히 구분되는 점은 그녀의 위치가 아들 예수 그리스도와 불가분의 관계에 있다는 것이다. 결국 마리아의 신적 모성에 관한 칭호인 '하느님의 어머니'의 교의적인 의미는 다음 세 가지로 요약된다. 마리아는 예수 그리스도를 낳으셨다. 그러므로 마리아는 예수 그리스도의 어머니이시다. 그런데 예수 그리스도는 하느님의 아들이시며, 하느님이시다. 그러므로 마리아는 하느님의 어머니이시다.[65] 즉 마리아를 '하느님의 어머니'라고 일컫는 것은 결코 마리아가 신성을 지녔다든가, 여신이라든가 하는 것과는 전혀 상관이 없는 것이며, 신성을 지닌 아들 예수를 낳았다는 의미로써 이는 마리아에게 주어진 왕관처럼 최고의 영예를 부여한 것이다.

'성모승천': 영광의 표징

마리아의 신적 모성이 신학자들의 논의 아래 일찍부터 교의로 공인된 데 반해, 「성모대관」과 직접적인 관계가 있는 '성모승천'은 민중 축제였다가 1950년이 되어서야 교황 피우스 12세(Pius XII, 1939~1958 재위)에 의해 교의로 공인되었다. 성모승천은 마리아의 지상 생애의 마지막과 관련이 있는데, 이를 처음으로 언급한 것은 4세기 말 살라미스의 에피파니우스(Epiphanius of Salamis)였다. 그는 성서가 마리아의 생애 마지막에 관하여

---

64 M. D. Philippe, *Le mystère de la maternité divine de Marie*(in Maria, vol. 6, Beauschesne: Parigi, 1961, 369) 재인용: *Ibid.*, p. 343.

65 Adversus haereses Panarium 78, 23(PG 42, 737) 재인용: *Ibid.*, p. 351.

침묵하고 있는 점을 인식하면서 다음과 같은 세 가지 가능성을 제시하였다.

> 만일 거룩한 동정녀께서 돌아가시고 무덤에 묻히셨다면 분명히 그분의 잠드심은 위대한 영예를 입으셨을 것이다. 그분 마지막은 동정성으로 말미암아 지극히 순결한 영예의 화관을 받으셨을 것이다. 만일 '칼이 당신의 마음을 꿰뚫을 것이다'(루카 2, 35)라고 씌어져 있는 것처럼, 살해되셨다면 순교자들과 함께 영광을 얻으셨을 것이고, 그분의 거룩한 몸은 온 세상을 위해 빛을 발하시며 복된 자들 사이에 거주하게 될 것이다. 혹은 삶을 지속하셨다면 하느님에게는 불가능한 것이 없으시니 당신이 원하시는 모든 것을 하셨을 것이다. 그러나 한편 아무도 그분의 마지막을 정확하게 알지 못한다.[66]

에피파니우스는 성모의 최후가 어떠한 형태로든 영예로웠을 것이라고 주장한다. 요한 계시록 12장[67]에 근거를 둔 세 번째 가능성은 하늘로 불려 올림을 받으심, 즉 승천을 암시한다. 교회에서는 마리아의 승천(Assumptio)은 '올림을 받음'으로, 예수의 승천(Ascensio)은 '올라감'으로 구별하고 있다. 즉 예수의 승천은 능동성을, 마리아의 승천은 수동성을 드러낸다. 마리아의 승천도 '하느님의 어머니' 교의처럼 그리스도와 불가분의 관계에 있다. 서방 교부로서는 투르의 그레고리우스가 처음으로 마리아의 승천에 관하여 언급하였다.

> 마침내 복되신 동정 마리아는 당신이 살아온 지상의 삶을 마치면서 저세상으로

---

66 *Ibid.*, p. 163.

67 그리고 하늘에는 큰 표징이 나타났습니다. 한 여자가 태양을 입고 달을 밟고 별이 열두 개 달린 월계관을 머리에 쓰고 나타났습니다(요한 계시록 12: 1).

> 불리기를 기다리고 있을 때, 여러 지방에서 온 모든 사도들이 그분의 집에 모였다. [……] 그러자 주 예수께서 천사들과 함께 오셨다. 그리고 그분의 영혼을 거두어 대천사 미카엘에게 맡기고 떠나가셨다. 새벽에 사도들은 그분의 몸을 들것 위에 들어서 눕혀, 무덤에 안장하고, 시신을 지키며 주님이 다시 오기를 기다렸다. 그러자 두 번째로 주님이 그들에게 나타나셨다. 그리고 그 거룩한 육체를 거두어 낙원으로 데려가셨다. 그 천상에서 영혼과 결합하면서 모든 선택된 자들과 함께 찬양하며, 끝없는 영원한 지복자들의 기쁨을 함께 누리고 있다.[68]

그레고리우스 역시 마리아의 승천을 주님이 거룩한 육체를 거두어 낙원에 데려가셨다고 표현함으로써, 마리아의 승천이 그리스도에 의한 것임을 강조하고 있다. 마리아의 승천은 무엇보다도 문학 작품에 빈번히 등장하였는데, 5세기 말~6세기 초, 가명-요한(Pseudo-John)의 『마리아의 잠드심』을 비롯하여 중세에는 성모승천에 관한 라틴어로 된 많은 문헌들이 속속 나타났다. 『황금전설』에는 마리아의 승천이 다음과 같이 묘사되어 있다.

> 사도들은 주님이 명한 대로 마리아를 무덤에 눕히고 그녀 곁을 지켰다. 삼 일 후, 그리스도는 천사들의 무리와 함께 나타났다. [……] 마리아의 영혼은 아기의 몸이 되어, 무덤에서 나와 천사들의 무리가 있는 천상 신부의 방으로 올라갔다.[69]

또 12세기에 마리아 육체의 승천을 언급하여 많은 이에게 영향을 준 『가명-아우구스티누스』 문헌에서는, 예수의 육신이 마리아에게서 나왔

---

68 Miraculorum Liber. 1, De gloria beatorum martyrum 4: PL 71, p. 708 재인용: *Ibid.*, p. 211.

69 Jacobus de Voragine(1941), p. 454.

으므로 예수가 있는 곳에 마리아가 있어야 한다는 주장이 나타났다. 많은 학자들은 『가명-아우구스티누스』의 저자[70]가 서방 교회에서 최초로 마리아 승천 신학의 근거를 제시했다고 본다. 마리아 승천의 신학적 의미는 그리스도와 불가분의 관계이지만, 대중에게 널리 알려진 '성모승천' 축제의 기원은 비잔틴에서 유래한 '마리아의 잠드심'(Koimesis)으로 그 성격이 마리아에게 초점이 맞추어졌다. 6세기에 황후 에우도키아(Eudokia)가 예루살렘에 마리아가 돌아가신 곳으로 여겨지는 곳에 교회를 지으면서 '하느님의 어머니 기념일'(Meneme Theotokou)이 시작되었다고 한다. 또 황제 마우리키우스(Mauricius, 582~602 재위)는 자신이 통치하는 모든 교회가 8월 15일에 코이메시스 축제를 지내라고 명한다.

코이메시스는 '성모 성탄'(9월 8일) 축일과 함께 7세기에 로마에 소개되었고, 교황 그레고리우스 1세(Gregorius I, 590~604 재위)는 '잠드심'이라는 명칭을 승천으로 바꾸고 전례 예식을 만들었다.[71] 로마에서 이전부터 행해지던 '봉헌축일'(2월 2일)과 '성모영보축일'(3월 25일) 같은 축일은 그 성격이 마리아적 이라기보다 그리스도를 강조한 축제였다. 그러나 이 승천 축일이 시작됨으로써, '봉헌축일'과 '성모영보축일'도 마리아적인 성격으로 변하였다. 즉 그리스도를 중심으로 한 축제에서 마리아를 중심으로 한 축제로 전환된 것이다. 교황 세르기우스(Sergius, 683~701 재위)는 '봉헌 축일', '성모영보 축일 ', '성모 성탄'(9월 8일) 축일과 마찬가지로 이 축일에도

---

70 『가명-아우구스티누스』의 저자는 Radbert의 제자 Ratramno 혹은 Ambrose Autpert로 추정하나 확실치 않다. 트리엔트 공의회까지 이 문헌의 영향은 계속된다. 『가명-아우구스티누스』는 하느님 편에서 선택하신 마리아의 '하느님의 어머니'로서의 권위, 그 특권과 탁월함을 아담의 후손의 육체적 죽음의 비극적 결과와 대조하는 방법으로 마리아론을 전개시킨다. *Ibid.*, p. 251.

71 Dominique Iogna-Prat, *Marie: Le Culte de la Vierge dans la Société Médiévale*(Paris: Beauchesne, 1996), p. 33.

행렬을 하도록 하여 축제를 성대히 하였다. 교황 레오 4세(Leo IV, 847~855 재위)는 8일 동안 이 축제를 지내게 함으로써 대중들에게 가장 인기 있는 축제가 되게 하였다. 중세에, 특히 남부 유럽에서는 이날 첫 수확들을 축복하였다. 이처럼 축제와 행렬로 이어지는 성모승천이 교의로 공인된 것은 1950년 교황 피우스 12세에 의해서이다. 교황 피우스 12세는 「지극히 관대하신 하느님」(Manificenrissimus Deus) 회칙에서 성모승천은 예수승천에의 참여라고 밝혀 예수승천과 구분하였고, 그리스도인이 미래에 마지막으로 얻을 영광의 표징이라고 밝혔다. 요컨대 성모승천은 마리아가 하느님의 어머니로 잉태되는 순간부터 마지막에 이르기까지 하느님의 은총을 받은 분임을 드러내는 것이며, 하느님의 은총으로 마지막에 얻게 될 영광의 예시로 그리스도인들에게 종말론적으로도 중요성을 지닌다.

제3장

출현: 신부이미지와 여왕이미지

그림 3 「성모대관의 문」, 1160년대 말, 상리스 대성당, 상리스.

앞서 우리는 성모대관의 문헌적 출처와 성모대관 이전에 나타난 여러 대관들을 살펴보았다. 이제 12세기 대중 앞에 그 이미지를 드러낸 성모대관에 관하여 논할 것이다. 논의는 '왜 12세기에 성모대관이 대중 앞에 나타났는가?'라는 질문으로 시작된다. 12세기의 서유럽, 특히 알프스산맥 북쪽의 사회와 문화는 11세기부터 서서히 대두되었던 '자유로움과 밝음'[1]이 절정에 이른 때이다. 무엇보다 농업경제에서 도시를 중심으로 한 상업경제로의 전환과 더불어 사람들이 모여든 도시에 대학이 생겨났다. 이 대학에서는 아리스토텔레스의 논리학이 유행했으며 '서로 상이한 지식들의 조화'(concordia discordantium)[2]를 추구한 스콜라 철학이 발달하였다. 무엇보다 이 시기는 종교가 곧 사회인 시대로, 그리스도교는 오늘날처럼 단지 개인의 구원을 위한 신앙에 국한된 것이 아니라, 교회는 사회의 체계를 세우고 정비하는 조직이자 근간이 되었다. 클뤼니의 수도원 개혁 이후 정

---

1 R. W. Southern, *The Making of the Middle Ages*(New Haven: Yale Univ. Press, 1953).

2 서양중세사학회 편, 『서양 중세사 강의』(서울: 느티나무, 2003), p. 250.

신적으로 각성한 교회는 조직을 정비하고 이단을 정복하고자 하였다. 강력해진 교회의 권력과 함께 정치권에도 변화가 일어났는데, 11세기부터 봉건제로 인해 왕권은 서서히 약해져갔으며, 12세기에 이르면 교황이 세속 군주를 지배하는 교황군주제가 절정에 치닫게 된다.

교황의 세력이 유례없이 강성했던 이 시기에, 로마의 산타 마리아 인 트라스테베레[3]의 앱스에 나타난 「성모대관」(그림 4)이 알프스산맥을 넘어 카페 왕조의 왕령지였던 일드프랑스에서 확산 발전되었다. 교황이 점차 그 세력을 강화해나가는 과정에서 독일 황제와 영국 국왕의 관계는 불화를 겪고 있었다. 반면 교황과 프랑스 국왕들 간에 별다른 마찰이 없었고, 교황의 후원은 카페 왕조의 왕권 강화의 한 요인이 되기도 했다. 교황은 프랑스 국왕에게 '가장 훌륭한 그리스도교 왕'[4]이라는 명칭을 부여했다. 던배번(Jean Dunbabin)에 따르면 1130년 이후 교황은 프랑스의 왕들을 마치 주교를 대하듯 다루었다고 한다.[5] 게다가 루이 6세(Louis VI, 1108~1137)와 루이 7세(Louis VII, 1137~1180) 시기에는 생 드니(St. Denis)를 프랑스의 수호성인으로 삼는 정책이 강화되면서 교회의 역할이 더욱 강화되었고, 생 드니의 수도원장 쉬제(Abbot Suger, 1081~1151)는 루이 6세와 루이 7세의 절친한 고문이자 사실상 왕정의 지배자나 다름이 없었다.[6] 또한 일드

3 산타 마리아 인 트라스테베레는 Titulus Callisti라고 불리는 고대 로마의 주교좌 성당 중 하나이다. 또한 로마에서 가장 처음으로 대중들에게 미사가 공개된 성당이다. 313년 밀라노 칙령 이전 교황 칼리스투스 1세(Pope Calixtus I, 217~222)가 죽은 직후 그를 기리는 채플이 있던 곳에 교황 율리우스 1세(Pope Julius I, 337~352)가 지금의 교회를 지은 것으로 전해진다. 또한 로마에서 최초로 복되신 마리아(Blessed Virgin)에게 헌정된 교회로 전해진다. 1138년 교황 인노켄티우스 2세(Pope Innocent II, 1138~1148)가 즉위한 해에 다시 세워졌다. 현재의 모습은 1860년대에 수리를 한 것이다.

4 Colin Jones, *The Cambridge Illustrated History of France*(London: Cambridge Univ. Press, 1999), p. 100.

5 Jean Dunbabin, *France in the Making*(Oxford: Oxford Univ. Press, 2000), p. 365.

6 김우민, 「필립 2세 期 프랑스 왕권의 강화」, 『서양 중세사연구』 9(2002), p. 85.

프랑스에서 노트르담 대성당(Cathedral of Notre Dame)의 재건은 루이 7세와 존엄왕 필리프(Philip Augustus, 1180~1223)의 통치기에 활기를 띠었다. 이 장에서는 먼저, 12세기 로마에서 「성모대관」이 출현한 당시 사회의 정치적 상황에 대해 알아보고, 이미 앞서 살펴본 문헌에 언급된 성모대관에 나타난 마리아의 두 속성을 토대로, 마리아가 이미 왕관을 쓰고 그리스도와 나란히 앉은 모습은 신부이미지로, 그리스도가 마리아에게 왕관을 수여하는 동작이 특별히 강조된 이미지는 여왕이미지로 나누어 일드프랑스 성당에 나타난 성모대관들을 논할 것이다. 이러한 분류가 가능한 것은 성모대관이 결혼의 축복을 나타낸 황제와 황후의 대관, 그리고 신적 권력을 상징하는 황제의 대관과 의미적으로 연장선상에 있기 때문이다. 그리하여 시대의 문맥 속에서 이러한 이미지가 전달하는 의미를 밝혀볼 것이다.

1. 출현 배경: 산타 마리아 인 트라스테베레

이 책에서 「성모대관」이 공적인 교회 공간에 최초로 나타난 것으로 밝힌 로마의 산타 마리아 인 트라스테베레의 앱스(그림 4, 그림 26)는 1140~1143년에 교황 인노켄티우스 2세가 주문하였다. 먼저 도상을 자세히 살펴보면, 왕관을 쓰지 않은 그리스도가 한 손으로 성모의 어깨를 감싸고, 한 손에는 "veni electa mea et ponam in te thronum meum"(이리 오라. 내가 선택한 이여. 내가 그대를 나의 옥좌에 앉게 하리라)이라는 글이 적힌 책을 들고 있다. 대를 이루는 성모는 양손으로 두루마리를 보여주는데, 여기에는 아가 2장 6절인 "Laeva ejus capite meo et dextera illius amplexabitur me"(왼팔을 베게 하시고 오른팔로 이 몸 안아주시네)라고 씌어 있다.

테렐은 그리스도가 성모의 어깨를 감싸고 있는 이 도상이 12세기 말에 제작된 잘츠부르크(Salzburg) 필사본(그림 27)의 아가 주해에서 영향을 받은 것으로 보았다.[7] 그녀가 정확한 영향 경로를 밝히고 있지는 않지만 12세기에 아가의 필사본이 유행하였음은 분명한 사실이고, 트라스테베레의 앱스 역시 아가라는 성서 주제를 재현한 것이다. 즉 그리스도와 성모는 잘츠부르크 필사본처럼 신랑-신부의 관계인 것이다. 그러나 마리아가 그리스도의 신부만을 의미하지 않는다는 것이 앱스 좌측에 예언자 이사야가 들고 있는 두루마리에 "Ecce Virgo concipiet et pariet Filium"(처녀가 잉태하여 아들을 낳으리라)라는 이사야 7장 14절의 구절을 통해 드러난다. 그리스도-마리아의 관계는 아들-어머니이자, 신랑-신부인 것이다.[8] 에콜스의 언급처럼 그리스도의 어머니이자 신부인 마리아는 예수의 신성과 인성의 결합이라는 메시지를 전달하려는 것이다.[9] 즉 그리스도는 하느님의 아들이자 처녀가 잉태한 아들이다. 또한 마리아는 처녀의 몸으로 하느님의 아들을 잉태하고 낳아 기르며, 다시 그 아들의 선택으로 천상에서 신부로 옥좌에 앉게 되며 왕관을 쓰게 된다.

무엇보다 비잔틴 모자이크의 영향이 강하게 드러나는 이 작품에서 주목할 점은 마리아의 의상이다. 앱스 하단부에는 그리스도의 육화와 관련된 마리아의 일생이 그려진 모자이크가 있다. 여기에는 마리아의 탄생—성모영보—예수 탄생—동방 박사의 경배—그리스도를 성전에 바침—마리아의 잠드심이 표현되었다. 또 앱스 하단에 그려진 마리아의 의상은 전형적인 마

---

7 Marie-Louise Thérel(1984), p. 76.

8 근동 신화와 이집트의 이시스 여신 신화에서도 위대한 어머니 여신과 아들-남편의 신화가 우주적인 주제로 나타난다. Anne Baring & Jules Cashford, *The Myth of the Goddess: Evolution of an Image*(London: Penguin Books, 1991), p. 181.

9 Mary Tuck Echols(1976), p. 27.

리아의 겉옷인 튜닉으로, 후대에 그려진 산타 마리아 마조레(Santa Maria Maggiore)의 성모가 입은 것과 유사하다. 그런데 트라스테베레에서 유일하게 그리스도 옆에 앉은 성모가 입고 있는 옷은 비잔틴 황후의 의상이다. 이러한 의상으로 미루어볼 때 여기서의 마리아는 신부인 동시에 여왕으로 그려진 것임을 알 수 있다. 반면 그리스도는 황제의 옷을 입지도 않고, 왕관을 쓰고 있지 않아, 인성을 강조하여 표현되었다고 여겨진다. 요컨대 트라스테베레의 「성모대관」은 마리아의 성격, 즉 그리스도의 어머니로서 신부이면서 여왕인 마리아를 드러내고 있다.

옥좌에 앉아 있는 성모와 그리스도 양쪽에는 성인들이 나란히 서 있는데, 성모 옆으로는 교황 칼릭스투스 1세(Callixtus I, 218~222 재위), 부제 라우렌티우스(St. Lawrence), 그리고 이 성당의 작은 모형을 들고 있는 인노켄티우스 2세가 있다. 그리스도 옆에는 사도 베드로와 교황 율리우스 1세(Julius I, 337~352 재위), 교황 코르넬리우스(Cornelius, 251~253 재위), 사제 칼레포디우스(Calepodius)가 있다. 이들은 로마 교회의 수호성인들(베드로와 라우렌티우스)과 이 교회에 성유골이 있는 성인들로, 그리스도를 가리키는 사도 베드로와 교회 모형을 들고 있는 인노켄티우스 2세를 제외한 다른 성인들의 손짓은 흔히 '라틴식 축복'이라고 일컫는 자세로, 설교를 하거나 가르칠 때 취하는 자세이다.[10]

그리스도의 머리 위에는 성부를 의미하는 손이 나타난다. 또 이들의 발 아래에 그려진 양들을 보면, 바로 그리스도의 아래, 정중앙에 어린 양이 있으며, 열두 제자를 상징하는 열두 마리의 양들이 이 어린 양 쪽으로 머리를 향하고 있는 것을 볼 수 있다. 여기서 어린 양-그리스도-손으로

10 Dale Kinney, "The Apse Mosaic of Santa Maria in Trastevere" In Elizabeth Sears & Thelma K. Thomas(ed), *Reading Medieval Images*(Ann Arbor, MIT: Univ. of Michigan Press, 2002), pp. 23~25.

묘사된 성부라는 수직적인 구도는 아버지 성부로부터 보내진 희생양 그리스도라는 의미를 전달한다. 또한 수평적으로는 그리스도의 신부, 마리아로 대표되는 교회와 로마 교회의 수호성인들이 함께 있어 그리스도 교회 공동체를 의미한다. 이 양들과 그리스도와 성모가 앉아 있는 공간 사이에는 다음과 같은 글이 씌어 있다.

HEC IN HONORE TVO PREFVLGIDA MATER HONORIS
REGIA DIVINI RVTILAT FVLGORE DECOR
IN QVA CRISTE SEDES MANET VLTRA SECVLA SEDES
DIGNA TVIS DEXTRIS EST QVA[M] TEGIT AVREA VESTIS
CVM MOLES RVITVRA VETVS FORET HINC ORIVNDVS
INNOCENTIUS HANC RENOVAVIT PAPA SECVNDVS[11]

앞서 언급했지만, 기존의 연구에서는 산타 마리아 인 트라스테베레의 이 도상을 성모대관의 로마적 기원으로만 언급하고, 이를 굳이 성모대관이라고 밝히지 않았다. 또 가장 최근에 산타 마리아 인 트라스테베레에 관한 도상적 해석을 시도한 데일 키니(Dale Kinney)는 이 도상을 정확히 성모대관이라기보다는 이미 대관을 마치고 그리스도가 어깨를 감싸고 함께 옥좌에 앉아 있는 장면이라고 지적하였다.[12] 그의 이러한 설명 역시 이 도상을 정확한 성모대관으로 보아야 할 것인지를 고민한 표현으로 해석된

11 영광으로 빛나는 어머니, 이 신적 영광이 넘치는 궁전이 빛나는 아름다움으로 가득합니다. 그리스도가 앉은 자리는 영원한 자리입니다. 그리스도의 오른손은 성모의 황금 옷을 감쌉니다. 오래된 건물이 허물어졌기에 교황 인노켄티우스 2세가 이곳을 다시 새롭게 재건하였습니다.

12 *Ibid.*, p. 19.

다. 그러나 서론에서 밝힌 바와 같이 성모대관을 마리아의 잠드심과 승천이라는 서술적인 구조에서 놓인 것이라 정의한다면, 앱스 언저리에 「성모의 죽음과 승천」이 화려한 모자이크(그림 28)로 나타나는 이 도상은 마리아의 승천 이후에 오는 대관을 묘사한 것이며, 연대기적으로 가장 앞선 성모대관의 시작이다. 이 도상을 계획하고 주문한 이가 당시 다른 교회와는 달리 교황이었으며, 그는 "교황 인노켄티우스 2세가 이곳을 다시 새롭게 재건하였습니다"(INNOCENTIUS HANC RENOVAVIT PAPA SECVNDVS)라고 분명히 밝히고, 허물어져가는 교회를 재건하고 이를 마리아에게 봉헌하는 자신의 모습으로 재현하여 자신의 치적을 기록하고, 이런 일을 할 수 있는 힘을 드러내 보였다.

그는 왜 「성모대관」이라는 새로운 이미지를 주문하였을까? 이와 관련해서 당시 인노켄티우스 2세가 처한 상황을 알아보겠다. 그는 교회적으로나 정치적으로도 매우 격동의 시기에 교황의 자리에 있었는데, 1116년 추기경이 되어 프랑스에 두 차례나 사절로 파견되어 보름스 정교조약[13]을 성사시키는 데 협력하였다. 인노켄티우스 2세는 세속 국가들이 교회의 독립을 허용할 경우 그들과 평화 협정을 맺어야 한다고 주장했고, 그를 포함한 젊은 추기경들은 그 평화가 교회의 영적 쇄신의 수단이 된다고 보았다. 교황 호노리우스 2세 서거 후 젊은 추기경들이 그를 교황으로 선출하였으나, 대다수의 추기경들은 추기경 페트루스 피에를레오니(Petrus Pierleone)를 교황 아나클레투스 2세(Anacletus II)[14]로 선출하였다. 이는 교

13 교황 칼리스투스 2세와 황제 하인리히 5세가 교황과 황제 사이의 격렬한 다툼으로 교회를 어려운 처지에 빠뜨리게 한 성직 임명권을 둘러싼 갈등을 극복하기 위해 독일 보름스에서 1222년 9월 23일에 체결한 협약이다. 이를 통해 황제는 교황을 인정하고(황제 하인리히 5세는 대립교황 그레고리우스 8세를 옹립하였다) 성직 임명에 대한 갈등은 종식되었다. 루돌프 피셔-볼페르트, 안명옥 역, 『교황사전』(서울: 가톨릭대학교 출판부, 1985), p. 404.

14 대립교황 아나클레투스 2세와 그를 이어 선출된 빅토리우스 4세(Victor IV)는 교황사에서 교

회의 분열이었다. 그러나 교회 안의 대다수는 교회의 영적인 쇄신을 원하고 있었기 때문에 인노켄티우스 2세를 지지하였다. 특히 프랑스의 지지가 힘을 발휘하였는데, 1130년 9월에 에탕프(Etampes) 공의회에서 클레르보의 성 베르나르가 프랑스인들을 움직여 인노켄티우스 2세를 교황으로 받아들이도록 종용하였다. 마그데부르크의 노베르트(Norbert of Magdeburg)는 로타르 3세(King Lothair III, 1125~1137 재위)와 독일인의 힘을 모았고, 성 베르나르는 영국의 헨리 1세(King Henry I, 1100~1135 재위)를 설득하여 1131년에 인노켄티우스 2세를 교황으로 공표하였다. 한편 교황 아나클레투스 2세의 지지자들은 노쇠한 추기경들과 그의 도움으로 왕이 된 시칠리아의 로제르 2세(King Roger II, 1130~1154 재위)였다. 이 같은 교황의 이중 선거라는 분열은 1139년에 라테란 공의회(Lateran Council)에서 종지부를 찍게 되었고, 인노켄티우스 2세와 이탈리아 남부를 통치하였던 로제르 2세는 평화 협정을 맺었다. 재위 중 많은 분열과 위기에 직면했던 인노켄티우스 2세는 프랑스와 독일의 지지, 시칠리아를 지배한 노르만 왕과의 평화 협정이라는 탁월한 외교술로 끝까지 교회의 독립을 지키려고 노력하였다.

한편, 인노켄티우스 2세를 비롯하여 12세기의 교회와 교황이 교회의 독립을 위해 극복해야 했던 문제는 세속 군주와의 동맹과 견제라는 힘겨루기뿐만이 아니었다. 교회 내적으로 이단(heresy)[15]에 관한 문제도 해결

황으로 인정되지 않는다. 전달수 역음, 『교황사』(서울: 가톨릭출판사, 1996), p. 196.

15 이단(heresy)이라는 말은 그리스어의 '좋은 뜻이든 나쁜 뜻이든 자유로운 선택'이라는 뜻의 'heirein'에서 유래하였다. 그리스도교는 교회의 동질성을 유지하기 위해 여러 견해를 취사선택하는 가운데서 어떤 견해는 배제할 수밖에 없으며, 교회에서 인정하는 견해만을 자신들의 정통 교리로 삼게 되었다. 그러므로 이단은 교회에서 인정하지 않는 교리를 선택하여 그것을 진리로 생각하는 사람 내지는 집단을 말한다. 김동순, 「중세 이단의 성격에 관한 소고: 1000~1150」, 『서양중세사연구』 7(2000), p. 122.

해야 했다. 토마스 아퀴나스(Thomas Aquinas, 1225~1274)는 이단을 "교회가 정당하게 규정하고 선언한 진리에 대해 의도적으로 집요하게 반대하여 신앙상의 잘못을 범하는 행위"라고 정의했다. 그러므로 일반 민중들의 신앙운동이 본질적으로 교회의 개혁운동과 궤를 같이 하더라도 그들의 주장이 보편 교회의 교리에 배치되거나 교회에 의해 받아들여질 수 없다면 그들은 모두 이단으로 규정되었다. 이단에 관한 문제는 그리스도교 초기부터 계속된 것이지만 12세기에 이르면 이단이 민중 신앙과 결합하여 자신들의 주장을 공개적으로 설교하며 그 목적 달성을 위해 물리적인 힘을 서슴없이 행사하였다. 브렌다 볼튼은 12세기의 가장 극적인 양상 중의 하나로 이단의 성장을 꼽았다.[16]

중세의 이단들은 클뤼니 수도원이 주도하였던 수도원 정화 운동이 민중들의 신앙생활에 영향을 미쳐, 기도, 청빈, 금욕 생활과 같은 수도자들의 일상이 일반인들에게 확산되면서 성장했다. 더불어 11세기 이후에 일기 시작한 예수의 인성에 대한 강조와 마리아에 대한 공경의 확산도 일반인들의 신앙심을 고취시키는 데 한몫을 하였다.[17] 당시 대중들에게 신앙은 형식적인 전례에 참여하고 교리에 따르는 것이라기보다는 개인적인 경험이었다. 그리하여 민중들 사이에 새로운 신앙운동이 일어나게 되었다. 그러나 이들 신앙운동은 근본적으로는 보편 교회의 교리를 따르지만 많은 부분이 교리에서 벗어나고 있기 때문에 교회는 이를 이단으로 규정하였다. 이 이단들의 주장은 십자가와 성상 숭배의 거부, 성사(聖事)의 무용론, 유아 세례의 거부, 결혼의 거부 내지 혐오, 죽은 이에 대한 기도의 무용성, 특정 음식 기피, 금욕 생활의 강조 등이었다.[18]

---

16 Brenda Bolton(1983). p. 134.

17 Rosalind & Christopher Brook, *Popular Religion in the Middle Ages*(London: Thames & Hudson, 1984), p. 31.

여러 이단 중, 대중들을 흡수하고 교회에 위협이 된 것은 카타르파(Cathars)[19]와 발두스파(Valdesii)[20]였다. 이 같은 이단에 대한 교회의 대응으로 교황 루키우스 3세(Lucius III, 1181~1185 재위)는 1184년 이단 퇴치를 위한 교서를 반포하였고, 심문 제도(Inquisitorial System)[21]라는 새로운 종교재판 제도를 도입하여 이단을 악마 숭배자로 몰아 처벌하였다. 이처럼 당시 교회는 이단 정벌을 위한 제도적인 장치를 만들었을 뿐만 아니라, 근본적으로 이단으로 기우는 대중들의 종교적인 심성을 교회로 응집시키고자, 그 중심에 바로 마리아를 세웠다. 요컨대 로마시대 황제 대관의 연장선에서, 그리스도의 대리자인 교황의 권력을 내세우는 동시에 확산되는 이단의 움직임에 대응해 신자들을 교회로 모아들일 새로운 이미지가 요구된 것이다.[22]

이처럼 인노켄티우스 2세는 교회 안으로는 이단의 정벌과 영적인 쇄신이라는 요구와 밖으로는 세속군주의 힘으로부터의 독립이라는 과제에 직

---

18 김동순(2000), p. 141.

19 Cathar의 어원은 그리스의 Katharos이며 Pure(순수)를 의미한다. 대략 1140년에 유럽에 나타나 남프랑스와 이탈리아 북부에서 널리 퍼졌다. 그들은 이원론적인 믿음을 가지고 있었는데 영적인 세계는 하느님이, 가시적인 세계는 악마가 창조했다고 보고, 물질세계를 악한 것으로 생각하여 영적인 세계를 추구했다. Rosalind & Christopher Brook(1984), p. 100.

20 발두스파는 리옹의 부유한 상인 페트루스 발두스(Petrus Valdus)에 의해 시작되었다. 그는 1173~1174년 경 마태오복음 10장 5절 이하를 읽으면서 청빈 이상을 발견하였다. 그때부터 그는 청빈과 속죄 설교의 엄격한 사도직을 실천하기 위해서 자신의 재산을 남에게 나누어주었다. 그의 신봉자들은 '그리스도의 가난한 자들'(pauperes Christi), 또는 '리옹의 가난한 자들'이라고 자칭하였다. A. 프란츤, 최석우 역, 『세계 교회사』(왜관읍: 분도출판사, 2001), p. 231.

21 인퀴지토리알 제도(Inquisitorial System)는 '인퀴지토'라고도 한다. 라틴어의 inquisitio에서 유래했으며 단순히 조사, 심문하다는 뜻이다. 당시 유럽에서 범죄자를 처벌하는 방법은 고소에 의한 것인데, 인퀴지토리알 제도에서는 고소자가 없이도 소문에 의해 협의자를 체포 · 조사 · 심문 · 재판할 수 있었다. 김동순, 「이단과 악마숭배」, 『서양 중세사연구』 5(1999), pp. 19~42 참조.

22 Marina Warner(1976), pp. 114~117.

면해 있었기 때문에, 강력한 교황의 힘을 드러내야만 했다. 즉 트라스테베레의 앱스에서 그리스도와 나란히 옥좌에 앉은 성모는 마치 왕이 통치하는 영토의 반을 얻은 에스테르 왕비처럼 그리스도의 권력을 나누어가진 존재임을 암시한다. 그리고 인노켄티우스 2세와 절친했던 클레르보의 성 베르나르가 구약에서 솔로몬의 신부를 마리아로, 또 마리아를 교회로 비유한 것을 인노켄티우스 2세는 시각화시킴으로써, 교회의 수장인 자신의 권력의 근원이 그리스도에서 나온 것임을 공공연히 밝힌 것으로 해석할 수 있겠다.

한편 이러한 정치적 수사학의 이미지로 마리아를 선택할 수 있었던 또 다른 이유는 12세기에 마리아에 대한 두 가지 중요한 신학 사상이 활발히 논의되었기 때문이다. 무염시태(無染始胎, Immaculate Conception)와 하늘의 여왕(Queen of Heaven)인 마리아가 바로 그것이다. 무염시태란 마리아는 잉태된 첫 순간부터 원죄에 물들지 않았다는 의미로, 하느님 아들이 거주하신 태중은 무죄하고 흠 없이 깨끗해야 한다는 생각에서 비롯된 것이다. 특히 당시 논쟁의 주제가 되었던 성모승천도 마리아의 무죄한 잉태를 주장하는 데 일조를 하였다. 즉 육신의 승천은 마리아의 육체가 부패할 수 없다는 것을 의미하고, 마리아의 육체가 부패할 수 없는 것은 마리아가 원죄의 지배하에 있지 않기 때문이라는 논리이다.[23] 마리아를 하늘의 여왕으로 일컫는 것 역시 마리아의 승천과 연관이 있는 것으로, 마리아의 육체가 하늘로 올라가 성부와 성자 곁에서 지상에 있는 신자들을 위해 중재하는 천상의 영역에 존재한다는 것이다. 마리아는 그리스도의 오른편에서 하늘의 무리를 다스리는 하늘의 여왕인 것이다. 즉 마리아는 고대 이교의 여신들 같은 대지의 모신(Queen of Earth)이 아니라, 우주적인

23 조규만(1998), p. 359, 364 참조.

연결망(cosmic web)[24]인 하늘의 여왕이다.

그렇다면 대중에게 마리아는 이러한 신학적인 논의를 떠나 어떻게 수용되었을까? 두려움에 떨며 서기 1000년을 지낸 중세인들에게[25] 그리스도는 자비와 사랑의 존재이기보다는, 최후의 심판에서처럼 죄를 심판하는 심판관의 모습으로 등장하였다. 여기에 마리아가 하느님 앞에서 그리스도인을 대변하는 중재자의 역할을 한다고 생각하기 시작했다. 대중들은 마리아가 인간의 어머니였기에 가장 사악한 아이조차 물리치지 않는다고 믿었고, 자신에게 오는 모든 이를 위해 은총을 간구할 것이라 믿었다. 물론 하느님과 예수는 어머니인 그녀의 청원을 들을 것이므로 은총의 중재자인 마리아는 대중들의 종교생활에서 찬양받는 대상이 되었다. 즉 교리적으로 하늘의 여왕인 마리아가 대중에게는 중재자 마리아로 수용된 것이다. 덧붙여 12세기에 중재자 마리아가 대중에게 널리 공감을 얻은 데는 연옥의 탄생과도 관계가 있다.

연옥(Purgatorium)이란 '정화를 위한 장소'로 하나의 중간적 저승(un au-delà intermédiaire)이다. 이곳에서 죽은 자들은 시련을 겪는데, 그 시련은 살아 있는 자들의 영적인 도움(연도, les suffrages)으로 단축될 수 있다. 시간적으로는 개인의 죽음과 최후의 심판 사이의 중간이며, 공간적으로는 천국과 지옥의 중간에 위치하는, 12세기에 정립된 그리스도교의 새로운 저승관이다. 르 고프(Jacques Le Goff)는 1150~1250년경에 연옥 신앙이 확립된 것에 대해 12세기의 비약적인 사회의 발전이 사회적 상상 체계, 저승 지리, 종교적 확신 등의 팽창을 가져온 새로운 표상 체계라고 밝혔다. 그는 12세기야말로 인류가 지상에 정착한 시기라고 보았다. 고대 로마의

24 Anne Baring & Jules Cashford, *The Myth of the Goddess*(London: ARKANA, 1991), p. 14.
25 조르주 뒤비, 강일휴 역, 『천년: 그 세기말의 징후』(서울: 교보문고, 1999) 참조.

붕괴 이후, 쇠퇴 일로에 있던 라틴 그리스도교 사회가 급성장하여 '최초의 증산을 체험하는' 이 시기에 이르러 현세는 더 이상 내세로 가는 관문에 불과한 것이 아니라 그 자체로 긍정되었고, 세계의 종말이 1000년 직전만큼 임박한 것으로 여겨지지 않았다. 이러한 종말론의 퇴조와 더불어 개인의 죽음과 집단적 최후의 심판 사이의 중간 시기는 중요한 성찰의 대상이 되었고, 그 결과가 연옥인 것이다. 요컨대 그리스도교 인들은 현세에 자리 잡기 위해, 종말을 먼 미래로 연기하였고, 그러면서 최후의 심판이 있기 전까지 갈 곳이 정해지지 않은 망자들을 위해 연옥이라는 신세계를 마련한 것이다. 한편 이 시대에 창궐했던 이단들, 즉 임박한 종말을 선전하던 이단들은 모두 연옥을 부인했다.[26] 바로 중재자 마리아는 이 연옥 영혼들을 천국으로 이끄는 문이며, 이승을 사는 사람들은 앞서 간 영혼들을 위해 마리아에게 전구하였던 것이다. 결국 대중에게 새로운 저승관과 마리아 공경은 톱니처럼 맞물린 신앙으로 여겨졌다.

한편, 마리아와 귀부인(Dame)으로 대변되는 중세 여성의 지위에 마리아는 어떤 영향을 미쳤을까? 또 가부장적 계서 체계가 견고한 교회 내에서 마리아로 대변되는 여성의 모습은 어떠했을까? 맥해피(Barbara J. MacHaffie)는 남성적 상징이 지배적인 전통에서 마리아의 존재는 확실히 신성에도 여성적인 차원이 있음을 보여주었다고 한다.[27] 그러나 교회의 개혁은 여성들의 지위를 악화시켰다. 여성은 언제나 전쟁이나 성직에서 제외되었고 국가의 관료나 자유로운 전문 지식층에서도 배제되었다. 이렇듯 교회 조직 체계의 정비는 여성들의 지위와 영향력을 현격하게 축소시켜놓았다. 더불어 궁중 연애 문학에 나타난 '여성'의 이상화와 마리아

---

26 자크 르 고프, 최애리 역, 『연옥의 탄생』(서울: 문학과지성사, 1995) 참조.

27 Barbara J. MacHaffie(1992), p. 73.

를 숭배하는 의식의 증가는 여성의 실제적인 지위 향상과는 거리가 멀었다. 오히려 여성을 원죄의 근원으로 보면서도 미덕과 신앙심의 모범을 보여주는 존재로 여기는 이중적인 시각을 가졌다. 따라서 12세기의 남성 성직자와 귀족들의 마리아 공경과 귀부인에 대한 기사도 정신의 강조는 현실적으로 낮은 여성의 지위에 대한 보상으로도 해석될 수 있다.[28]

뿐만 아니라 마리아 공경은 마리아의 성적인 순수함에 그 목적을 두었다. 많은 그리스도교 여성들은 마리아를 통해 하느님은 동정과 순결한 삶에 가장 기뻐하신다는 사상을 강화해왔다. 또한 마리아는 신의 뜻에 대해 종속적이고 순종적이었기 때문에 존경받을 가치가 있는 것이었다. 이러한 믿음은 여성들에게 억압적 요소로 작용하였다. 워너(Marina Warner)에 따르면, 그 어떤 사회에서도 여성 이미지의 추앙과 여성들의 지위는 논리적으로 등가를 이루지 않았다고 한다.[29] 더 나아가 마리아가 존경받은 것은 그녀 자신이 행한 것 때문이 아니라 그녀가 자신을 숭배하는 남성들에게 고취시킨 용기 · 고상함 · 자비 때문이었다는 모순을 지적하기도 한다.[30] 요컨대 성모 마리아는 중세 교회와 그 교회 조직을 이룬 남성 성직자들에 의해 이상적인 여성상—처녀이면서 어머니—을 대변하도록 만들어졌고, 여성들의 실제적인 지위와는 무관했다. 오히려 고양된 마리아 공경, 수많은 이미지들과 풍성한 전례들은 여성을 통제하고 억압하는 부드러운 정치적 수사이었다.

이처럼 교황을 중심으로 교회 안팎으로 생겨난 여러 어려움 속에서 부

---

28 Elizabeth Miller Walsh, *Woman in Western Civilization*(Cambridge: Schenkman, 1981), p. 125.

29 Marina Warner(1976), p. 283.

30 Renate Bridenthal and Claudia Koonz(ed), *Becoming Visible Woman in European History*(Boston: Houghton Mifflin, 1977), p. 119.

각된 마리아 이미지는 「성모대관」을 통해 시대를 반영하는 또 다른 의미를 전달하게 된다. 이제 이러한 의미를 교황과 밀접한 관계에 있었던 프랑스 왕들의 영토인 일드프랑스에서 확산되는 양상과 함께 신부이미지와 여왕이미지로 나누어 살펴보겠다.

2. 신부이미지(Imago Sponsæ)
: 영적인 결혼과 성사로서의 결혼

상리스

일드프랑스에서 「성모대관」이 처음으로 나타난 곳은 상리스[31] 대성당이다. 상리스 대성당은 주교 티보(Bishop Thibaud, 1150~1155 재위)가 착수하여 1191년 6월 16일에 완성되었다.[32]당시 상리스는 왕과 그의 측근들이 드나드는 궁정의 도시(ville de cour)로 정치적 중심지이며 경제적으로도 활기를 띠었다. 특히 1160년대 말에 완성된 '성모대관의 문'(그림 3)은 프랑스에서 처음으로 서측 정문(façade)에 마리아에 관한 도상이 나타난 것이다. 이 성당의 재건은 1149~1150년, 쉬제가 주도한 공의회 직후인 1150경에 착수되었는데, 에밀 말은 상리스 서측 정문의 조각이 인노켄티

---

31 상리스는 파리에서 북동쪽으로 45km 떨어진 곳에 있는, 플랑드르로 가는 길목의 교통의 요지였다. 로마 시대에는 Augustomagus Sulbanectium이라는 이름으로 로마군이 주둔한 제국의 요새이기도 하였다. 3세기 말에서 4세기 초에 주교관구가 되었고, 7세기에서 16세기까지는 왕의 거처가 있었고, 특히 987년 위그 카페(Hugo Capet)가 'Duc des Francs'로 선출된 곳이다. Diane Cynthia Brouillette, *The Early Sculpture of Senlis Cathedral*, Ph. D. diss., U. C. Berkeley, 1981, pp. 1~3.

32 당시 성당 전체가 완성된 것은 아니었지만, 랭스의 대주교 Guillaume aux Blanches Mains와 5명의 성직자가 장엄하게 축성하였다고 한다.

우스 2세의 프랑스 방문, 쉬제의 영향과 관련이 있다고 언급하였다.[33] 즉 인노켄티우스가 로마의 산타 마리아 인 트라스테베레의 「성모대관」을 주문했던 이유처럼 교황청과 유대 관계가 돈독하였던 카페 왕조의 왕령지에 결혼과도 같은 견고한 동맹의 의미로 이 도상을 제안했고,[34] 이것이 루이 7세와 쉬제에게 받아들여졌을 가능성이 있다.

그런데 쉬제가 장식한 생 드니 성당의 마리아 채플 북측 창(그림 29)에 장식된 「성모의 일생」은 「성모영보」로 시작하여 「마리아의 죽음」으로 끝나고 있다. 즉 성모대관이 나타나지 않는다. 한편 「성모의 일생」과 함께 있는 또 다른 창에는 예수의 가계도인 「이새의 나무」(Tree of Jesse)가 위치한다. 이 「이새의 나무」 주제는 상리스의 팀파눔 주변의 아키볼트에도 나타나고 있다. 즉 「성모의 죽음」과 「이새의 나무」는 생 드니 성당에 나타나는 주제이지만, 「성모대관」은 상리스에서 새롭게 나타난 주제이다. 따라서 본 연구에서는 「성모대관」이 쉬제의 고안이기보다는 인노켄티우스 2세의 프랑스 방문과 더욱 연관된 것으로 보고자 한다.

상리스의 서측 정문(그림 30)을 살펴보면, 팀파눔 아래의 린텔(lintel)은 두 부분으로 나누어져, 그 좌측 패널에는 성모의 죽음과 매장을, 오른편에는 천사들에 의해 성모의 육체가 들어 올려지는 승천이 묘사되어 있다. 팀파눔에는 성자와 성모가 작은 왕좌에 대칭적으로 마주앉아 있다. 두 인물이 앉아 있는 공간은 마리아(Maria)의 첫 글자인 'M'자를 연상케 한다. 그리스도는 복을 주는 자세를 취하며, 성모는 전통적으로 왕권을 상징하는 홀과 함께 성서를 들고 있다. 지혜의 옥좌(sedes sapientiae)에 앉아 이미

---

33 Emile Mâle(1958), p. 184.

34 「성모대관」을 교황과 세속 군주(특히 카페 왕조의 왕)의 결혼과도 같은 동맹으로 해석할 경우, 그리스도–교황, 신부–세속 군주로 보는 것이 일반적일 것이다. 왜냐하면 교황은 그리스도의 대리자라는 의미를 갖고 있기 때문이다.

왕관을 쓰고 있는 성모는 '그리스도의 신부'이다. 무엇보다 여기서 주목할 것은 로마의 산타 마리아 인 트라스테베레의 「성모대관」과 달리 그리스도와 성모가 마주보고 있다는 점이다. 이 '마주보기'(tête-à-tête)는 그리스도와 성모가 친밀할 뿐 아니라 대등하다는 것을 암시한다. 교회를 상징하는 마리아를 신랑인 그리스도와 나란히 놓은 것은 당시 힘을 얻어가던 교회의 수장인 교황의 권한을 그리스도와 대등하게 바라보도록 한다. 상리스에 나타난 「성모대관」은 라옹[35] 대성당[36]에서 보다 새로운 국면을 맞게 된다.

라옹

라옹 대성당의 서측 정문(그림 31)은 1200년경을 전후로 완성되었는데, 「성모대관」이 서측 정문에 다른 주제들과 함께 나타난 최초의 예들 중 하나이다. 상리스에서는 「성모대관」이 서측 정문에 단독으로 나타났지만, 교회의 규모가 커지면서 함께 커진 서측 정문에 다른 주제들과 함께 나타난다. 라옹 대성당의 조각에는 마치 '용광로'(melting pot)처럼 일드프랑스와 샹파뉴(Champagne) 지역의 특색이 혼합되었는데,[37] 서측 정문의 세 개

---

35 라옹은 파리에서 북서쪽으로 130km 떨어진 곳에 위치하며, 4세기부터 군사적 요새였으며 카롤링거 시대 이래로 중요한 도시였다. Suzanne Martinet, *Laon Cathedral*([S. I.]: l'Imprimerie du Courrier de l'aisne à Laon, 1991) 참조.

36 12세기의 충만함이 반영된 라옹 대성당은 이미 5세기에 작은 규모로 성모에게 봉헌된 성당이 세워졌으나 1112년의 화재로 소실되었다. 1155년 고티에 드 모르타뉴 주교(Gautier de Mortagne, 1155~1174)가 고딕 양식으로 대성당의 보수, 축조를 시작하였다. 라옹은 497년 랭스의 주교 레미기우스(Remigius)가 주교교구(diocese)로 설립한 이후, 카롤링거 왕조와 카페 왕조의 사랑받는 거처가 되었다. 특히 1066년에는 라옹 대성당에서 필립 1세(Philip I, 1060~1108 재위)의 대관식이 있기도 하였다. 또한 라옹은 기사수도회의 대표적인 도시로 대성당을 건설하는데 이들이 주도적인 역할을 하였다. Henri Focillon, *Moyen-Age roman et gothique*(Paris: LGF, 1988), p. 319.

37 Paul Williamson, *Gothic Sculpture: 1140~1300*(New Haven: Yale Univ. Press, 1995), p. 36.

의 문 중 「성모대관」을 가운데 두고, 앱스를 향하여 오른편에는 「최후의 심판」, 왼편에는 「예수 탄생과 동방박사의 경배」가 나타난다.

라옹의 「성모대관」(그림 32)에서 성모는 왕권을 상징하는 홀을 들고 있고, 그리스도는 성서를 무릎 위에 놓고 있다. 왕관을 쓰고 있는 두 인물의 양쪽에는 네 명의 천사가 향로(censer)를 들고 있는데, 이들은 매우 대칭적이다. 상리스처럼 마주보기를 하는 두 사람의 관계는 한 팔을 든 제스처와 두 인물 머리 사이의 좁혀진 거리로 인하여 한층 친밀해 보이며, 마치 이야기를 나누는 듯하다. 린텔에는 「성모의 죽음과 승천」이 묘사되었는데, 왼쪽부터 시작되는 이야기는 제자들이 성모의 임종을 지키기 위해 모여드는 장면, 제자들에게 둘러싸여 성모가 임종하는 장면, 그리고 그리스도가 어린 아기로 표현된 마리아의 영혼을 천사에게 인도하는 장면, 마리아의 육체가 천사들에 의해 들려지는 장면이 그려져 있다. 무엇보다 이러한 사건이 일어나는 곳을 암시하기 위해 삼엽(三葉)과 반원형의 테두리 바깥에 그려진 집들은 견고한 성곽과도 같다. 이 성벽은 성도 예루살렘을 상징한다.[38]

마리아의 죽음과 승천이 현실에서 일어난 이야기라면, 성모대관은 죽음과 승천 이후에 오는 천국에서 일어난 일이다. 무엇보다 「성모대관」의 문 오른쪽에 있는 「최후의 심판」(그림 33)과 비교해보면 그 의미가 더욱 명확해진다. 라옹의 「최후의 심판」을 살펴보면 심판관인 그리스도가 정면을 향하여 앉아 있고, 그 주변에는 마리아와 사도가 앉아 있다. 그리스도의 발아래, 린텔의 한가운데에는 미카엘 대천사가 서 있다. 그의 오른편은 천국으로 가는 사람들의 행렬이고, 왼편은 사탄이 이끄는 지옥으로 끌

38 위경인 『마리아의 죽음』에 따르면 제자들이 마리아를 예수의 빈 무덤에 장사지냈다고 한다. 그리고 마리아는 게세마니 지역에서 승천하셨다는 것이다. 지금도 예루살렘의 기드론 계곡에 마리아의 무덤이 있으며, 이를 기념하는 교회가 있다.

려가는 사람들이다. 여기서 매우 흥미로운 것은 지옥으로 가는 사람들이 왕, 주교, 수도원장, 수녀, 돈주머니를 목에 건 수전노로 묘사되었다는 점이다. 이는 당시 성직자와 교회의 부패, 그리고 고리대금업자를 죄악시 여겼던 사회 분위기를 짐작케 한다. 대성당을 드나드는 이들에게 최후의 심판이 권선징악(勸善懲惡)적인 경고의 메시지를 전달한다면, 성모대관은 마리아의 죽음 이후에 오는 아름다운 천국의 모습을 그리고 있다. 또 최후의 심판이 최후의 날에 왕으로 오신 그리스도라는 이미지로 죽음 이후의 삶을 재현한다면, 성모대관은 그리스도의 어머니이자 신부인 마리아를 통하여 천국의 모습을 강조하고 있다. 이는 마리아가 천국의 문이자 천국으로 이끄는 중재자임을 상기시킨다.

한편 「성모대관」 팀파눔을 둘러싼 4겹의 아키볼트에는 상리스와 마찬가지로 「이새의 나무」와 그리스도의 탄생을 예고한 예언자들이 조각되었으며, 다윗 왕(King David)과 솔로몬(Solomon)의 어머니인 밧세바(Bathsheba)도 새겨져 있다. 그리스도의 탄생을 예고한 예언자들의 예고처럼 「성모대관」의 오른쪽은 '예수 탄생의 문'(그림 34)이다. 린텔에는 성모영보와 예수 탄생이 있으며, 팀파눔에는 동방 박사가 옥좌에 앉아 있는 성모와 아기예수에게 예물을 바치고 있는 장면이 있다. 옥좌에 앉아 왕관을 쓰고 있는 성모와 아기예수는 세상에 널리 공표된 예수 탄생의 장면이자 마리아의 승리이다. 어린 성처녀는 예수를 잉태하고 낳음으로써 하느님의 구원 사업에 동참하여 원죄에 물든 인간의 구원에 참여한 승리자가 된 것이다.

라옹 대성당의 서측 정문은 「마리아의 대관」을 중심으로 「최후의 심판」, 「예수 탄생」을 나란히 배치함으로써 인간의 종말, 그리고 구원의 한가운데 성모 마리아가 존재한다는 것을 시각적으로 재현하여, 이 성당을 드나들던 당대인들에게 종말에 대한 두려움보다는 마리아를 통한 구원을 강조하였다. 이는 앞서 밝힌 바와 같이 당시 이단으로 치닫는 많은 이들에게 참된 구원은 그리스도의 영적인 신부인 마리아를 통해서만 가능하다는 것을 말해주고 있는 것이기도 하다.

샤르트르

「성모대관」에서 신부이미지로 표현된 성모가 등장하는 또 다른 곳은 샤르트르[39] 대성당이다. 이곳에서 「성모대관」은 북쪽 익랑(Transepts)의 중앙문에 나타나며, 1204~1205년에 만들어졌다. 형식적인 면에서 샤르트르의 「성모대관」(그림 35)는 그 표현이 상리스나 라옹에 비해 한층 자연스럽고 입체적인 모습이다. 뵈게(Wilhelm Vöge)는 샤르트르에 나타난 자연스러운 곡선이 라옹과 상스(Sens)에 중요한 기원을 두었다고 하지만, 점차 고전기의 자연주의 형식으로 진행되는 조각의 흐름으로 보았다.[40] 라옹(그림 32)와 비교해보면, 샤르트르는 성모의 죽음과 승천이 묘사되어 있는 린텔 부분의 폭이 팀파눔보다 1/2가량 좁아졌고, 이로써 팀파눔의 「성모대관」은 더욱 강조된다. 또한 라옹에서는 양쪽에 도열했던 네 천사 중 두

---

39 샤르트르는 11세기에 학문의 중심지로 등장하여 12세에는 순례의 중심지가 되었다. 1024년 주교 풀베르(Fulbert, c 960~1028)가 로베르 2세(Robert II the Pious, c 972~1031)에게 재정적인 도움을 받아 로마네스크 양식의 대성당을 건설하였다. 그러나 1134년에 서측 출입구가 소실되는 화재가 발생하고, 1194년에는 새로 만들어진 서측 출입구를 제외한 성당 전체가 불타는 화재를 겪게 되었다. 9세기 샤를마뉴의 손자인 샤를르(Charles the Bald, 823~877)가 그리스도의 탄생 때 마리아가 입은 성모의 겉옷(Tunic of the Virgin)을 기증한 이래, 이 성모의 겉옷이 기적을 가져온다는 믿음과 함께 샤르트르를 프랑스에서 대표적인 순례 성지로 만들었다. 샤르트르에서는 순례객으로 얻어지는 재정수입이 상당히 큰 규모였기에, 화재 직후 재건축에 대한 계획이 즉시 착수되었고, 1260년 성당 전체가 완성되어 프랑스의 성기 고딕(High Gothic)의 대표적인 성당이 되었다. Malcolm Miller, *Chartres Cathedral*(New York: Jarrold Publishing, 2003), pp. 2~3.

40 Wilhelm Vöge, "Pioneers of the Study of Nature Around 1200"(1910) In Robert Branner(ed), *Chartres Cathedral*(New York: W · W · NORTON, 1996), pp. 207~211.

천사가 마리아와 성자의 머리 위에서 향로를 들고 분향을 하고 있는 움직임을 묘사하였는데, 이는 화면의 생동감을 주는 요소이다. 무엇보다 샤르트르에서는 다른 「성모대관」에서 찾아볼 수 없는 모티프가 등장하는데, 이는 그리스도와 예수가 앉아 있는 공간을 만들어준 발다키노(Valdachino)이다. 이 발다키노는 9세기 가명-예로니모가 언급한 '그리스도가 왕좌를 나누도록 허락한 천상의 궁전'이자 『황금전설』에서 묘사한 '천상신부의 방'을 암시한다. 즉 대관식이 일어나는 장소를 표현한 것이다.

「성모대관」 팀파눔을 둘러싼 4단의 아키볼트에는 천사, 예언자, 그리스도의 가계도인 「이새의 나무」(그림 36)이 구약성서의 인물을 재현하고 있다. 계속해서 문설주 조각에는 구약에서 신약으로 이어지는 인물들이 연대기 순으로 나타나는데, 맨 왼쪽에서 오른쪽으로 멜기세덱, 아브라함, 모세, 사무엘, 다윗, 이사야, 예레미야, 시메온, 세례자 요한, 그리고 베드로가 있다. 즉 구약시대의 사제로서 향로와 성작을 들고 있는 멜기세덱부터 신약시대의 최초의 사제인 베드로가 열쇠를 들고 교황의 의복을 입고 있는 것은 그리스도가 사제임을 보여주는 분명한 예시이다. 그리고 이사악과 함께 묘사된 아브라함과 대를 이루는 조각상은 희생양이 새겨진 원판을 들고 있는 세례자 요한으로, 이는 희생 제물이 되신 그리스도를 보여주는 암시이다. 또 이 문설주 조각상들의 중심에 있는 마리아의 어머니 성 안나(St. Anne)가 어린 마리아를 안고 있는 「트뤼모의 조상」은 1204년에 제4차 십자군이 콘스탄티노플을 점령하고, 그곳에서 성 안나의 머리 부분으로 추측되는 성 유물을 가져와 샤르트르 대성당에 선물한 것을 기념하기 위해 세워졌다.

에밀 말은 「성모대관」이 있는 북측 익랑의 출입구는 신약 · 구약의 연결자로서 성모 마리아와 그 역할이 강조되었다고 한다. 「성모대관」이 조각된 가운데 출입구 좌 · 우의 문들이 그러한 의미를 더욱 풍요롭게 한다. 좌측 문의 주제는 「예수 탄생」(Birth of Jesus)으로, 문설주에는 성모영보와 방문이, 린텔에는 예수 탄생과 목동과 동방박사에게 그리스도의 탄생을 알림이, 팀파눔에는 「동방박사의 경배」(Adoration of Magi)가 조각되었다(그림 37). 이것은 라옹의 서측 출입구의 좌측 문(그림 34)의 주제와 구성이 동일하지만, 양식적으로 샤르트르의 것이 더욱 극적이며 뛰어나다는 평가를 받고 있다.[41]

한편 우측 문은 구약의 조상들과 예언자들에게 바쳐진 것으로, 팀파눔의 주제는 「욥의 고난」(Suffering Job)(그림 38)이다. 욥은 오물더미에 빠져서 아내와 세 남자가 지켜보는 가운데 악마에게 고통을 당하고 있다. 그리스도가 그 위에서 천사과 함께 이를 내려다보고 있다. 욥은 바로 어려움에 처한 교회를 나타내며, 그를 지켜보는 세 남자는 유대인 · 모슬람 · 이단들로 당시 교회에 위협이 된 세력들을 상징한다. 린텔 부분에는 솔로몬의 재판이 재현되었는데, 이는 지혜로운 재판관으로서 그리스도를 암시한다. 이처럼 샤르트르에 욥의 고난과 같은 새로운 시각적 메시지의 창조는 1208~1213년 샤르트르 주교좌 학교(the School of Chartres)의 학장으로 재임했던 르아시의 베드로(Peter of Roissy)가 욥기의 주석서에서 욥을 그리스도와 어려움에 처한 당시 교회의 모습으로 해석한 것을 반영한 것이다.[42]

북측 익랑의 이 모든 일화를 「성모대관」과 연결하면 에밀 말의 언급대로 마리아는 구약과 신약의 연결점이며, 당시 어려움에 처한 교회를 보호하는 어머니이자 그리스도의 천상 신부이다. 즉 샤르트르에서 「성모대관」이 있는 마리아의 문(Virgin Portals)은 구약에 나타난 창조, 신약에 나타

---

41 Paul Williamson(1995), p. 39.
42 *Ibid.*

난 그리스도의 육화, 그리고 그리스도의 어머니 마리아의 영광으로 이어지는 교회의 미래를 통합된 메시지로 재현한 것이다. 이처럼 상리스 · 라옹 · 샤르트르에 나타난 「성모대관」은 상리스의 경우를 제외하고는 함께 조각된 다른 주제들과의 관계 속에서 해석이 가능하다. 즉 교회 출입구 팀파눔에 조각된 「성모대관」은 마리아가 천국으로 이끄는 문이며, 중재자라는 의미를 강조한다. 그러나 그리스도의 아름다운 신부로 표현된 마리아가 전하는 또 다른 의미를 찾아보겠다.

영적인 결혼

앞서 살펴본 상리스 · 라옹 · 샤르트르에 나타나는 「성모대관」과 유사한 도상을 캠브리지 킹스 칼리지(Cambridge Kings Collage)에 있는 아가서 주석의 필사본(그림 39)에서 찾아볼 수 있다. 입맞춤(Osculetur)의 첫 단어인 'O'자 안에 신랑 신부의 입맞춤이 그려져 있다. 이 장면은 아가의 첫 구절을 옮긴 것이다.

> 아, 제발 그이가 내게 입맞춰주었으면!
> 당신의 사랑은 포도주보다 달콤하답니다.
> 정녕 당신의 향유 내음은 싱그럽고
> 당신의 이름은 부어놓은 향유랍니다.
> 그러기에 젊은 여자들이 당신을 사랑하지요.
> 나를 당신에게 끌어주셔요, 우리 달려가요.
> 임금님이 나를 내전으로 데려다주셨네.[43]

---

43 아가 1: 1~4.

이 구절은 임을 기다리는 신부의 애틋한 마음과 육체적 사랑의 황홀함을 전하고 있다. 그러나 아가는 구약성서 중에서 가장 주석이 많이 붙어 있는데, 베르나르는 수도자들에게 한 강론을 모은 『아가 강론』(*Sermons on the Song of Songs*)[44]에서 신랑과 신부를 그리스도와 교회로 보고 영적인 결합의 은유로 해석하였고, 이는 널리 유행하게 된다. 베르나르의 이러한 해석은 그리스도교 신앙 전통의 하나인 신비주의(Mysticism)[45] 영성을 띠

44 아가서 강론은 1135년에 시작되어 1153년 그가 사망할 때까지 계속되었다. 그는 아가의 앞부분 3장에 대한 86편의 글을 남겼다.

45 그리스도교 교회 역사에 나타난 신앙 전통은 크게 이성을 강조한 경향과 감성을 강조한 경향으로 나눌 수 있다. 중세 시대, 이성주의를 대표하는 것은 스콜라 철학이며, 감성주의는 신비주의로 나타났다. 스콜라 철학은 논리적인 그리스 철학의 사유에서 방법론을 빌려왔기에 신앙에 있어서도 인간의 이성을 중시했고, 신앙의 내용을 조직화하고 체계화하였다. 한편, 신비주의는 종교에 있어 이성보다는 감정과 체험을 중시했다. 신비주의자들은 영적 진리와 실체가 이성만으로는 이해가 되지 않는다고 생각했으며, 신앙의 본질을 감정과 영적체험을 통해 더 잘 이해할 수 있다고 믿었다. 따라서 신비주의는 이성적 이해로는 접근할 수 없는 지식의 직감으로 정의되며, 궁극적 실체로 여겨지는 하느님과의 소통을 의미한다. 신비주의의 입장은 이성만으로는 우리를 사물의 본질로 이끌지 못한다고 보았고, 보이는 사물의 지식에 만족하지 않고 순수한 영적 이해를 통해 절대자를 보는 것이다. 이러한 태도는 매우 비합리적이고 애매모호하며, 자칫 이단으로 여겨질 수 있다. 그러나 서방교회의 신비주의 전통은 카시안(John Cassian, 365~435), 성 아우구스티누스, 교황 그레고리우스 1세 등이 금욕주의와 기도, 묵상, 그리고 명상으로 발전시켜 중세 교회를 이끌어간 수도원 영성을 대표하게 되었다. 중세 신비주의는 디오니시우스 전통, 라틴 전통, 게르만 전통으로 나뉜다. 디오니시우스 신비주의는 5세기 신학자인 디오니시우스 아레오파자트(Dionysius Areopagite)에서 유래했다. 그는 하느님의 실체는 하느님의 이름을 초월하여 접근할 수 있는 것이므로 하느님의 모든 이름과 묘사를 거부하고 모든 생각과 이성을 초월하여 하느님을 접근하라고 말한다. 그의 이론은 이성을 초월하는 하느님을 지나치게 강조했기 때문에 그리스도를 전혀 언급하지 않는다는 한계를 지녔다. 한편 라틴 전통의 신비주의는 하느님 중심적인 디오니시우스의 신비주의와 달리 그리스도 중심적이고, 사랑, 의지, 실천적 경전을 강조하며 그리스도를 통하여 하느님께 자신의 의지를 일치시키는 신비적인 연합을 그 핵심으로 한다. 이처럼 그리스도 중심적이고 의지론적인 라틴 신비주의는 성 아우구스티누스의 신학을 계승했고, 교회의 정통성을 고수하는 입장이었다. 라틴 신비주의는 클레르보의 성 베르나르로 대표되는 시토 수도회와 성 프란체스코와 보나벤투라로 대표되는 프란체스코 수도회의 영성으로 자리 잡았다. 시토와 프란체스코 수도회 모두 그리스도와의 연합과 소통을 중심으로 삼고, 그리스도를 명

른 것이다. 베르나르의 신비주의의 핵심은 하느님과의 일치(union)이다. 하느님과의 일치라는 구체적인 체험은 명상을 통한 신비 체험으로 영이 하느님께 다다르는 것으로, 인간이 잠시나마 죄와 타락으로 말미암은 육신을 벗고 완전한 하느님의 형상을 회복하여 하늘나라를 체험하는 상태이다. 이것은 천국을 미리 맛보는 것이며, 인간이 이 세상에서 거의 경험하기 어려운, 극소수의 경우만이 평생에 몇 차례 경험할 수 있는 체험이다. 수도자들은 이를 경험하기 위해 수도를 하는 것이다. 이러한 체험은 인간에게 영적으로 큰 변화를 가져다주며, 그의 삶의 모습과 구조가 변한다. 그는 『아가 강론』에서 자신의 신비적 체험을 드러내며 그 일치의 과정을 다음과 같이 설명하고 있다.

베르나르에 따르면, 하느님과의 일치는 사랑을 통해 이루어진다. 사랑이야말로 인간의 영이 하느님께 부착(adherence)할 수 있는 유일한 방법이고, 하느님은 사랑이기 때문이다. 또 이 일치에는 인간의 노력이 필요하지만, 단순히 인간의 노력으로 되는 것이 아니라 하느님의 은총으로 이루어지는 것이다. 그리고 이 일치는 그리스도와의 일치를 중심으로 하고 있다. 하느님의 형상인 그리스도의 완전한 모습을 바라보며 일치하고, 그리스도와 영적 교제를 나누는 것이다. 성부의 모상인 성자 그리스도는 우리를 성부께 이끌기 위해 우리에게 오셨기에, 우리는 그 가능성을 보고 그리스도의 모습이 되기를 원하는 강렬한 열망을 가지고 있다. 또 베르나르

상하고 그를 통해 하느님을 알려고 노력하였다. 시토회의 신비주의가 그리스도를 신랑으로 삼고 그와의 연합에 황홀하고 기뻐하는 유형이라면, 프란체스코회의 신비주의는 그리스도와 함께 십자가에 못 박힘으로써 얻어지는 평화를 신비의 실천적 목표로 삼았다. 즉 그들은 그리스도와 함께 죽음으로써 성부 하느님께 나가고자 하였다. 마지막으로 게르만 전통의 신비주의는 도미니쿠스 수도원의 영성으로 그들은 신학적으로 토마스 아퀴나스와 신플라톤주의적 입장을 취했다. 라틴 신비주의와 달리 의지나 실천적 경건을 강조하기보다는 지성을 강조하고 명상과 하느님의 지적 환상을 강조하였다. 원종천, 『중세 영성의 진수』(서울: 대한기독서회, 2004), pp. 21~24 참조.

는『아가 강론』에서 예수 그리스도를 신랑으로, 교회를 신부로 보고, 그 둘 사이의 애정관계로 그리스도와 인간의 사랑을 설명한다.『아가 강론』에서 신랑은 신부를 처음에는 정원으로, 그 다음에는 기둥으로, 마지막으로는 그의 방으로 데리고 가면서 신랑(그리스도)과 신부(교회)는 결합의 단계를 거친다. 먼저 발에 키스함으로써 참회를 표시하고, 다음은 손에 키스함으로써 힘을 부여하며, 최고의 키스는 신랑 신부의 입맞춤으로 이는 성령을 불어넣는 키스이다. 이 입맞춤은 곧 그리스도와 하나 되기를 원하는 강렬한 열망이다. 그는 그리스도와 교회의 구성원이 결혼 관계에 들어가는 것을 그리스도와의 일치의 경지에 들어가는 것, 즉 우리의 영혼이 그리스도의 신부가 되는 '영적인 결혼'으로 보았다.[46]

이 같은 영적인 결합에 대한 베르나르의 강론은 당시 궁정식 사랑(fin'amors)이라는 새로운 개념이 등장하는 데에도 영향을 주었다.[47] 그러나 교회는 이러한 입맞춤의 장면 대신 상리스 · 라옹 · 샤르트르에서처럼 그리스도와 나란히 앉아 있는 정숙한 신부인 마리아의 모습을 시각화함으로써 신자가 모인 교회와 그리스도와 영적인 사랑을 나타낸 것으로 볼 수 있다.

성사로서의 결혼

한편, 이러한 새로운 사랑이라는 개념과 함께 12세기에는 결혼 제도가

---

46 Dennis E. Tamburello, *Bernardo of Clairvaux: Essential Writings*(New York: Crossroad, 2000), pp. 104~129.

47 궁정식 사랑은 11세기말 남프랑스 궁정에서 나타난 정교한 사랑을 의미하며, 당시 사람들은 사용하지 않은, 19세기에 등장한 단어이다. 따라서 이를 정의하는 것은 매우 어려운 일인데, 12~13세기 수많은 음유시인들과 귀족들에 의해서 읊어지던 것이라 그 성격이 대단히 복잡하다. 그 양상은 크게 순수하게 정신적인 사랑과 육체적 결합의 욕망의 표현으로 나누어진다. 홍재범, 「12세기 '궁정식 사랑'의 사회문화적 의미」, 『서양중세사 연구』 6(2000), pp. 43~69 참조.

사적인 영역에서 교회 안으로 흡수된다. 즉 세속적 관습과 마찰을 불러일으켰던 교회의 결혼 정책이 효과를 거두기 시작하고, 12세기 말에 결혼은 제도적으로 교회법에 속하게 된다. 결혼식이 하나의 성사(sacramentum)가 된 것이다. 11세기까지는 사제의 역할이 결혼 당사자들의 자유로운 합의를 확인하고 강복하는 데에 국한되었지만, 12세기부터는 결혼식을 주관하고 신부를 신랑에게 넘겨주는 중개자 역할, 즉 교회의 개입을 상징하는 역할을 하였다. 이와 동시에 결혼 당사자들 간의 사랑을 내용으로 하는 상호 동의가 결혼의 성립에 필수적인 요소가 되었다. 또 결혼 성립에 있어 당사자들의 정신적 상호 동의뿐 아니라 육체적 결합(consummatio)도 인정하기에 이른다. 교회가 결혼의 필수 요소로 정신적 상호 동의와 육체적 결합을 동시에 인정한 것은 간통, 근친상간 등 기타 비합법적인 육체적 관계를 막으려는 의도와 함께, 당시 결혼에 반대하던 이단에 대응하기 위해서였다. 따라서 교회는 성직자에게는 금욕을, 속인에게는 결혼이라는 두 가지 규율을 명확히 정리하였다.[48]

이처럼 사랑과 결혼이라는 새로운 사회적 분위기 속에, 성모대관에서 그리스도와 나란히 등장하는 마리아는 영적인 결혼식의 신부이미지로 표현되었다. 뒤비는 이 새로운 이미지의 출현에 대하여, 11세기 후반부터 결혼이 그리스도교의 대표적인 성사 중 하나가 되었으며 12세기에 이르러 '교회는 그리스도의 신부'라는 은유를 통해 결혼의 신학적 교리가 세련되었다고 한다. 그는 또한 교회가 그리스도의 신부라는 은유는 교회와 성령의 관계에 대한 성찰을 추구하였고, 이러한 사색이 '동정녀의 대관'이라는 이미지로 승화되었다고 보았다.[49] 또한 그리스도와 그리스도의 신

48 장 보테로 외, 이선희 역, 『사랑과 결혼 그리고 섹슈얼리티의 역사』(서울: 새로운 사람들, 1996), p. 202.

49 조르주 뒤비, 최애리 역, 『중세의 결혼: 기사, 여성, 성직자』(서울: 새물결, 1999), p. 254.

부—성모—가 마주보는 이 도상은 결혼에 대한 이미지로, 당시 교회와 국가가 새로운 결혼 관습을 구축하기 위해 힘을 모았음을 시사한다. 결혼은 성스러운 의식이자 연합을 약속하는 정규적이고 시민적인 조처였다.[50] 뿐만 아니라 교회가 세속의 결혼에 관여하는 것도 교회가 합법적인 틀로 왕과 귀족들을 통제하게 되었다는 점에서 교회의 승리를 의미한다. 더 나아가 당사자뿐 아니라 가문간의 결합이라는 의미를 갖는 결혼은 교황과 프랑스 왕의 견고한 동맹을 비유한 것으로 읽힐 수 있다. 정략적인 결혼이 개인은 물론 국가 간의 이해와도 연결된 것은 결혼이 가진 속성이기도 하다. 결국 상리스 · 라옹 · 샤르트르에 나타난 신부이미지들은 영적인 결합을 나타내는 성사로서의 결혼을 공표하는 시사적 이미지와 프랑스 왕과 교황 간의 동맹이라는 정치적 의미까지 포함한 것으로 해석할 수 있겠다.

3. 여왕이미지(Imago Reginæ): 강력한 교황군주제를 향하여

지금까지 상리스 · 라옹 · 샤르트르의 「성모대관」에서 이미 관을 쓰고 그리스도와 나란히 앉아 있는 마리아를 신부이미지로 보았다면, 이들보다 후대에 나타난, 그리스도가 관을 씌워주는 동작, 즉 성모가 관을 받는 모습이 강조된 모습을 여왕이미지로 분류하여 파리 · 아미앵(Amiens) · 랭스(Reims) 대성당을 예로 살펴보겠다.

파리

파리는 508년 클로비스 1세(Clovis I, c. 466~511)가 프랑크 왕국의 수도

---

50 Colin Jones(1999), p. 114.

로 정한 이래 13세기에는 유럽에서 가장 평화롭고 번성한 도시였으며, 1215년에는 교황에게서 인가를 받은 대학이 생겨나 학문의 중심지가 되었다. 당시 파리는 알프스 이북의 경제와 문화의 중심지였을 뿐 아니라 카페 왕조의 행정 중심지이자 주거주지였다. 특히 파리의 중심부인 시테섬(île-de-la-Cité)은 왕과 주교가 관할권을 나누고 동쪽에는 대성당을, 서쪽에는 왕실의 궁전을 건설했다. 고딕 성당의 전형이 된 파리 대성당은 1160년에 주교 모리스 드 쉴리(Bishop Maurice de Sully)가 시테섬 동쪽 끝에 있었던 메로빙거 왕조의 성당을 개축하는 것으로 시작되어, 1163년 파리에 체제 중이던 교황 알렉산데르 3세(Alexander III, 1159~1181 재위)가 대성당의 초석을 놓았으며, 1245년경에 현재의 모습으로 완성되었다. 교황권이 절정에 다다르기 시작하는 13세기에 접어들면 성모대관 도상은 변화를 맞게 된다. 파리 대성당에서 「성모대관」은 서측 파사드에 「최후의 심판」, 「마리아의 승리」와 함께 나타난다(그림 52). 서측 정문의 가운데에는 「최후의 심판」이, '성 안나의 문'이라 불리는 남측 문에는 '하느님의 어머니'로 옥좌에 앉아 왕관을 쓴 마리아와 아기예수가 나타나고, '성모의 문'이라고도 불리는 북측 문에 「성모대관」이 나타난다. 결국 파리 대성당의 서측 파사드의 도상적 프로그램은 「최후의 심판」을 가운데 두고 마리아의 어머니인 안나와 마리아에 관한 이야기로 요약된다. 「성 안나의 문」(그림 40) 린텔에는 마리아의 양친인 요아킴과 안나가 마리아를 잉태하는 장면과 마리아의 어린 시절, 그리고 그리스도의 탄생, 헤로데 왕, 동방박사 세 사람이 등장한다. 이것은 구원자 예수의 탄생에 관한 일련의 이야기이다. 또 주지하다시피 「최후의 심판」(그림 41)은 종말에 관한 일화이다. 이와 연결된 성모의 문에는 마리아의 죽음과 대관이 있다. 즉 서측 정문의 일련의 도상적 프로그램이 전하는 메시지는 최후의 날과 그리스도를 통한 구원, 그리고 그 구원을 가능하도록 이끈 마리아에 관한 이야기이다.

도상적 관점에서 1225~1235년경에 제작된 「성모대관」(그림 42)을 보면 이전에는 나타나지 않은 새로운 모티프가 등장한다. 이는 천사가 마리아에게 관을 씌워주는 모습으로, 다른 지역에서 찾아볼 수 없는 프랑스만의 독특한 모티프다. 칼을 들고 있는 케루빔이 호위하는 옥좌에 마주보고 앉아 있는 성모와 예수는 마치 대화를 나누는 듯하다. 이때 성모의 머리 위에 천사가 왕관을 씌워주고 있다. 왕관은 마리아가 있는 곳보다 더 위쪽 하늘에서, 단테의 표현대로 천국에 층이 있다면 더 높은 천국에서 내려오고 있는 것이다. 이는 왕관이 황제의 대관식에서처럼 권력의 상징이라면, 그 권력이 하늘에서 내려오는 것임을 암시한다. 또 마리아가 교회라는 조직의 은유라면 교회가 갖는 힘, 교회의 수장인 교황의 권력도 위에서 아래로 내려온 하향적인 권력임을 보여주는 것이다.

「성모대관」의 아랫단에는 「마리아의 죽음/승천」(그림 56)이 있다. 천사들이 마리아의 육체를 들고 있으며 12사도 가운데에 살짝 몸을 튼 것으로 묘사된 그리스도가 있다. 이 도상은 마리아의 죽음과 승천 도상들이 혼합되어 나타난 것으로 여겨진다. 또한 양식적으로 베드로의 평평한 옷 주름과 정면을 바라보는 인물들의 시선은 1204년에 제4차 십자군의 콘스탄티노플 함락 당시, 약탈품으로 파리에 유입된 10~11세기 비잔틴 상아 부조의 영향이다.[51] 이어지는 아랫단에는 계약의 궤(Ark of the Covenant)[52]를 가운데에 두고 예언자와 왕들이 앉아 있다. 이것 역시 이전에는 등장하지 않는 새로운 도상적 모티프인데, 마리아의 문에 위치한 계약의 궤는 마리아에 대한 칭호[53]이다. 계약의 궤는 고대 이스라엘 종교에서 하느님의 현

---

51 Paul Williamson(1995), p. 52.

52 모세가 시나이 산에서 받은 계약판을 넣은 궤.

53 마리아에게 칭호를 부여하는 것은 마리아께 대한 특별한 신심, 곧 구세사에서 수행하신 마리

존을 나타낸 거룩한 물건으로, 마리아를 계약의 궤로 일컬은 것은 예수가 아홉 달 동안 성모의 태중에 있었기 때문이다.[54]

파리 대성당에는 서측 파사드 외에도 남측 면에 위치한 콰이어로 통하는, '붉은 문'(Porte Rouge)(그림 43)[55]이라 불리는 또 다른 작은 문에 「성모대관」도상이 등장한다(그림 44). 1270년경에 제작된 것으로 알려진 이 「성모대관」에도 그리스도와 마주한 성모의 머리 위에서 천사가 왕관을 씌워 주는 장면이 나타났다. 작은 규모로 제작된 이 팀파눔에서 주목할 점은 성모와 그리스도 옆에 각각 무릎을 꿇고 있는 두 사람인데, 그들은 루이 9세[56](Louis IX, 1226~1270 재위)와 그의 부인인 마르그리트(Margaret de Provence)이다. 아키볼트에는 「마르셀리우스[57]의 일생」이 조각되어 있다. 무릎을 꿇고 기도하는 전형적인 봉헌자 자세인 왕실 부부의 초상이 「성모대관」이 일어나는 장면 안에 재현된 것은 매우 흥미로운데, 이들은 다른 봉헌자의 초상과는 다른 점이 있다. 즉 그리스도 왼편에는 마르그리트가, 마리아의 오른편에는 루이 9세가 있다. 전통적으로 봉헌자가 등장하는 종교화(그림 45)에서 남성은 남자 수호성인 곁에, 여성은 여자 수호성인 곁에 위치하는 것이 일반적이다. 그러므로 이들은 이 문의 봉헌자[58]도 아

아의 역할과 기능에 관한 것으로 교회의 문서는 여러 칭호를 전하고 있다. 변호자, 동반자, 복되신 어머니, 중재자, 시온의 딸, 평화의 모후, 담으로 둘러쳐진 정원 등 무수한 칭호가 있다. 최정오(1989), pp. 46~57.

54 이탁, 『성모성월』(서울: 한국교회사 연구소, 1998), pp. 117~118.

55 붉은 문이라는 애칭은 이 작은 문이 붉은색으로 칠해졌기 때문에 생겨났다.

56 루이 9세는 12살의 어린 나이로 왕위에 올랐고, 어머니인 블랑슈(Blanche de Castille)가 섭정을 하였다. 경건한 신앙생활로 유명하며, 정의에 입각한 평화, 덕과 정치의 일치를 추구했으며, 1270년 제7차 십자군 원정 도중 사망하였다. 1297년 루이 9세는 성자로 시성되었고, 성자 루이(Louis le Saint)로 불리게 되었다. 1063년에 예루살렘에서 콘스탄티노플로 옮겨진 그리스도의 가시관을 1238년 루이 9세가 파리로 옮겨놓았다. 그는 이 가시관을 보관하기 위하여 생트샤펠(Sainte-Chapelle, 1242~1248)을 짓도록 하였다.

57 마르셀리우스는 5세기 파리의 주교로 이 아키볼트에는 6개의 일화가 있다.

니며, 이 교회에서 공경하는 성인도 아니다. 가포쉬킨(M. Cecilia Gaposchkin)은 붉은 문의 이 도상이 13세기 교회의 권위와 이데올로기를 반영하는 것으로, 무릎을 꿇은 커플은 교회에 복종하며 영적인 탄원을 하는 것이라고 한다.[59] 즉 그리스도의 대리자인 교황과 마리아로 대변되는 교회에 무릎을 꿇은 왕과 왕비의 초상은 프랑스 왕권이 가장 강력한 때로 알려진 루이 9세 통치기에 교회와 교황의 권위가 일드프랑스의 왕령지에서 상당했음을 보여주는 정치적인 시각물로 해석이 가능할 것이다.

아미앵

한편 11세기 이후 직물 산업으로 인한 경제적 성장과 인구의 증가로 중세의 전형적인 부르주아 도시가 된 아미앵은 1185년에 왕의 도시가 되었다. 구조에 있어 프랑스 고딕 건축의 정점에 서 있는 걸작으로 칭송받고 있는[60] 아미앵 대성당[61]은 1220년에 주교 에브라르 드 푸이(Evrard de Fouilly)가 건축을 시작했다. 성당 바닥의 미로에 이 위대한 건축을 주도한 석공(Master-Designer)들의 이름이 남겨졌는데, 그들은 로베르 드 뤼자르

---

58 템코(Allan Temko)는 1952년의 연구에서 이 문이 루이 9세의 특별한 선물로 지어졌다고 밝혔다. Allan Temko, *Notre-Dame of Paris*(New York: Time, 1952), pp. 270~287. 그러나, 최근 가포쉬킨(Gaposchkin)의 연구는 루이 9세가 이 문의 기증자가 아니라고 밝히고 있다. Gaposchkin, M. Cecilia, "The King of France and the Queen of Heaven: The Iconography of the Porte Rouge of Notre-Dame of Paris", *Gesta* 39; 1(2000), pp. 58~72.

59 *Ibid*.

60 Henri Focillon(1988), p. 343.

61 아미앵 대성당은 850년에 성모 마리아와 아미앵에 그리스도교를 전하고 순교한 최초의 주교 St. Firmin에게 봉헌된 두 개의 성당으로 지어졌다. 대성당은 여러 번 개축되었다. 1019년의 화재 이후, 12세기 초 주교 Saint Geoffroy에 의해 확장 재건되었고, 1137년에 다시 일어난 화재로 인해 폐허가 된 성당을 1152년에 랭스의 대주교 Samson이 재건하였다. Jean-Charles Cappronnier & Pierre-Marie Pontroué, *Amiens Cathedral*(Amiens: A. G. I. R.-Pie, 1998) 참조.

슈(Robert de Luzarches), 토마 드 코르몽(Thomas de Cormon)과 그의 아들 르노(Renaud)이다.

1220년에 로베르 드 뤼자르슈는 영광의 왕인 그리스도가 들어오는 서측 정문[62](그림 46)을 제작하기 시작하여, 1225~1240년이라는 짧은 시간에 대부분의 조각을 완성하였다.[63] 13세기의 전형적인 서측 정문의 예로 평가되는 아미앵의 서측 정문은 형태적으로는 라옹 대성당을 모델로 삼아, 구조적으로 내부로 깊이 들어간 현관(porch)을 만듦으로써 다양한 조각을 제작할 수 있는 장(場)이 되었다. 서쪽 파사드의 중앙 문에는 「최후의 심판」이, '마리아의 문'(그림 47)인 남쪽 문에는 성모의 죽음과 승천, 대관이 있다. 북쪽 문은 이 성당의 첫 주교인 성 피르맹(St. Firmin)에게 헌정되어 그와 관계된 일련의 도상들이 나타나고 있다.[64] 아미앵 대성당의 '마리아의 문'은 제작 시기나 도상의 구성이 파리 대성당과 비슷하지만 조형적인 표현은 파리 대성당만큼 세련되지 않았다. 팀파눔은 두 부분으로 나뉘어 아랫부분에는 「성모의 죽음과 승천」이 있고 그 위에 「성모대관」이 있다.(그림 48) 또 린텔 부분에는 파리 대성당에 등장한 계약의 궤를 가운데에 두고 모세와 아론을 비롯한 이스라엘의 조상들이 앉아 있다. 트뤼모에는 아기예수를 안고 왕관을 쓴 마리아가 여인의 머리를 한 뱀을 밟고

---

62 로베르 드 뤼자르슈는 서측 정문의 제작을 시작하는 감동을 다음과 같이 밝히고 있다. "고개를 들어라, 오 그대들을 들어 올려줄 문들이여, 이것은 영원히 지속될 문이며, 영광의 왕이 이곳을 통하리라." Hans Jantzen, James Palmes(trans), *High Gothic: The Classic Cathedral of Charters, Reims, Amiens*(Princeton: Princeton Univ. Press, 1984), p. 132.

63 이러한 이유로 아미앵의 조각은 미완의 상태이며 생동감이 없다는 비판을 받기도 한다. Paul Williamson(1995), p. 144.

64 팀파눔 부분에는 피르맹의 유해를 발견하고 그것을 아미앵으로 들여오는 모습이 조각되어 있다. 이 북측 문은 형식적으로 남측 문과 유사한 점이 많은데, 린텔에는 이 지역 출신의 6명의 주교가 교회를 중심으로 앉아 있고, 트뤼모에는 축복의 자세를 취한 피르맹이 홀을 들고 서 있다. Maurice Crampon, *La Cathédrale d'Amiens*(Amiens: CNDP, 2002), pp. 48~79.

있는 모습이 당당히 조각되었다. 문설주의 도상적 프로그램은 정문 우측에는 「성모영보」, 「방문」, 「그리스도를 성전에 바침」이, 좌측에는 세 명의 동방박사와 헤로데 왕, 솔로몬과 시바의 여왕이 있다.

「성모대관」(그림 48)이 일어나는 장면에서 마리아와 예수는 정면을 향하고 있는데 부드럽고 친밀한 대화를 나누는 듯한 이전의 「성모대관」(그림 44)와 비교하면 다소 경직되어 보인다. 대관식에서 왕관의 수여는 파리 대성당과 마찬가지로 천사에 의해 일어나고 있으며, 세 명의 천사가 함께 성모의 머리에 관을 씌워주고 있다. 조금 더 자세히 관찰하면 대를 이룬 성모와 그리스도의 크기에 차이가 있음을 알 수 있는데, 마리아가 그리스도에 비해 크게 묘사되었고 앞으로 돌출되어 보인다.

트뤼모의 성모자상 아래에 있는 원죄를 상징하는 뱀에서 시작하여 「성모대관」까지 수직적으로 전달하는 내러티브는 다음과 같다(그림 67). 아기 예수를 안고 있는 마리아는 성령으로 예수를 잉태하고 낳음으로써 인류를 원죄에서 벗어나게 한 승리자이다. 그 위에 있는 계약의 궤는 이미 구약시대에 맺은 구원에 대한 상기이자, 구원에 대한 계약의 궤로 불리는 마리아를 암시한다. 그리고 죽음과 승천으로 하늘에 올라 그리스도의 신부이자 여왕으로 왕관을 쓰는 마리아의 대관으로 이어진다. 바로 이것이 인류의 원죄를 딛고 승리한 마리아의 모습으로, 이 일련의 도상적 프로그램은 마리아의 승리로 일컬을 수 있다. 즉 성모대관은 마리아의 승리의 맨 마지막 장면이자 승리자 마리아가 천상에서 누리게 되는 영광을 재현한 것이다.

랭스

아미앵에 이어 랭스에서 「성모대관」은 그 위치가 팀파눔에서 게이블(gable)로 올라가는 변화를 맞게 된다. 498년 메로빙거 왕조의 시조인 클로비스 1세가 랭스의 주교 레미기우스에게 세례를 받은 이래로 랭스는 프랑스 왕권의 중심지가 되었고, 랭스 대성당에서는 왕들의 도유식과 함께 대관식이 거행되었다.[65] 랭스 대성당은 400년경에 성 니카시우스(St. Nicaisius)가 마리아에게 봉헌한 것으로 기록되어 있다. 9세기에 대대적으로 확장을 한 성당은 1210년 6월에 화재로 소실되자, 1211년 5월 6일에 대주교 오브리 드 윔베르(Aubry de Humbert)가 장 도르베(Jean d'Orbais)를 책임 건축가로 임명하고 공사를 시작하여 13세기의 대표적인 고딕 양식을 가진 현재의 모습이 되었다. 1275년 이전 대부분의 주요한 부분이 완성되었는데, 서측 정문은 1245~1255년에 제작되었다.

랭스 서측 파사드(그림 49)는 팀파눔에 장미창(Rosas)이 생겼으므로, 이제 「성모대관」(그림 50)은 게이블로 올라간다.[66] 성모의 위치는 물리적으로도 팀파눔에서 게이블로 더 높아진 것이다. 성자와 성모는 나란히 마주보고 있으며, 성모는 두 손을 모으고 그 시선은 아래로 향하고 있다. 성자의 한 손이 성모에게 관을 씌워주고 있는 모습이다. 또한 마리아와 그리스도를 둘러싼 천사들의 생기 있는 표정과 자연스러운 움직임은 대관식이 일어나는 극적인 장면을 더욱 실감나게 한다.

뒤비는 대관식에서 관이 씌워지는 행위는 '복종한다'라는 관념을 제시한다고 하였다.[67] 앞서 살펴본 대로 그리스도교 이전 황제의 대관식이 신정정치를 표방한 의식적인 행위였다면, 마리아의 대관에서 마리아가 그리스도에게 복종한다는 단순한 관념을 넘어서 또 다른 정치적 이데올로

65 816년 카롤링거 왕조가 사무엘이 다윗을 도유하고 대관하는 것을 모방한 대관식을 처음으로 소개한 이래, 1825년 샤를 10세에 이르기까지 25명의 프랑스 왕의 대관식이 이곳에서 거행되었다. Patrick Demouy, *Rheims Cathedral*(Saint Ouen: La Goélette, 1999) 참조.

66 랭스의 린텔 부분에도 성모의 잠드심과 승천이 조각되었으나 소실되었다.

67 조르주 뒤비, 최애리(1999), p. 254.

기의 함의를 추측할 수 있다. 랭스가 프랑스 왕들의 대관식이 거행된 장소라는 것을 염두에 두고, 그리스도를 그리스도의 대리자인 교황으로, 마리아를 카페 왕조의 왕이라는 상징으로 전제한다면[68] 이를 교황과 프랑스 왕의 정치적 관계로 볼 수 있다. 당시 교황권과 프랑스 왕의 관계는 울만(W. Ulmann)의 하향적 정치의식과 연결시킬 수 있다.

하향적 정치의식은 중세 내내 추구되었던 교황 정부의 근간이 되었다. 교황권주의자들은 교황의 의사에 대한 절대적인 순복을 강조하였고, 인간 사회의 궁극적인 목적, 즉 인류의 구원이 성취되기 위해서는 사회 체제가 신적 정의를 제대로 반영할 수 있어야 한다고 생각했다. 교황이 바로 그 신성한 지혜의 보고이며, 법률의 제정자이자 정치적 권력의 최종 관리자이므로, 신적 정의는 교황을 정점으로 하는 계서적 사회 조직을 통해서 이루어진다. 요컨대 교황권주의자들에 따르면 교황을 수장으로 하는 피라미드형의 권력 위임과 복속의 체제를 통해서 교황의 권위가 위로부터 아래로 지속적으로 흐를 수 있는 사회 구조야말로 그리스도교 사회가 언제나 지향해야 할 정치 질서였다.[69] 결국 수직적으로 내려오는 관을 수여받는 장면은 당대의 수직적인 사회 구조를 반영하는 것이며, 이러한 하향적 정치의식이 바로 교황군주제의 절정을 가져온 것이다. 이제 파리 · 아미앵 · 랭스의 「성모대관」이 설명하는 교황군주제에 관해 알아보겠다.

---

68 흔히 국가는 여성명사로 쓰이는데, 이러한 기원은 구약성서에서 야훼 하느님을 남성으로 이스라엘을 여성으로 본 것에서 유래하며, 고대 로마시대부터 국가를 상징하는 알레고리로 여성의 이미지가 등장하였다.

69 서양중세사학회(2003), pp. 282~284.

강력한 교황군주제를 향하여

교황군주제는 교회가 교황의 군주권에 의해 통치되는 하나의 왕국이라는 개념이다. 이 제도는 그리스도교 교회 조직과 발전 과정 속에서 나타난 서방 교회의 특이한 현상일 뿐 아니라 중세 정치 구도의 핵심이기도 하다. 원래 교황은 로마 주교를 일컫는 것이었는데, 이는 로마 교회가 갖는 문화 행정상의 중요한 위치를 가늠케 한다. 교황으로서 로마 주교의 지위는 교황 레오 1세(Leo I, 440~461 재위) 때 크게 강화되었으며, 그는 교회를 교황의 군주권에 의해 통치되는 하나의 왕국으로 간주하였다. 뿐만 아니라 교황이 베드로의 대리자라는 이론을 처음으로 제창하였고, 교황 권력의 발전에 핵심을 이루는 교황의 완전권(plenitudo potestas)[70]을 정립하였다. 서방 세계에서 로마 교회의 권위는 절대적인 것이었고, 로마 주교는 교황으로서 서방 그리스도교 사회의 정점에서 수위적인 권위(papal supremacy)를 지니게 되었다.

그러나 서로마제국의 몰락과 더불어 비잔틴 황제들은 고대 로마의 정통 계승자로서 로마 교회에 대한 지배권을 행사하였다. 그들은 모든 문제, 심지어는 교리의 확정에 관한 문제까지도 황제가 최종적인 권한을 지닌다는 황제-교황주의(Caesaro-Papism) 이론에 따라 로마 교황까지도 황제에게 종속된다고 주장하였다. 특히 6세기 유스티니아누스(Justinianus I, 527~565 재위) 황제의 지배 아래에서는 이러한 황제 교황주의가 강화되었고, 비잔틴 제국 내에서 교회는 완전히 국가에 종속되었으며, 비잔틴 황

---

70 교황 레오는 교황의 호칭으로 로마 황제들의 종교적 권위를 상징하는 '대사제'(pontifex maximus)라는 칭호를 사용하였다. 교황의 완전권은 교황이 교회를 지배하고 다스릴 수 있는 권리로서 각각의 교황은 중간 승계자 없이 베드로에게서 직접 이 권한을 받는 것으로 주장한 재치권(potestas jurisdictionis)과 신과 인간의 중개자로서 성사를 주관할 수 있는 권한인 선대의 교황들을 통해 대대로 계승되는 성품권(potestas ordinis)을 합쳐서 일컫는다. 서양중세사학회(2003), p. 199.

제들은 로마 교황 위에 군림하려고 하였다. 중세 신성로마제국 황제와 교황의 힘겨루기는 비잔틴 황제와 교황의 힘겨루기에서 이미 시작된 것이다.

비잔틴 황제의 교회 지배라는 현실에 대하여, 대(大)그레고리우스 교황(Gregorius I, 590~604)은 서유럽을 보편적 그리스도교 사회로 해석함으로써 이 문제를 해결하고자 하였다. 로마제국이라는 정치적 형체는 사라졌지만 그리스도교 사회의 실체는 로마 교회와 그 교회의 지도자인 교황을 통해 여전히 지속되고 있다는 것이었다. 이러한 그레고리우스의 생각은 서유럽 사회에서 서로마제국의 멸망 이후에 오는 정치적 공백 상태를 대비할 수 있는 하나의 논리였다. 뿐만 아니라 서유럽 교회를 예속시키려는 비잔틴 황제의 황제 교황주의에도 대항할 수 있는 이론적 무기였으며, 나아가 서유럽 세계에서 교황의 수위적 권위를 주장할 수 있는 이론적 토대가 되었다.[71]

8세기 이탈리아에서는 비잔틴 세력이 약화되고 호전적인 롬바르드족이 위협을 가해왔다. 이에 위기를 느낀 교황은 서유럽에서 급격히 세력을 팽창하는 프랑크 왕국에 의지하였다. 751년 프랑크 왕국의 피핀 3세(Pippin III, 714~768)가 메로빙거 왕조의 실데리크 3세(Childeric III, 743~751)를 유폐하고 왕이 되고자 하였을 때, 교황 자카리우스(Zacharius)는 그러한 피핀의 행위를 정당화하기 위해 도유를 거행하여 그를 프랑크 왕으로 인정하였고, 피핀은 그 보답으로 롬바르드족에게 빼앗은 로마 주변의 지역

71 교회의 교황수장권 이론을 구체적으로 밑받침해줄 수 있는 근거로 제시된 것이 바로 8세기 중엽에 위조된 콘스탄티누스의 기증장(Donatio Constantini)이다. 이 기증장에 따르면 콘스탄티누스 황제가 로마 교회에 특권을 수여하였기 때문에 로마 교회는 제국 내에서 최고의 지위에 있었나. 그리고 콘스탄티누스 황제의 모든 권능과 명예를 로마 교회에 위임하였기에 그가 지닌 모든 것을 교황에게 주었다. 따라서 이제 교황이 로마의 도시 전체, 이탈리아 전지역, 나아가 서방 지역 전체의 주인이 되었다고 위작자는 표현하였다. *Ibid.*, p. 202.

을 교황령으로 넘겨주었다. 프랑크 왕과 교황 사이에 맺어진 협력적인 관계는 800년에 샤를마뉴의 대관에서 절정에 이른다.

800년 12월 25일, 교황 레오 3세(Leo III, 768~814)는 성탄 미사가 끝난 후에 샤를마뉴에게 로마 황제관을 수여하였다. 『샤를마뉴 황제의 전설』(*Legends of Charlemagne*)은 800년의 대관식 모습을 다음과 같이 묘사했다.

> 서기 800년, 샤를마뉴는 교황을 보호하기 위해 군대를 이끌고 로마에 갔다. 그때 그는 교황으로부터 서양의 황제라는 칭호를 부여받았다. 크리스마스 날 카를 대제(샤를마뉴)는 신도들과 함께 미사에 참가하듯 성 베드로 교회로 들어갔다. 그가 제단으로 다가가서 기도하기 위해 몸을 숙이자 교황이 그의 머리에 금관을 얹었다. 그러자 로마 국민들은 "위대한 하느님으로부터 왕관을 부여받은, 로마 국민의 위대한 카를 황제에게 생명력과 승리를!" 하고 외쳤다. 교황은 고대 황제 시대의 관습에 따라 그의 앞에 엎드려 경의를 표하고 성유(聖油)를 붓는 의식을 거행했다.[72]

이 800년에 거행된 대관식의 전모는 이탈리아에서 지위의 불안을 느끼고 있던 교황이 샤를마뉴를 황제로 세움으로써 교회의 확실한 보호자를 얻고자 한 것이다. 반면 샤를마뉴의 입장에서는 불온한 로마인[73]들로부터 교황의 지위를 다시 회복시켜준 것에 대하여 감사의 뜻을 표하기 위해

72 Thomas Bulfinch, *Legends of Charlemagne*(London: J. M. Dent & Sons, 1911), p. 20.

73 799년 4월 25일, 레오 3세가 말을 타고 종교 행사에 참여하던 중, 무장한 로마 시민으로부터 공격을 받아 성 베드로 수도원에 감금되었다가 탈출하여 샤를마뉴에게 가서 무례한 로마인들에게서 그를 보호해줄 것을 청하였고, 샤를마뉴는 로마로 가 교황의 지위를 회복시켜주었다. Einhard and Notker the Stammerer(trans), *Two Lives of Charlemagne* (Harmondsworth: Penguin books, 1977), p. 81 재인용: 이경구, 『중세의 정치 이데올로기』(서울: 느티나무, 2000), p. 58.

치러진 이 대관식이 그리 달갑지는 않았다. 즉 새 황제의 즉위에 교황이 참여한다는 것은 역사적 정당성이 없을 뿐 아니라, 교황이 황제에게 관을 씌움으로써 우월권을 주장할지 모르기 때문이다. 결국 샤를마뉴의 대관식은 교황의 주도하에 고대 로마의 보편주의 유산과 그리스도교적인 보편 이념이 결합되어 형성된 신성로마제국(sacrum Romanum imperium)을 탄생케 하였고, 이 제국은 그 명칭은 신성로마제국이지만 의미에 있어서는 보편교회(universalis ecclesia)나 다름없었다. 동일한 하나의 공동체는 보는 이의 관점에 따라 제국이 될 수도 있고 교회가 될 수도 있다. 즉 레오 3세는 샤를마뉴의 황제대관으로 그리스도 공동체 내에서 교황의 보편주의를 실현할 수 있는 기본 토대를 마련하였다.[74] 그러나 샤를마뉴는 그리스도교 보호자의 역할을 넘어 그리스도교 군주의 자격으로 성직자를 감독하고 공의회를 주도하여 종교적 문제에 대한 해결을 주도하였고, 주교 선출에도 관여하였다.

962년에 교황으로부터 황제의 대관을 받은 동프랑크 왕국의 오토 대제(Otto I, 936~973 재위)는 샤를마뉴의 선례에 따라 그리스도교 군주의 역할을 자처하였다. 마침내 비잔틴 황제의 압박에서 벗어난 교황은 로마 교회가 정통성을 인정해준 신성로마제국 황제의 간섭이라는 또 다른 어려움에 직면하게 된 것이다. 요컨대 이 시기까지의 교황들은 '성 베드로의 대리자'로서 실질적인 힘과 권위를 행사하기보다 황제나 왕, 또는 로마 귀족의 후원에 의지하였다. 그러나 11세기 전반기, 클뤼니 수도원의 교회 개혁운동은 위축된 교황의 권위에 힘을 실어주는 전환점이 되었다.

중앙집권적인 클뤼니 수도원이 각 지방의 주교와 세금 문제로 대립하게 되자 클뤼니 수도원은 주교와 대주교를 무시하고 교황과 직접 이 문제

---

74 *Ibid.*, pp. 47~73.

를 해결하고자 하였고 교황은 이에 적극 개입하여 새로운 권위를 수립할 수 있는 기회를 마련하였다. 클뤼니 개혁운동과 동시에 교황의 개혁운동도 이루어지는데, 레오 9세(Leo IX, 1049~1054 재위)는 성직 매매, 성직자의 결혼, 폭력, 도덕적 부패 등을 일소하기 위한 교령을 반포했다. 레오 9세의 개혁은 광범위한 호응을 얻었고, 그는 오랫동안 잠자고 있던 교황 군주제의 진정한 수립자로 불렸다. 레오 9세는 위축된 교황제의 통솔과 지배 기능을 회복하기 위해 「콘스탄티누스의 기증장」의 핵심 부분을 새로 편찬된 교회법에 포함시켰다.[75]

1076년에 신성로마제국 황제 하인리히 4세(Heinrich IV, 1056~1106 재위)를 파문하고 주교 서임권을 교황에게 귀속시켜 교황군주국을 수립하는 이상을 이룩한 클뤼니 출신의 그레고리우스 7세(Gregorius VII, 1073~1085)는 성직 서임권 투쟁 기간 동안에 체계화된 교회법의 토대 위에 로마 교회의 수장인 교황이 그리스도교 사회의 지도권을 가지고 있다는 소위 성직자 정치론(Hierocratic Theory)을 제창하였다. 다시 말해 교회법 이론에 따르면 황제의 법률인 로마법은 교회법보다 하위의 법이며, 이에 따라 로마법에 의존하는 황제도 교회법에 근거하는 교황을 위한 보조적인 존재로 생각되었다. 따라서 교황은 순수한 영적 권한을 가진 것은 물론 주교와 대수도원장을 포함한 성직자를 임명하고 관할하며, 관리를 임명하고, 조약과 협정을 체결하며, 영지를 관할할 수 있는 세속권까지 가지고 있었다.[76] 이제 교황은 레오 1세의 문서에 처음 쓰였던 영적 · 세속적 사건 모두에 완전권을 행사할 수 있게 되었다. 뿐만 아니라 1096년에서 1291년까지 일곱 차례 결성되었던 성전(聖戰)으로서의 십자군 운동도 교회의 결

---

75 R. W. Southern, *Western Society and the Church in the Middle Ages*(London: Pelican Books, 1970), p. 104.

76 서양중세사학회(2003), pp. 205~216.

속력과 교황의 권위를 견고히 하는 데 한몫을 하였다.

그레고리우스의 개혁 이후 12, 13세기는 어느 때보다 교황과 세속 군주들의 힘겨루기가 팽팽한 시기였다. 신성로마제국의 하인리히 6세(Heinrich VI, 1191~1197 재위)와 프리드리히 2세(Friedrich II, 1212~1250 재위), 프랑스의 존엄왕 필립(Philip Augustus, 1180~1223 재위), 영국의 존 1세(John I, 1199~1216 재위) 등은 국왕의 재정적 기반을 확충하고 사법권을 확대하는 등 중앙집권화를 꾀하는 과정에서 각 지역의 교회나 로마 교회의 재산과 사법적 권력의 일부를 침해하게 되었고, 이에 맞서 교회의 이익을 끊임없이 지키려는 교황들의 집요한 노력은 교권과 속권, 즉 황제와 왕들의 끊임없는 갈등과 충돌을 야기했다. 특히 중세 전성기에 가장 강력한 교황권을 발휘했던 교황은 인노켄티우스 3세(1198~1216 재위)와 인노켄티우스 4세(1243~1254 재위)이다. 바로 이 시기를 흔히 우리는 고딕의 절정기라고 일컬으며, 파리 · 아미앵 · 랭스 대성당 팀파눔에 「성모대관」이 제작되었다. 그러면 더 이상 '성 베드로의 대리자'가 아니라 '그리스도의 대리자'가 된 강력한 교황의 권력이 실질적으로 이 시기에 어떻게 발현되었는가?

우선 서던(R. W. Southern)의 말처럼, 교황의 사법권은 교회 구조의 가장 낮은 계층의 일상적인 문제로 뚫고 들어갔다. 크고 작은 외교적 분쟁뿐 아니라, 1140년경부터는 교황의 사법권이 일상생활에 적용되기 시작했다. 즉 교황은 세례, 견진, 고해, 성체성사, 고행과 결혼, 신앙 교육과 신앙적 의무, 구제, 이자, 유언과 유서, 종부성사, 장례, 묘지, 죽은 자를 위한 기도와 미사를 위한 규율과 조건을 모두 제시했다. 이제 교황으로 대표되는 교회는 그리스도의 대리자라는 상징적인 권위뿐 아니라 법률이라는 그물망으로 교회 구성원인 일반인들의 삶을 통제하게 되었다. 인노켄티우스 2세는 로마 교회를 마치 재판소처럼 '정의의 의자'(sedes justitiae)라고 표현하였고,[77] 인노켄티우스 3세는 많은 교회법령을 반포하였다. 뿐만 아니라 그는 1215년에 제4차 라테란 공의회(The council of the Lateran)를 통하여 교회의 광범위한 조직과 제도를 쇄신하고 그리스도의 지상대리자로서의 권위를 발휘하였다. 인노켄티우스 4세는 탁월한 법률가 교황이었으며, 영적인 권력과 세속적인 권력에 관련된 저서 『5개 교령에 대한 해석』(*Commentaria super libros quinque decretalium*)을 남기기도 하였다.

즉 상리스의 「성모대관」(그림 31)이 신랑인 그리스도와 신부인 마리아가 대등하게 마주봄으로써 교황과 카페 왕조의 대등한 동맹 또는 결혼이 교회의 영역으로 들어왔음을 알리는 것이었다면, 그리스도는 왕관을 수여하고 마리아는 손을 모으고 그리스도에게 복종하는 랭스의 「성모대관」(그림 50)은 교황권의 강력한 성장을 시사한다. 서던의 말처럼, 교황은 단순히 '베드로의 대리자'에서 이제 분명 '그리스도의 대리자'가 되었으며,[78] 교황이 거행하는 대관은 군주를 견제하고 그 권력에 한계를 가하는 요소로 작용한 것이다. 따라서 여왕이미지로 표현된 「성모대관」은 신부이미지로 표현된 「성모대관」보다 시대적으로 강력한 교황권을 표현한 것으로 해석할 수 있겠다.

---

77 Walter Ullmann, *The Growth of Papal Government in the Middle Ages*(London: Methune, 1970), p. 275.

78 R. W. Southern(1970), pp. 96~109.

제4장

변화: 내러티브에서 메타포로

그림 55 자코포 토리티, 「산타 마리아 마조레 앱스 모자이크」, 1295, 산타 마리아 마조레 성당, 로마.

듀건(Christopher Duggan)은 13~14세기 이탈리아 역사를 '기나긴 불안'[1]이라고 말했다. 로마제국의 붕괴 후, 11세기까지 이탈리아 반도에는 100여 개의 자치 도시들이 있었다. 이 지역 세력들은 '자치 공동체'(Communes)를 이루고 경제적인 부를 획득하여 독립적인 시민 공동체를 성립하였다. 그러나 자치 도시 제도는 도시 간의 끊임없는 전쟁과 12세기 후반에 다시 등장한 신성로마제국의 위협으로, 서서히 자치 도시의 권력이 군주 1인에게 평생토록 집중되는 시뇨리아(Signoria)라는 정치 형태로 변하게 된다. 또 신성로마제국의 황제와 교황과의 갈등은 자치 도시 내부를 붕괴하는 원인이 되었다. 도시 내에서 서로 경쟁 관계에 있는 당파들은 자신들의 충성을 표현하기 위해 기벨린(Ghibelline, 황제파)과 구엘프(Guelf, 교황파)라는 명칭을 사용했다. 그러나 실제로 이러한 명칭에는 별다른 의미가 없었으며, 단지 지역의 지배권을 둘러싸고 투쟁하던 집단에

---

1 Christopher Duggan, *A Concise History of Italy*(Cambridge[England]: Cambridge Univ. Press, 1994), p. 46.

힘을 싣기 위한 것이었다. 자치 도시들은 황제가 승리할 경우 자신들의 자유가 축소되고 더욱 무거운 세금이 부과될 것이라는 사실을 알고 있었기 때문에 황제 세력을 견제하였다. 반면 그리스도 제국을 이루려는 교황은 비교적 덜 위협적인 존재로 인식되었다. 교황파와 황제파들은 적들을 살해하거나 축출하고 동맹 간에 복잡한 분규를 야기하는 권력 다툼을 계속해나갔다. 14세기 초 황제를 지지하다가 고향 피렌체를 떠나 망명 중이던 단테는 당시의 상황을 '비굴한 이탈리아'(servile Italy)라며 폭풍 속에 선장 없는 배에 비유하였다.

또 부유한 이탈리아의 도시 국가들은 주변 지역을 파괴하기 시작했다. 피렌체는 1350년에서 1421년 사이에 프라토(Prato), 피스토이아(Pistoia), 볼테라(Volterra), 아레초(Arezzo), 피사(Pisa), 리보르노(Livorno)를 정복했다. 또한 같은 시기에 베네치아는 트레비소(Treviso), 비첸차(Vicenza), 베로나(Verona), 파도바(Padova)등을 강점했다. 그리고 비스콘티(Visconti) 지휘 하에 있는 밀라노(Milano) 공국도 세력 확장에 전력을 다했다. 반도의 남부 지역에서는 아라곤의 알폰소(Alfonso of Aragon) 왕이 나폴리를 정복하고 피렌체 · 제노바 · 밀라노 · 베네치아와 전쟁을 치르고, 1416년에 시칠리아의 왕위를 계승했다. 이러한 이탈리아에서의 격동과 갈등은 나아가 교회의 분열과도 맞물려 있었다. 제국의 야망을 꿈꾸던 교황청이 1316년에 로마에서 아비뇽으로 이전하자 라치오(Lazio), 움브리아(Umbria), 마르케(Marche), 로마냐(Romagna)와 같은 교황령의 도시는 리미니(Rimini)의 말라테스타(Malatesta), 우르비노(Urbino)의 몬테펠트로(Montefeltro)와 같은 보잘것없는 폭군들에 의해 분할되었다. 더구나 교황이 다시 로마로 돌아온 1378년 이래로 이탈리아에서는 지지 세력 간의 다툼으로 두 명, 혹은 세 명의 대립교황이 있었다. 교황 권력의 쇠퇴는 교회의 분열을 가져왔다.

이처럼 영적으로 그리고 정치적으로 유명무실한 교황을 대신해 교회의 영적인 힘은 탁발수도회로 옮아갔다. 또 흑사병의 창궐, 도시 국가 간의 끊이지 않는 전쟁과 기근에 처한 당대인들에게 탁발수도사들은 마리아에게 중재 기도를 청하라고 설교하였다. 이러한 까닭에 시에나 · 피렌체 · 베네치아같이 당시에 가장 부유했던 도시들은 자신들의 도시를 마리아에게 봉헌하고, 주보성인으로 삼아 다양한 축제를 거행했다. 따라서 성모대관은 이 같은 전례를 위해 빈번히 그려지게 되었다. 무엇보다 이 시기에 나타난 가장 큰 새로움은 성모대관이 마리아의 죽음과 승천이라는 문맥에서 독립하여 제단화에 단독적인 주제로 등장한다는 점이다. 따라서 본 장에서는 본격적인 작품 분석에 앞서 당시 사회 분위기를 먼저 알아보겠다. 이어 마리아의 도시로 불렸던 시에나 · 피렌체 · 베네치아에서 1250년 이후 1400년까지 제작된 성모대관을 다룰 것이다. 이를 위해 마리아의 죽음과 승천이라는 서술적인 문맥에서 교회 건축 장식으로 그려진 것과, 서술적인 문맥에서 탈피하여 천국이라는 장소성을 강조한 제단화라는 두 범주로 나누어 살펴보고자 한다.

1. 종교적 위기와 사회적 불안

교황권의 쇠퇴와 탁발수도회의 발전

뛰어난 교회법 학자 출신으로 속세 사정에 밝았던 인노켄티우스 4세의 뒤를 이은 알렉산데르 4세(Alexander IV, 1254~1261 재위)는 인노켄티우스 4세와 달리 추진력과 결단력이 없어 재위 중 여러 실책을 거듭하였다. 무엇보다 교황청 소유 영토의 상당 부분을 독일 슈타우퍼 가문에게 빼앗겼다. 당시 교황청의 독립을 가로막는 장애물은 한두 가지가 아니었다. 신성로마제국의 황제, 시칠리아를 비롯해 남부를 점령한 노르만족, 프랑스 왕, 또 로마는 물론 이탈리아 전역의 여러 도시 국가에서 세력과 이권을 다투는 귀족들이 교황청을 서로 자신의 세력권에 두려고 안간힘을 썼다. 이 같은 힘겨루기 속에서 교황권의 독립을 지키려는 노력이 계속되었다. 1302년에 교황 보니파키우스 8세(Bonifatius VIII, 1294~1303 재위)는 교황권이 세속의 권리보다 더 우위에 있다는 사실을 주장하는 칙서 「유일한 거룩」(Unam Sanctam)을 반포하였다. 이 칙서에서 교회는 오로지 하나의 머리, 즉 그리스도와 그분의 대리자를 소유하고 있다고 하였다. 그리고 세속적인 칼과 종교적인 칼은 교회의 권력 안에 예속되어 있으며, 종교적인 권력은 세속적인 권력에 관여하고 필요에 따라 심판해야 한다고 하였다. 이러한 두 가지 권력의 관계는 신적인 질서에서 비롯된다고 하였고, 칙서의 마지막 부분에는 다시금 교황의 수위권을 강조하며, 로마의 주교에게 순종하는 것은 모든 인간의 구원에 필수적이라고 선언하였다.[2]

교황 보니파키우스 8세는 자신의 권력을 분명히 확보하기 위해 1300년에 첫 번째 성년을 반포하였다. 퇴위한 교황 켈레스티누스 5세(St. Celestinus V, 1294 재위)의 지지자들로 구성된 반대파들—주로 로마의 귀족 콜론나(Colonna) 가문 출신—은 1301년에 교황 보니파키우스 8세를 아나니(Anagni)에서 체포하였다. 로마의 시민들은 사흘 뒤에 교황 보니파키우스 8세를 다시금 자유의 몸으로 해방시켜 로마로 귀환시켰으나, 교황은 1303년 10월 11일에 로마에서 서거하였다. 교황 보니파키우스 8세는 바티칸 대성전 지하에 안장되었다. 교황 보니파키우스 8세 이후 교황권은 점점 그 영향력을 상실해갔다. 교황 보니파키우스 8세가 반포하였던 칙서 「유일한 거룩」은 이미 교황 그레고리우스 7세와 인노켄티우스 3세가

2 장준철, 교령 「Unam sanctam」에 나타난 교황의 보편적 지배권론, 『서양 중세사연구』 5(1999), pp. 43~64.

구상하였던 사상을 포함하고 있었으며, 아퀴나스와 베르나르의 사상을 반영하고 있었다. 그러나 교황의 권력 행사는 실패로 끝났고 그 영향은 이후 교황의 재임 기간 동안 분명하게 드러났다. 한편 교회 내적인 시각에서 볼 때, 1300년 성년은 대단한 성공을 거두었다. 교황 보니파키우스 8세가 반포한 성년의 대사는 수많은 순례객들을 로마로 불러 모았다. 그리고 교황청 기구의 개편, 재속 사제와 수도 사제 사이의 관계 규정, 교황 그레고리우스 9세 법령집의 보완 작업 등은 교황 보니파키우스 8세가 남긴 중요한 업적에 속한다. 강력한 교황권을 위해 노력했던 교황 보니파키우스 8세의 뒤를 이은 교황 베네딕투스 9세 서거 후, 교황 선출을 위한 11개월간의 비밀회의 끝에 프랑스권 출신인 클레멘스 5세(Clemens V, 1305~1314 재위)가 교황으로 선출되었다.

그러나 이 선거는 약 70년간이나 지속되었던, 이른바 교황의 아비뇽 유배의 서막을 올리는 결과를 초래하였다. 교황 클레멘스 5세는 프랑스 국왕의 손에 놀아나는 유순한 꼭두각시에 지나지 않았다. 당시 프랑스 왕 필리프 4세(Philippe IV, 1285~1314 재위)가 새 교황의 대관식을 리옹(Lyon)에서 거행해야 한다고 우겼고, 클레멘스 5세가 왕의 고집을 꺾지 못하고 굴복하여 새 교황의 대관식은 결국 로마가 아니라 리옹에서 거행되었다. 또 그는 왕의 압력에 굴복해 성전기사단을 해체하였다.[3] 프랑스 출신의

3 십자군 원정시, 위그 드 파옝(Hugh de Payns)을 주축으로 한 프랑스 기사들이 예루살렘에서 새로운 종류의 기사단을 결성했다. 그들은 청빈과 독신 서약을 한 뒤로 수사로 살면서 평화시나 전시를 막론하고 계율을 엄수한다. 또 식사 중에 침묵을 지키며 모든 물건을 공유한다. 성전기사단이라는 이름은 예루살렘 왕이 그들에게 솔로몬 신전 터를 거처로 내준 데서 유래한다. 애초에 이 기사단은 야파(Jappa, 고대 지중해 지역의 중요한 항구)에서 예루살렘까지의 위험한 여정에 오르는 순례자들을 보호하기 위해 결성되었다. 그러나 그들의 세력이 너무 강해진 나머지 14세기 무렵에는 수많은 이들의 시기와 불신을 받게 되었다. 필리프 4세는 성전기사단의 막대한 부를 차지하기 위해 1307년에 그들을 이단자로 몰고, 그들의 재산을 구호기사단에 넘기는 척하며 자신의 수중에 넣었다. P. G. Maxwell-Stuart, *Chronicle of the Popes:*

마지막 교황이었던 그레고리우스 11세(Gregorius XI, 1370~1378 재위)가 1376년 가을에 로마로 귀향할 때까지 교황들은 프랑스 왕의 꼭두각시에 지나지 않았다. 1378년에 그레고리우스 11세가 죽은 뒤 로마에서 교황 선거 회의가 소집되었을 때, 로마 시민들은 거리로 몰려나와 프랑스인의 독점을 끝내고 로마인이나 최소한 이탈리아인을 교황으로 선출하라고 아우성쳤다. 사실 회의에 참석한 추기경 총 16명 중 11명이나 되었던 프랑스인 추기경들은 프랑스인을 교황으로 뽑아 다시 아비뇽으로 돌아가려 했다. 그러나 그들은 거리에 나온 군중들의 압박에 위축된 데다, 여러 무리의 폭도들까지 선거장에 침입하자 겁에 질려 연로한 바리(Bari)의 대주교를 교황 우르바누스 6세(Urbanus VI, 1378~1389 재위)로 선출하였다. 얼마 후 프랑스인 추기경들은 아나니로 갔고, 거기서 우르바누스 6세의 교황 선출은 외부 압력을 받아 이루어졌으므로 무효라는 내용의 성명서를 발표했다. 그러고는 클레멘스 7세(Clemens VII)를 대립교황으로 세웠다. 이리하여 그리스도교 세계에서 40년간 지속된 서방 교회의 대분열이 시작되었다.

이 같은 분열과 혼란이 15세기 말까지 이어지면서 교황들의 세속적인 권위는 말할 것도 없이 영적인 힘 또한 바닥에 떨어졌다. 이처럼 유명무실한 교황을 대신해 교회의 신앙을 이끌어나간 것이 바로 프란체스코회와 도미니쿠스회와 같은 탁발수도회이다. 이제 교회의 영적인 힘은 교황에서 수도회로 옮겨졌다. 특히 귀족적이고 폐쇄적인 베네딕투스 수도회보다는 '세속 안에서'의 순회와 탁발선교를 특징으로 하는 탁발수도회가 힘을 얻게 된다. 프란체스코회와 도미니쿠스회로 대표되는 탁발수도회는

The Reign-by-reign Record of the Papacy from St. Peter to the Present(New York: Thames and Hudson, 1997), p. 17, 154.

도시민들에게서 필요한 양식을 얻는 대신, 영적·문화적 양식을 제공하였다. 두 수도회에 대해 간략히 알아보겠다.

프란체스코 수도회는 아시시의 성 프란체스코(St. Francesco, 1181[1182]~1226)에 의해 설립되었으며, 첫 회칙은 1209년 4월에 교황 인노켄티우스 3세에게 승인을 받았다. 초기에 탁발 수사들은 거리의 설교자들로, 갖은 노동으로 생계를 유지했다. 그들은 간단한 설교를 하고 가난하고 병든 자들, 특히 나병 환자들을 돌보았다. 그런데 교세가 빠른 속도로 확장됨에 따라 탁발 수사들이 그릇된 길로 빠지지 않도록 회칙을 강화하고 조직을 단속할 필요성이 제기되었다. 그러나 일각에서는 그 필요성을 인정하면서도 자칫 그것으로 말미암아 수도회의 원래 정신이 훼손될지도 모른다고 우려했다. 그래서 1221년에 성 프란체스코는 회칙 개정의 필요성과 일부 형제들의 우려를 모두 수용하는 새로운 회칙을 제정했다. 그러나 곧 수도회는 그의 타협안을 받아들이는 무리(콘벤투알파)와 그렇지 않은 무리(신령파)로 나뉘게 되었고, 그 후로 오랫동안 반목하였다. 게다가 즉위하는 교황마다 잇달아 후자를 단죄하는 법령을 제정하고 그들의 가르침 중 일부를 이단으로 규정하였다.[4]

프란체스코 수도회가 경건한 삶을 살고자 한 일반 민중의 신앙 수도회로 형성된 반면, 도미니쿠스 수도회는 처음부터 교황과 가톨릭교회와 밀접한 관계 속에서 태어났다. 도미니쿠스 수도회의 공식 명칭은 '탁발 수

4 한편 청빈과 사랑을 실천하겠다고 서약한 뒤 성 프란체스코를 따르던 아시시의 귀부인 글라라가 1212년에 기도와 묵상에 전념하는 수녀 모임을 설립하고 '가난한 글라라 수녀회'라고 이름 붙였다. 이 수도회는 흔히 제2의 프란체스코회라고 불렸다. 그 후 1221년에 성 프란체스코는 평신도를 위한 제3의 고행 수도회를 설립하였다. 여기서는 평신도들에게 세속을 등지거나 수사 서약을 하지 않고서도 프란체스코의 생활 계율을 실천할 수 있도록 도와주었다. 이 제3회 회원들은 1447년에 교황 니콜라우스 5세에게 인가받았다. P. G. Maxwell-Stuart(1997), p. 134.

사 설교자들의 수도회'로 1215년에 스페인의 카스티야 출신의 도밍고 데 구스만(Domingo De Guzmán, 1180~1221)에 의해 설립되었다. 그는 1196년에 마드리드 근방의 아우구스티누스 수도회의 수도자가 되었고, 이곳에서 그는 지역 교구의 주교인 아케베도의 디에고(Diego of Acevedo)와 카스티야의 국왕을 수행하면서 많은 여행을 하며 친밀하게 지냈다. 그들은 프랑스의 남부를 여행하다가 그곳에 만연한 이단 알비파의 위험을 깨닫고 그들을 개종시키기 위해 설교를 시작했다. 이렇게 시작된 도미니쿠스 수도회는 1217년에 교황 호노리우스 3세(Honorius III, 1216~1227 재위)에게 승인을 받았다. 도미니쿠스회는 기도와 선교, 특히 학문과 설교에 중심을 두었기에, 초창기부터 멀리 해외로 선교사들을 파견했으며, 뛰어난 신학자들을 많이 배출했다. 그 중에서 가장 널리 알려진 학자는 대 알베르투스(Albertus Magnus, 1193~1280)와 토마스 아퀴나스(Thomas Aquinas, 1225~1274)이다. 학문과 설교에 대한 특별한 관심 때문에, 도미니쿠스회는 정통 교리를 수호하고 이단을 뿌리 뽑기 위해 설립된 조사단에 깊이 관여하게 되었다. 또한 도미니쿠스 수도회는 프란체스코 수도회와 마찬가지로 수녀회, 그리고 평신도를 위한 제3의 수도회를 각각 설립하였다.

두 수도회는 모두 탁발 수도회에 걸맞게 청빈을 자신들의 이상으로 삼지만, 이들을 통해 계몽된 도시 귀족의 후원을 받으면서 점점 부를 획득하고, 또 확장된 그들의 세력에 알맞게 수도원과 부속 건물, 교회 등을 세움으로써 중요한 예술의 후원자로 등장하였다. 특히 프란체스코회는 처음부터 그림을 통한 전교에 노력을 기울였다.[5] 그들은 이미지를 통한 감정 전달로 신앙심을 고취하고자 하였고, 그리스도의 인간적인 고통의 모

---

5 현재 성탄절에 모든 성당과 교회에서 제작하는 예수 탄생의 구유를 처음으로 만든 것도 프란체스코 성인으로 알려졌다.

습을 강조한 표현성 짙은 작품을 선보였다. 반면 도미니쿠스 교단은 설교를 통한 대중의 감화가 목표였기에, 처음부터 예술작품에 관심을 두지는 않았다. 그러나 설교의 보조 수단으로 이미지를 사용하기 시작해 관상(觀想)을 위한 제단화를 제작하였다.

또 이들 수도회는 이단 운동에 가담한 사람 중에 여자들이 특히 많았다는 사실과 교회가 여성에 대한 관심을 새롭게 기울여야 한다는 사실을 깊이 인식하였다.[6] 그리하여 두 수도회는 각각 여성 수도회를 세우는 방식으로 이 문제를 해결하였다. 뿐만 아니라 귀족의 전유물이었던 마리아 신심을 대중에게 설교로 전하였다. 특별히 도미니쿠스 수도회를 세운 도미니쿠스는 성모 신심이 두터웠는데, 그가 당시 알비파와 같은 이단들에게 설교하는 데 어려움을 겪자 그의 꿈에 성모 마리아가 나타나 묵주(Rosario)를 주었다고 한다. 이로 인해 도미니쿠스 수도회에 의해 마리아를 공경하는 대표적인 기도가 전파되어 오늘날까지도 전해진다. 한편 12세기부터 계속된 이단으로부터 교회를 지켜왔던 마리아의 역할 외에도 이 시기에 성모 신심이 사회 전체에 만연한 또 다른 이유는 바로 흑사병의 창궐 때문이었다.

흑사병의 창궐과 성모 신심의 확산

13세기말에서 14세기로 접어들면서 여러 도시들을 돌아다니며 설교와 교육에 힘썼던 두 탁발수도회의 영향으로 귀족들의 전유물이던 성인 공경, 특히 마리아 공경은 일반 신자들에게까지 확산되었다. 이 같은 대중적인 신앙 운동의 발발에 관하여 서던은 그 근원이 질병과 절망에 있다고

---

6 여성들이 다수를 차지하는 이단 운동에서는 자연스럽게 교회의 남성 중심 체제에 대한 비판이 터져나왔고, 발두스파에서는 이미 여성 설교자를 인정하는 방식으로 독자적인 해결책을 만들어가고 있었다. 최형결, 『수도원의 역사』(서울: 살림, 2004), pp. 56~57.

보았다.[7] 특히 흑사병(pestis atra)[8]은 당시 사람들에게 비참함과 절망, 죽음의 공포를 체험하게 했다. 지글러(Philip Ziegler)는 흑사병이 사회와 경제를 바꾸어놓았을 뿐 아니라, 교회와 인간의 정신세계도 변화시켰다고 언급하였다. 14세기 유럽 전역을 휩쓸었던 죽음의 전염병은 1347년 10월 초 시칠리아에 도착하였고, 석 달 뒤 이탈리아 본토에 병이 퍼지기 시작하였다. 흑사병이 가장 극심할 당시 베네치아에서는 하루에 600명이 죽었다고 한다. 시칠리아에서 흑사병이 발발한 지 1년이 지나자 이탈리아에서 최악의 사태는 지났다. 그러나 그 후로도 1, 2년간 소소하게 발생했으며, 1360년에 또 다른 종류의 페스트가 찾아와 이탈리아 전체 인구 가운데 1/3 이상이 죽었다고 한다. 당시 사람들은 이 급작스럽고 무시무시한 대학살을 지옥의 불과 하느님의 분노라 여기며 스스로에 대한 죄의식에 사로잡혀 있었다. 살아남은 사람들은 두 부류로 나뉘는데, 극도로 조심하며 사치를 피하고 모든 것을 절제하고, 심한 히스테리로 채찍질 고행단에 참여하는 부류와, 마치 악을 조롱하듯이 "먹고 마시고 즐겨라. 내일이면 우리는 죽는다"를 외치며 방탕과 방종으로 두려움을 피하려는 사람들로 나뉘었다.

매우 역설적이게도 페스트는 종교가 가진 힘을 무력하게 하면서도, 종교적 열정이 크게 일어나게 하였다. 부유한 이들은 축적한 재산을 죄의 원천으로 여겨 자선단체나 교회에 기부했고, 설교자들은 영적으로 불안

---

7 R. W. Southern(1970), p. 328.

8 페스트(pest)라는 이름은 16세기 스웨덴에서 처음으로 사용했다고 한다. 원래 라틴어 pestis atra 또는 atra mors를 영어나 스칸디나비아어로 문자 그대로 직역한 것이다. 14세기에 atra에는 '검은'이라는 의미 외에도 '지독한'이나 '무서운'이라는 의미가 함축되었다. 즉 무서운 병이라고 번역되어야 할 것이 검은 병으로 오역되었는데, 이 용어가 다른 어떤 것보다 훨씬 무시무시했기 때문에 그대로 굳어진 것이다. 또 프랑스에서는 morte bleue(푸른 죽음)라 불린 적도 있다. Philip Ziegler, *The Black Death*(Middlesex: Penguin Books, 1982).

한 이들에게 비전을 제시해야만 했다. 또 예술가들은 인간의 극렬한 고통을 승화시켰다. 이러한 사회 분위기는 죽음의 춤(Dance of Death)과 같이 죽음을 의인화한 작품을 나타나게 했으며, 그리스도를 위협적이고 분노하는 모습으로 그려냈다. 또 욥의 이야기[9]와 질병을 막아주는 세바스티아누스(Sebastianus)[10]가 작품의 주제로 자주 등장했다. 무엇보다 예술가들은 당대의 우울한 분위기를 가장 강렬하게 표현하였다. 고통 받는 이들과 징벌을 받는 이들, 그리스도의 수난이나 지옥의 고문이 선호되었고 이러한 주제의 작품들은 그 어느 때보다도 교훈적인 성격을 띠었다. 흑사병 이전에 성모 마리아는 종종 하느님의 진노로부터 수도승과 수녀를 보호하는 모습으로 그려졌다.[11] 그러나 흑사병 이후에 그녀의 겉옷은 모든 그리스도교인들을 덮어주기 위해 펼쳐졌다. 흑사병의 공포에서 벗어나기 위해

9 대표적인 작품으로 1367년에 Barto di Fredi가 S. Gimignano에 욥의 불행 5~6장면을 그렸다. Millard Meiss, *Painting in Florence and Siena after the Black Death*(Princeton: Princeton Univ. Press, 1951), p. 68.

10 프랑스 남부 나르본(Narbonne) 태생인 성 세바스티아누스는 283년경에 로마에서 군인이 되었고, 황제 디오클레티아누스의 친위대 대장으로 임명되었는데, 황제는 그가 그리스도인인 줄 몰랐다고 한다. 성 세바스티아누스가 신자임이 드러난 것은 막시미아누스 황제의 그리스도교 박해가 절정에 이르렀을 때였다. 그는 즉시 처형되어 화살을 맞고 쓰러졌으나 성 카스툴루스(Castulus)의 미망인인 성녀 이레네(Irene)가 그의 시신을 찾으러 가서 보니 아직 살아 있기에 극진히 간호하여 회복시켰다. 그 후 성 세바스티아누스가 황제에게 정면으로 도전하여 그리스도인에 대한 그의 잔인성을 고발하자, 황제는 화가 나서 그를 몽둥이로 때려죽이도록 한 다음 로마의 대하수구(Cloaca Maxima)에 던져버렸다. 그의 죽음과 용기는 신자들에게 깊은 감명을 주었다. 그는 군인, 운동선수 그리고 궁술가의 수호성인이자 전염병의 수호성인으로 공경 받고 있다. 그가 전염병의 수호성인이 된 것은 680년에 로마에 페스트가 발병했을 때 로마인들이 페스트가 멈추기를 기원하며 성 세바스티아누스의 유해를 모시고 장엄한 행렬을 거행하자 그 뒤로 페스트가 사라진 일에서 유래한다. 또 1575년에 밀라노와 1599년에 리스본에 전염병이 돌았을 때에도 성 세바스티아누스의 보호를 기원하는 예식이 거행되었다. 이러한 이유로 사람들은 점차 성 세바스티아누스를 전염병 희생자들의 수호성인으로 공경하게 되었다.

11 P. Perdrizet, *La Vierge de Miséricorde*(Paris, 1908), p. 151 재인용: Philip Ziegler(1982), p. 341.

사람들은 하느님과 좀 더 강력하고 개인적인 관계를 맺고 싶어 했다. 마리아는 신과 자신을 이어주는 가장 힘 있는 중재자로 선택되었고, 마리아에 관한 여러 기적과 더불어 그 이미지가 각광을 받게 된다.

『피렌체 연대기』에 의하면 1292년 7월 3일에 오르산미켈레(Or San Michele)의 로지아 벽감에 그려진 「성모상」(그림 51)이 병자를 치유하는 기적을 보여 토스카나 지방 곳곳에서 순례자들이 몰려왔다고 한다. 또 피렌체에서 남서쪽으로 9.5km 떨어진 임푸르네타(Impurneta)의 성당에 있는 성모상 역시 성모 축일 행사의 행렬에서 기적을 일으켰다고 한다. 이 성모상은 승리를 축하하는 자리나 정치적 · 외교적으로 중요한 사안을 결정할 때, 또 가뭄이나 아르노 강이 범람할 때 신과 인간의 중재자 역할을 하였다고 한다. 오르산미켈레의 성모상이나 임푸르네타의 성모상은 사람들이 신에게 자신들의 소망을 말하고 그 기도에 응답을 받는 매개체가 된 것이다.[12] 시에나에는 「보르도네 마돈나」(Madonna del Bordone)(그림 52)와 같은 패널 앞에서 매일 「새로운 여인이여」(Ave novella femina)[13]와 같은 찬미가를 부르는 것이 중요한 일과였다.

이 성모상은 산타 마리아 데이 세르비(S. Maria dei Servi)의 주제단화로 이러한 전례를 주관한 것은 성모 마리아의 종회(Fratres Servi Sancte Marie)라고 불린 평신도로 구성된 형제회였다.[14] 성모 마리아의 종회는 피렌체에서 조직되었고, 1250년경 주교 본필리오(Bishop Bonfiglio)가 시에나에 새로운 거처를 마련하였다. 1304년에 교황의 인준을 받은 이 단체는 매우 특별한 경우로 이전까지 존재한 어떤 종교 단체에도 속하지 않는 형태

12 Richard Turner, *Renaissance Florence: The Invention of a New Art*(New York: H. N. Abrams, 1997), pp. 19~20.

13 「Ave novella femina」의 원문은 Joanna Cannon & Beth Williamson, *Art, Politics, and Civic Religion in Central Italy 1261~1352*(Brookfield: Ashgate, 2000), pp. 260~262 참조.

14 Rosalind and Christopher Brooke(1984), p. 32.

였다. 즉 베네딕투스나 시토와 같은 수도회도, 프란체스코회나 도미니쿠스회와 같은 탁발수도회도, 또 독거 수도회도 아니었다. 그들의 영적인 특징은 오직 마리아에 관한 모든 전례를 총괄하는 것으로, 수도회의 이름이 이러한 특징을 잘 드러낸다. 피렌체와 시에나에서 성모 마리아의 종회는 도시에서 벌어지는 마리아와 관련된 모든 전례와 종교 행사를 주관하는 영향력이 있는 단체였다.[15]

베네치아 역시 도시의 미로처럼 얽힌 거리마다 닫집(capitelli)을 만들어 마리아와 성인들의 조각이나 회화를 두고, 밤새 꺼지지 않는 램프를 두었다. 이들 중 몇몇 성상은 기적을 행하기도 했고, 페스트를 막아주기도 하였다. 베네치아의 경우에도 도시에서 일어나고 있는 모든 행사를 주관하는 것은 스쿠올라(Scuola)로 불리는 형제회였다. 피렌체나 시에나의 성모 마리아 종회와 달리, 스쿠올라는 종교 활동 외에도 다양한 사회적 기능을 수행했다.[16] 최초의 스쿠올라는 13세기에 조직되었다. 여러 사회적 혼란 속에서 현실 감각이 뛰어난 베네치아 인들은 자신들의 종교적 · 경제적 · 사회적인 목표를 위한 항구적인 조직을 만들었고, 도시 축제를 주최하고 사육제 행렬에 직접 참여하기도 하였다. 스쿠올라에는 귀족이나 평민 모두가 참여할 수 있었고, 직업, 사회적 계층, 경제력에 따라 모임이 형성되었다. 스쿠올라를 통해 베네치아는 사회적 안정과 응집력을 유지할 수 있었고, 상호부조의 생활을 영위했다.

---

15 Gianna A. Mina, "Coppo di Marcovaldo's Madonna del Bordone: Political Statement or Profession of Faith?" In Joanna Cannon & Beth Williamson(2000), pp. 237~293.

16 스쿠올라는 결혼 지참금의 대여, 빈민 구제, 싼값의 잠자리 제공, 질병의 치료와 같은 순수한 자선 활동에도 참여했다. 또 이 스쿠올라는 자신들의 교구 성당에 제단을 가지고 있었고, 특별히 재력이 풍부한 경우에는 전용 회합장을 가지고 있었다. Patricia Fortini Brown, *Private Lives in Renaissance Venice: Art, Architecture, and the Family*(New Haven: Yale University Press, 2004), p. 40.

스쿠올라가 주도한 베네치아의 가장 중요한 축제는 성모영보축일(3월 25일), 봉헌축일(2월 2일), 성모승천축일(8월 15일)로 모두 마리아와 관련이 있다. 성모영보축일은 421년 3월 25일에 세워진 베네치아의 기원(Origo Venetiarum)과 같은 날이다. 즉 베네치아인들이 공화국의 건국일을 성모영보축일로 정한 것은 갯벌위에서 시작된 자신들의 역사가 마치 그리스도의 육화에 비견되는 사건이라는 정치적인 의미를 지닌다. 무엇보다 14세기 후반까지 가장 성대하게 치러진 축제는 봉헌축일에 거행된 '12 마리아 축제'인데, 이 축제는 12명의 마리아로 선발된 베네치아의 소녀들이 1월 30일에 산 마르코 광장에서 행렬을 시작하는 것으로 8일 간이나 계속된다. 이 행렬은 산타 마리아 포르모사(S. Maria Formosa)에서 끝나는데, 이곳에서 12명의 가난한 베네치아 소녀들에게 신부 지참금을 선물한다. 그러나 1379년의 키오자(Chioggia) 전쟁 중에 '12 마리아 축제'는 금지되고 변형되어, 1379년 이후에는 2월 2일 산 마르코 바실리카에서 도제(Doge)가 성직자와 스쿠올라의 구성원들에게 초를 나누어주는 행사로 바뀌었다.

베네치아에서 도시의 상징으로 중요한 축제는 성모승천축일이다. 8월 15일인 이 축제 때에는 1234년에 콘스탄티노플에서 가져와 산 마르코 바실리카에 모셔진 비잔틴 이콘 「니코포이아」(Nicopoia)[17](그림 53)과 함께 산 마르코 광장에서 긴 행렬이 진행된다. 성 루카(St. Luke)가 그린 것으로 알려진 이 신성한 이미지를 둘러싸고 벌어지는 행렬을 사누토(Sanuto)는 다음과 같이 기록하였다.

광장을 둘러싸고 행렬이 진행되고, 고위 성직자들은 미사곡을 노래한다. 성 루

17 승리의 마돈나라는 뜻으로, 전쟁에 나가는 이들에게 공경을 받았다.

카의 손으로 그려진 우리들의 어머니[이콘]가 나타났다.[18]

무엇보다 성모승천 축제의 절정은 성모가 하늘의 여왕이 되는 대관식이다. 행렬이 끝나면 가장 연장자인 성직자가 이 이콘에 보석으로 장식된 덮개를 씌우고 도제는 이날을 위해 특별히 황금색의 커튼이 쳐진 산 마르코 바실리카의 입구로 들어간다. 이러한 행렬은 공화국의 안정과 통치자의 권력을 은연중에 나타내고, 마리아 이미지는 그 한가운데 존재한다. 왕관을 쓴 성모는 베네치아 공화국의 상징이기도 하다. 1355년에 칼렌다리오(Calendario)가 도제궁에 부조로 조각한 「베네치아」(Venezia)(그림 54)에는 성모가 하늘의 여왕으로 사자 머리가 장식된 옥좌에 앉아 한 손에는 칼을, 또 다른 손에는 두루마리를 들고 있는 모습이다. 그 두루마리에는 다음과 같이 적혀 있다.

베네치아는 마치 성모와 같다. 그녀[베네치아]는 지혜의 옥좌인 사자의 옥좌에 앉아 하늘의 여왕으로 왕관을 쓰고 있다.[19]

이처럼 베네치아에서 마리아는 영적으로 죄인을 구원한다는 개인적 신심뿐 아니라, 국가의 위엄을 상징하는 정치적인 이미지로도 중요한 위치를 차지했다.

요컨대, 13세기 중엽까지 절정을 치달았던 교황권이 쇠퇴함으로써 교회는 다시금 혼란에 빠지고, 흑사병이라는 사회적 재앙은 종교적으로 새

---

18 Sanuto, Diarii, vol. 3, col. 632 재인용. Rona Goffen, *Piety and Patronage in Renaissance Venice*(New Haven: Yale Univ. Press, 1986), p. 42.

19 이 작품에서 칼도 새롭게 대치된 것이고, 두루마리의 글귀도 다시 쓰여진 것이다. *Ibid*., p. 144.

로운 수사학을 요구하게 되었다. 특히 설교를 일삼는 탁발수도회에서 수사학은 매우 중요한 위치를 차지했고, 자신들의 설교를 보다 효과적으로 전달하기 위해서 새로운 형식을 필요로 했으며, 이는 「성모대관」에 변화를 가지고 왔다. 이제 혼란과 변화의 시기에 형식적인 변화를 맞게 되는 성모대관을 살펴보겠다.

2. 서술적 문맥 속의 「성모대관」

로마 산타 마리아 마조레

산타 마리아 마조레 교회는 교황 리베리우스(Liberius, 352~366 재위)가 주춧돌을 놓았고, 지금의 모습은 교황 식스투스 3세(Sixtus III, 432~440 재위) 때 만들어졌다. 431년에 에페소스 공의회 이후 세워진 이 바실리카는 특별히 마리아에게 봉헌되었다.[20] 13세기말까지 큰 변화가 없었으나, 니콜라스 4세(Nicolas IV, 1288~1292 재위)가 기존의 앱스를 허물고 현재 크기의 앱스와 파이프 오르간이 있는 트란셉트를 만들게 하였다. 새로운 앱스와 트란셉트 모두에 화려한 모자이크와 프레스코가 제작되었는데, 무엇보다 가장 특별한 주제는 마리아의 죽음과 대관이었다. 앱스의 모자이크(그림 55)는 자코포 토리티(Jacopo Torriti, c. 1270~1300 활동)가 제작하여

20 산타 마리아 마조레가 세워진 것에 대해서는 다음과 같은 전설이 전해진다. 1250년경에 쓰여진, 프라 바르톨로메오 다 트렌토의 기록에 의하면, 로마 귀족인 요한과 그의 부인의 꿈에 마리아가 나타나 자신이 지목한 곳에 교회를 세우라고 하였다고 한다. 다음날 아침인 358년 8월 5일, 로마 에스퀼리노 언덕이 온통 눈으로 뒤덮였다. 이곳이 바로 마리아가 교황 리베리우스의 꿈에도 나타나 알려준 곳이다. 이런 이유로 이곳이 마리아에게 봉헌된 가장 유명한 교회가 되었다. Memmo Caporilli, *Santa Maria Maggiore: Basilica Patriarcale*(Trento: Euroedit[n.d.]), pp. 7~8.

1295년에 완성되었다. 토리티의 구성은 아시시의 성 프란체스코 성당에서 함께 작업했던 치마부에(Cimabue, 1240~1302)의 영향을 받은 것으로 전해진다. 특히 토리티는 프란체스코 수도회의 수사였으며, 교황으로부터 반구 모양의 앱스 장식을 전적으로 위임받았다. 그는 앱스 한가운데는 「성모대관」, 앱스 아래 펜던티브(pedentive) 부분에는 「마리아 죽음」을 가운데 두고, 그 좌우에 「예수 탄생」과 「동방 박사의 경배」를 모자이크로 장식하였다.

이제 모자이크를 자세히 보면, 성모와 그리스도가 동일한 옥좌에 앉아 있는데, 옥좌의 크기가 상당히 크다. 그리스도는 성모의 머리에 왕관을 씌워주고 있으며, 그리스도가 들고 있는 책에는

Veni electa mea et ponam te Thronoum meum

이리 오라. 내가 선택한 이여. 내가 그대를 나의 옥좌에 앉게 하리라

라고 씌어 있는데, 이 구절은 아가 4장 8절,

Veni de Libano sponsa mea, veni de Libano, veni

; coronaberis de capite amana

나의 신부여, 레바논에서 이리 오너라.

레바논에서 이리 오너라. 내가 왕관을 씌우리라

를 연상시키는, 성모승천 대축일 한낮 전례에서 부르는 찬가이다.

정면을 향하여 대칭적으로 나란히 앉아 있는 성자와 성모의 모습은 1140년경에 제작된 트라스테베레의 「성모대관」(그림 4)과 유사하지만 그리스도의 손이 마리아의 어깨에서 왕관으로 옮아갔고 한결 부드러워진

자연주의적 경향을 드러낸다. 마리아의 얼굴은 타원형으로, 아치형의 눈을 하고 있으며, 푸른색의 마포리온(Maphorion, 망토)을 입고 있다. 한 손을 들고 다른 손은 그리스도를 가리키는 마리아의 자세는 비잔틴 이콘, 호데게트리아와 유사하다. 또 이 자세를 최후의 심판에서 죄인의 구원을 청하는 중재자 마리아의 자세로 보기도 한다.[21] 모자이크에 그려진 마리아는 산타 마리아 마조레에 있는 성유물[22] 중 하나인 「성모자」(그림 56)에 그려진 마리아의 얼굴과 흡사하다. 마리아가 그리스도를 안고 있는 이 이콘은 루카가 그린 마리아와 예수의 최초의 초상화인 아케이로포이에토스(Acheiropoietos)[23]와 닮아 있다. 결국 이 모자이크에서 아들의 옆자리에 앉아 있는 마리아는 영광의 성모일 뿐 아니라 죄인들의 편에 서서 그들의 구원을 그리스도에게 청하는 중재자 마리아이기도 하다.

성모와 예수는 천구를 상징하는 원형 속에 있는데, 짙은 남색 배경과 녹색 테두리 안에는 황금색의 별이 빛나고 있다. 특히 두 인물의 발아래에 있는 해와 달은 이들이 존재하는 공간이 우주적인 공간을 넘어선 공간이며, 성모와 예수가 전 우주를 지배함을 의미한다. 원형 아래에는 다음과 같은 글이 있다.

Maria Virgo assumpta est ed aethereum thalamum
in qua Rex Regum stellato sedet solio

---

21 Herbert L. Kessler & Johanna Zacharias, *Rome 1300: On the Path of the Pilgrim*(New Haven: Yale Univ. Press, 2000), p. 143.

22 산타 마리아 마조레에 있는 성유물은 교황 테오도르(642~649)가 638년에 이슬람교도들에게 예루살렘이 함락된 직후 가져온 그리스도의 구유, 성모의 머리와 의복, 그리고 마태오와 예로니모의 유골 등이 있다. *Ibid.*, p. 136.

23 'Acheiropoietos'는 '손으로 만들어지지 않은 그림'이라는 뜻이다. 최초로 성모의 초상을 그렸다고 알려진 루카가 성모자 앞에 앉아 윤곽선을 그리자, 마리아가 직접 손을 내밀어 그림을 그렸다는 일화가 있다.

성모 마리아는 천국으로 승천하였다.

그곳에서 왕들 중의 왕이 별들로 덮여진 옥좌에 앉게 하였다.

그 아래는 다음과 같다.

Exalta es(t) sancta Dei Genetrix super chorus angelorum ad coelestia regna

거룩한 하느님의 어머니는 천상 왕국에서 천사들의 합창으로 칭송되었다.

또 앱스 좌측의 한 귀퉁이에는 다음과 같은 서명을 남겼다.

JACOB; TORRITI PICTOR H(OC) OP(US) MOSIAC FEC(IT)

화가인 자코보 토리티가 이 모자이크를 제작하였다.

천구 주위에는 천사들이 무리지어 있는데, 양쪽에 나타난 이들은 9품 천사[24]들이다. 이러한 천사들은 트라스테베레에서는 나타나지 않는 주제인데, 천사들의 등장은 성모대관을 더욱 화려하고 장엄하게 만들 뿐 아니라 이 사건이 일어난 장소가 천국임을 강조하는 표현으로 해석된다.

천사들 뒤로 늘어선 인물들을 보면, 마리아 쪽으로 세 인물은 (바깥쪽에서부터) 아시시의 성 프란체스코, 바오로와 베드로, 이 앱스를 주문한 니콜라스 4세가 무릎을 꿇고 기도하는 봉헌자의 자세로 표현되었다. 그 반대편에는 파도바의 안토니우스, 사도 요한과 세례 요한이 있다. 그리고 니콜라스 4세와 마찬가지로 무릎을 꿇고 있는 인물은 추기경 자코모 콜

24 9품 천사는 Seraphim, Cherubim, Thrones; Dominations, Virtues, Powers; Principalities, Archangels, Angels이다.

론나(Giacomo Colonna)로, 그는 이 앱스를 위해 제작비를 기부하였다. 토리티는 교리적, 그리고 형식적으로 매우 새로운 점을 소개하였는데, 베드로와 바오로와 나란히 서 있는 프란체스코를 재현한 점이다. 프란체스코의 크기가 이 두 성인에 비해 약간 작게 그려진 점도 특이하다. 이는 프란체스코가 1228년에 시성된 성인으로, 토리티의 작품에 처음으로 등장하는 새로운 성인이기 때문이다. 당시에 마리아는 죽음 이후 승천하여 육체와 영혼 모두가 천상의 영광을 누렸다는 믿음이 널리 퍼져 있었다. 아직 교회에서 마리아의 승천에 관한 공식적인 교의로 정해지지 않았을 때였으나, 성 프란체스코는 마리아에 대한 신심이 특별하였고, 주문자인 니콜라스 4세가 프란체스코 수도회 출신이었기에 이러한 이미지가 등장한 것이다. 또한 프란체스코 수도회 출신의 신학자이자 수도회의 원장으로, 니콜라스 4세의 선배격인 보나벤투라(Bonaventura, 1221~1274)는 마리아에 관한 교리를 강력히 설파하였다. 그는 마리아 승천 축제를 축하하는 설교를 남기기도 하였다. 교황 니콜라스 4세를 포함한 프란체스코와 그의 추종자들은 성모승천을 마치 교회의 공인된 교의처럼 여겼다고 한다.

성인들과 봉헌자들의 발아래에 물고기, 가금류, 어부들과 푸토들이 펼쳐진 강둑이 있다. 난파선에 구조된 인물은 영적인 구원을 상징한다. 강 양쪽에는 강의 신이 물동이에 한 팔을 기대고 비스듬히 누워 있는 고전적인 모티프가 등장한다. 이는 이교적인 모티프로 그리스도교 미술에서도 강을 표현할 때 자주 나타난다. 중앙의 강은 네 줄기로 나뉘는데, 이는 에덴에서 흘러나와 대지를 적시는 네 강을 의미한다. 로마 교회의 앱스 장식에는 생명수가 흐르는 파라다이스가 나타나는 경우가 종종 있는데, 이는 그리스도의 희생이 성찬식을 통한 구원으로 이어짐을 의미한다. 즉 영적인 구원을 상징하는 생명수가 영적인 구원을 위한 전례이자 상징인 성찬식으로 마치 강물처럼 연결된다는 뜻이다. 이에 걸맞게 강줄기에서 물을 마시는 두 마리의 사슴이 함께 그려졌다. 지상의 파라다이스는 천상으로 이어지며, 양쪽 강의 끝부분에서 하늘로 올라가는 거대한 포도 덩굴이 앱스의 정점인 부채꼴 모양에 이른다. 포도 덩굴 사이사이에는 새들과 과일들이 있는데, 특히 공작은 영원성과 파라다이스를 상징하는 동물이다. 이 앱스는 파라다이스를 재현한 것이고, 또한 마리아의 대관식이 파라다이스에서 일어나는 사건임을 표현한 것이다. 이제 이러한 시각 이미지가 당시 전례에 어떻게 활용되었는지 살펴보겠다.

로마에서는 5세기부터 일 년에 한 번씩 라테란 교회(San Giovanni in Laterano)에 있는 그리스도 이콘(그림 57)과 산타 마리아 마조레에 있는 마리아 이콘(그림 56)이 만나는 행사가 에스퀼리노 언덕에서 이루어졌다.[25] 이 행사는 8월 15일, 마리아 승천 축제 때 행해졌으며, 예식의 의미는 아들과 어머니, 즉 성자와 마리아가 다시 결합함을 상징하는 것으로, 이 예식은 교황을 포함하여 로마의 모든 이들을 하나의 믿음으로 이끌었다. 또한 장엄한 행렬과 전례는 교황이 그리스도의 대리자임을 나타내는 동시에, 예술과 전례가 얼마나 극적인 역할을 하는가를 잘 말해주고 있다.[26] 교황은 마리아 이콘과 그리스도 이콘이 만나는 이 전례를 주관하였고 이는 마치 천상에서 일어나는 사건을 눈앞에서 보는 듯했으며, 매년 8월 15일에 이 전례에 모여든 사람들은 이 행사를 역사 속에서 계속되는 사건으로 지켜보고 참여했으며, 진정한 현존을 체험할 수 있었다고 한다.[27]

교황과 그의 군대인 쿠리아(Curia)는 라테란 교회에서부터 거대한 십자가를 앞세우고, 마리아 마지오레로 장엄하게 들어와 제대 뒤의 앱스에 이

25 산타 마리아 마조레와 라테란 교회는 위치상으로도 마주보게 지어졌다. *Ibid.*, p. 127.
26 *Ibid.*, pp. 7~8.
27 *Ibid.*, p. 133.

른다. 평신도들은 현재 성가대석(schola cantorum) 안, 복음 설교단에 있는 그리스도 이콘(그림 57)을 경배하며 가져온다. 반면 산타 마리아 마조레에서는 다른 이들이 성직자를 에워싸고 하늘의 여왕을 따라 행렬하여 이 이콘을 독서대에 놓는다. 그리스도와 성모가 축성된 방으로 들어가는 이 행렬은 아가의 사랑의 언어와 앞서 언급한 성모승천 대축일의 전례문을 재현한다.[28] 그리스도는 자신의 어머니를 마치 신랑이 신부를 신방으로 이끌듯 하늘로 모신다. 바로 이 부분이 전례의 핵심이다. 더구나 로마의 주요한 두 이콘을 앞세우고 교황의 보호 아래 행해진 이 의식은 그리스도와 로마 교회(Ecclesia Romana)의 결혼을 상징한다. 이 특별한 행사는 「성모대관」(그림 55)가 서술적으로 묘사된 거대한 모자이크 아래서 거행되었으며, 앱스 모자이크는 이 전례에 완벽한 배경을 제공하였다. 요컨대 「성모대관」이 그려진 이 거대한 앱스는 교회 건축에서 천국의 모습을 재현한 상징적인 공간일 뿐 아니라 성모승천 전례를 더욱 실감나게 하는 배경이 되어 마치 무대 장치와 같은 기능적인 역할도 하였다.

시에나 대성당

시에나는 샤를마뉴 시대 이후 백작이 통치하다가 10세기부터는 주교의 힘이 강성하였다. 1053년과 1056년 사이에 몇몇 봉건 영주 가문의 지배하에 있다가, 한시적으로 헨리 3세(Henry III, 1216~1272)의 헌장을 받아들여 도시와 교구의 영역이 황제의 통치를 받기도 하였다. 초기에는 주교와 함께 황실 백작이 함께 통치하였으나, 얼마 후 귀족과 평민 중에서 선출된 3명의 집정관(consul)이 백작을 대신했다. 1147년에 주교인 백작 라니에로(Raniero)가 추방당하고 속인 정부가 들어서면서 자치 정부

28 전례문은 이 책 p. 22, p. 41 참조.

(Commune)가 등장하였다. 자치 정부 아래서 귀족과 상인, 그리고 하층민들 사이에서 종종 발생하는 내부적인 갈등에도 불구하고, 시에나의 영토는 점점 확장되었다. 황제를 옹호하는 기벨린당에 속했던 시에나는 교황을 지지하는 구엘프당과 연합한 피렌체와 대립하였다. 또한 시에나와 피렌체는 상업적으로도 경쟁관계에 있었다. 시에나는 1260년에 몬타페르티(Montaperti)에서 있었던 피렌체와의 전쟁에서 승리하였다. 그러나 이로 인해 교황에게 파문을 당하였고, 은행들은 상당한 규모의 자산 손실을 입었다. 따라서 일부 부자 상인들은 기벨린당을 떠나야 했다. 그리고 1269년에 콜레발델자(Colle Val d'Elsa)에서 피렌체에게 패한 시에나에는 구엘프당 정부가 들어섰다. 구엘프당의 정치적 기반을 둔 36인 정부(1271~1280), 뒤이어 14인 정부(1280~1285), 마지막으로 9인 정부(le Noveschi)가 지속되어 피렌체와는 우호적인 관계가 계속되었다. 이제 번영의 시기를 맞은 시에나는 13세기 후반에서 14세기 중반에 이르는 시기에 유럽에서 가장 중요한 예술의 중심지가 되었다.

시에나 대성당은 9~10세기경에 처음으로 세워졌다. 1058년 니콜라우스 2세(Nicolaus II, 1058~1061 재위)를 교황으로 선출한 추기경단 회의가 시에나 대성당에서 열렸으며, 이를 계기로 새로운 성당 개축을 추진하게 되었다. 이 새로운 성당은 성모승천을 기념하여 원래 있는 성당과 별도로 지어졌다. 전하는 바에 의하면 새로운 성당은 1179년 11월 18일에 축성되었다고 한다. 이어 시에나 대성당은 13세기 전반기에 이르러 재건축되기 시작하여 1270년대 초반에 현재의 모습으로 완성되었다. 이 성당은 이미 12세기에 성모승천을 기념하는 성당으로 지어졌기에 당연히 승천과 연관된 성모대관에 관한 도상이 등장했고 교회 내부의 도상들도 마리아를 중심으로 긴밀하게 연결되었다.

시에나 대성당에는 「성모대관」이 서측 파사드 상단의 삼각 게이블과 앱스 장미창 두 곳에 나타난다. 프레스코로 제작된 서측 정문의 「성모대관」(그림 58)은 1310년 이후에 제작된 것이므로, 본 장에서는 1288년에 제작된 것으로 알려진 앱스 장미창(그림 59)만을 다루고자 한다. 이 장미창의 제작자에 관해서는 여러 의견이 분분한데, 그간 두초(Duccio di Boninsegna, c. 1255~1319)가 제작하였다고 알려졌으나 최근에는 두초가 디자인하고 도노 베트라이오(Dono Vetraio)가 제작했다고 밝혀졌다. 또 이 장미창의 후원자는 시에나 자치 정부의 카말리링고(Camarilingo)와 프로베디토리(Proveditori), 그리고 오페라 메트로폴리타나(Opera Metropolitana)의 프라 마조 오페라이오(Fra'Magio Operaio)이다.

지름이 650cm인 이 장미창은 9개의 패널로 구성되어 있다. 정사각형의 가운데 패널에는 일찍부터 이 성당이 특별히 기념하는 주제인 「성모승천」이 있다. 「성모승천」의 양쪽 패널에는 성인들이 있는데, 왼쪽부터 시에나의 수호성인들인 성 바르톨로메우스-성 안사누스-성 크레센지우스-성 사비누스[29]가 나란히 수평을 이룬다. 「성모승천」을 중심으로 세로축은 승천 아래에는 「성모의 죽음」이, 승천 위에는 「성모대관」이 있다. 나머지 네 모서리에는 네 복음사가가 그려졌다. 「성모의 죽음」 좌우에는 사자와 함께 마르코, 황소와 함께 루카가, 「성모대관」 좌우에는 독수리와 함께 사도 요한, 천사와 함께 마태오가 있다. 이 장미창은 「성모승천」을 중심으로 수직적으로는 성모를 찬양하고 수평적으로는 시에나의 수호성

29 성 안사누스는 시에나에서 세례를 받고 시에나 외곽 아르비아(Arbia) 둑에서 순교를 당하였다. 성 크레센지우스는 4세기 로마의 귀족으로 역시 순교자이다. 1058년에 그의 유골이 교황에 의해 시에나에 모셔졌다. 성 사비누스는 시에나 최초의 주교이다. 다른 성인들과 달리 바르톨로메우스는 시에나와의 관계가 매우 모호한데, 1215년에 시에나 대성당의 제단이 바르톨로메우스와 크레센지우스에게 봉헌되었다. Diana Norman, *Siena and the Virgin: Art and Politics in a Late Medieval City State*(New Haven: Yale Univ. Press, 1999), pp. 35~36.

인들을 기념하는 것이다. 앱스에 장미창이 제작되는 것은 매우 드문 예로, 네 복음사가와 함께 재현된 마리아는 이 시기에 확산된 교회의 의인화로 강조되었다.[30]

두초가 고안한 성모의 죽음－승천－대관은 공간 구성이나 그 표현에서 비잔틴의 영향을 벗어난 이탈리아 미술의 새로운 시작을 보여준다. 「성모의 죽음」에서 마리아의 시신을 둘러싼 중첩된 천사와 사도들의 표현은 매우 입체적이다. 또 네 천사가 받들고 있는 아몬드 형의 만돌라 속에서 기도하는 듯 두 손을 모으고 승천하는 마리아도 천사들의 팔 동작으로 인하여 그 상승감이 효과를 더한다. 마지막으로 「성모대관」에서 성모와 그리스도는 같은 옥좌에 앉아 있다. 푸른 옷을 입은 성모는 가슴에 두 손을 교차시키고 조용히 고개를 숙이고 있다. 그리스도가 그녀에게 막 관을 씌우는 찰나이다. 이 광경을 여섯 명의 천사가 지켜보고 있다. 색유리 조각과 조각을 잇는다는 스테인글라스라는 매체상의 한계에도 불구하고 대상의 표현은 매우 장식적이고 섬세하게 묘사되었다. 특히 성모가 가슴에 두 손을 교차시키고 있는 제스처는 로마와 일드프랑스에서는 나타나지 않았던 새로운 자세로, 13세기 말 이후 마리아의 순종을 나타내는 자세로 널리 퍼진다. 『조토와 언어로서의 제스처』(*Giotto and the Language of Gesture*)를 연구한 바라쉬(Moshe Barasch)에 따르면 가슴에 두 손을 교차시킨 이러한 자세는 고대 석관에서 종종 나타났으며 조토의 시대에 재탄생한 것이지만,[31] 조토(Giotto di Bondone, 1267~1337) 이전, 두초의 작품에서 이미 나타났으며, 조토는 스승인 두초의 영향을 받아 이 제스처를 「성모영보」 등에서 마리아의 자세로 즐겨 사용한 것으로 여겨진다.

---

30 *Ibid.*, p. 37.

31 Moshe Barasch, *Giotto and the Language of Gesture*(New York: Cambridge Univ. Press, 1987), pp. 72~82.

노만(Diana Norman)은 이 장미창과 1331년에 제작되어 성대하게 두오모에 입성한 두초의 「마에스타」(Maestà)(그림 60)과의 공간 관계를 언급하며, 「마에스타」 바로 위에 있는 성모의 죽음과 승천, 대관이라는 연속된 장면은 이 성당이 마리아에게 봉헌됨을 되풀이하여 말한다고 지적하였다.[32] 마리아가 어린 그리스도를 안고 옥좌에 앉아 있는 「마에스타」는 거룩한 하느님의 어머니인 성모가 시에나에 평화를 가져다주기를 기원하면서 봉헌된 것이다. 또 좌우에는 여러 성인 · 성녀들이 모여 있다. 노만의 언급처럼 「마에스타」와 연결된 장미창의 「성모대관」은 성모가 그리스도의 어머니—마에스타—이자 신부—성모대관—임을 전달한다. 그러나 아직 「성모대관」은 교회의 주제단이 아니라 앱스에 머물러 있다.

프라토 대성당

피렌체에서 조금 떨어진 곳에 있는 프라토의 산토 스테파누스 대성당(Cathedral Santo Stefano)의 성스러운 허리띠가 있는 예배당(Cappella della Sacra Cintola)에는 마리아의 허리띠[33]로 알려진 귀한 유물이 있다. 가디(Agnolo Gaddi, c. 1345~1396)는 1392~1395년에 걸쳐 이 예배당의 프레스코를 제작하였다. 이 프레스코의 주제는 「마리아의 생애」(그림 61)과 그녀의 부모인 요아킴과 안나에 관한 이야기, 그리고 마리아의 허리띠에 관한 전설이다. 가디의 후기 작품인 이 프레스코는 그의 모든 역량이 응집되어 있는 견고한 양식을 보여준다. 프라토의 「성모대관」(그림 62)에는 성모의

---

32 Diana Norman, *Siena, Florence, and Padua: Art, Society, and Religion 1280~1400* (New Haven: Yale Univ. Press, 1995), p. 68.

33 마리아의 허리띠에 관한 전설은 성모의 승천을 지켜보지 못한 토마가 성모의 변모에 대해 의심을 갖자, 그의 의심 많은 믿음을 불쌍히 여긴 성모가 구름 위에서 허리띠를 내려주었다는 것이다. 이 전설이 당시 피렌체에서 유행하였고, 이 Sacra Cintola은 Cathedral of Prato에 있다. http://www.catholic-forum.com 참조.

죽음과 승천(그림 63)이 수직적으로 연결되어 있으며, 성모대관을 함께 하는 여러 성인들과 천사들이 그려져 있다. 가디는 「성모대관」이라는 주제로 3점의 작품을 남겼는데, 이보다 앞서 제작된, 현재 워싱턴 내셔널 갤러리에 있는 「성모대관」(그림 64)에 그려진 성모와 그리스도의 모습과 비교해보면, 갸름한 두 인물의 표현, 주름, 얼굴과 얼굴 표정이 매우 유사하다. 그러나 프라토의 「성모대관」이 좀 더 단순하게 표현되었다. 뿐만 아니라 그리스도의 팔은 양감이 강조되었으며, 다소 중량감 있고 명암 대비가 명확한 주름이 그의 몸을 감싸고 있다. 성모 역시 매우 단순하지만 입체감이 강조된 표현으로, 옷 주름도 단순한 붓질로 묘사되었다. 더구나 이전 작품에서 나타난 각진 주름이 사라지고 가볍지만 둔중한 질감을 나타내는 붓질로 바뀐 것이다. 브루스 콜(Bruce Cole)에 따르면, 이 새로운 완만함과 주름에 대한 새로운 감각, 새로운 기념비성은 1390년대 중반에 나타난 가디의 후기 양식의 특징이라고 한다.[34]

뿐만 아니라 성모대관식이 일어나는 장면을 지켜보는 성인들과 천사들의 형태는 더욱 견고하다. 성인들 개개의 얼굴 표현은 다양하지만, 그들의 위치와 성별 나이에 따라 다소 유형화되어 있다. 그러나 성인들 아래에 있는 천사들은 더욱 다양하게 묘사되었다. 그들은 얽혀 있고, 시선은 상단에서 일어나는 대관식을 향하기도 하고, 아래에 있는 관객—예배자—을 향하기도 한다. 마치 바람에 날리는 듯한 옷 주름과 서로 다른 몸짓은 성인들과 사뭇 다르다. 그리고 이것은 거대한 프레스코를 하나로 통합한다. 덧붙여 성모 쪽에 있는 천사들 중 기타와 현을 연주하는 천사들은 그림에 생기를 주는데, 이전에는 등장하지 않은 새로운 모티프이다. 많은 사람이 운집해 있는 성모의 죽음과 만돌라에 싸여 실제로 날아오르

34 Diana Norman(1995), p. 36.

는 듯한 천사들에 들려 승천하는 마리아, 그리고 하늘에 올라 여러 성인들과 천사들이 지켜보는 가운데 거행되는 성모대관식은 한편의 장엄한 서사시와 같다. 사건이 일어나는 시간에 따라 수직적으로 배치한 이러한 구성은 일드프랑스 고딕 성당의 팀파눔에 나타나는 구성, 즉 매장과 승천이 나란히 아래에 있고 대관식을 그 상단에 그린 구성보다 한층 더 사실적이고, 프레스코가 그려진 벽면을 따라 위로 향하는 관객—예배자—의 시선을 마치 천국으로 이끄는 듯하다

결국 로마 산타 마리아 마조레, 시에나와 프라토 대성당에 나타난 「성모대관」들은 교회 건축의 일부로, 각각 앱스 모자이크, 스테인드글라스, 프레스코라는 다양한 매체로 제작되었다. 이들은 모두 일드프랑스 대성당들의 팀파눔에 나타난 「성모대관」처럼, 마리아의 대관을 성모의 죽음과 승천이라는 서술적인 문맥 속에서 일련의 이야기(storia)로 표현하였다. 또한 서술적 문맥에 그려진 「성모대관」은 마리아와 관련된 다양한 전례에 배경과 같은 역할을 하며, 마치 교회가 이러한 대관식이 일어나는 장소처럼 여겨지게 하는 역할을 하였다. 이제 이처럼 서술적인 문맥 속에 그려진 「성모대관」은 성모의 죽음과 승천에서 분리되어 단독적인 주제로 나타나게 된다.

3. 제단화로 독립된 「성모대관」

지금까지는 교회 내부의 앱스, 혹은 외부의 팀파눔에 재현된 성모대관의 예를 살펴보았고, 이 장에서는 제단화라는 새로운 환경에 그려진 성모대관을 다룰 것이다. 이에 앞서 잠시 제단화의 기원과 발전에 대해 간략히 살펴보고자 한다. 교회 건축에 모든 예술 작품이 종속되어 있었던 중

세, 또 이보다 한 걸음 거슬러 올라가 초기 그리스도교의 교회 미술에서 가장 중요한 이미지는 중앙의 앱스에 그려졌고 제단이 그 아래 있는 것이 일반적이었다. 신학적으로 그리스도의 무덤을 상징하는 제단은 그 기원을 성인들의 무덤에 두고 있다. 따라서 처음부터 제단에 제단화가 그려진 것은 아니다. 결정적으로 제단의 변화를 가져온 것은 교회 내부에 성유물(relic)이 배치되기 시작한 것과 관련이 있다. 성유물에 대한 공경은 동방에서 시작된 것으로, 그리스도와 성모의 유품 그리고 성인들의 유골은 아픈 사람을 낫게 하는 것 같은 신비한 능력을 지닌 것으로 여겨져 교회의 보물로 여겨졌다. 따라서 진귀한 보석으로 화려하게 장식된 성물함이 사람들의 시선이 잘 미치지 않는 제단 뒤쪽에 놓이게 되었다.[35] 기록으로 전하는 제단화의 시작은 8~9세기까지 거슬러 올라가나, 11세기를 그 시작으로 보는 것이 일반적이다. 1020년에 씌어진 중세 연대기에는 다음과 같은 구절이 있다.

> 한 병자가 교회의 성가대석 입구에 서서 십자가에 매달린 구세주의 이미지를 보며 기도에 잠긴다. 이 작품은 비록 이 시대의 작가가 만든 것이지만 아주 깊은 신앙심으로 만들어져 우리의 눈을 그리스도의 죽음으로 이끈다.[36]

이 기록이 전하는 것처럼 초기에 제단화의 주제는 주로 십자가 위의 그리스도 혹은 성모에 관련된 것이었다. 또 이탈리아에서 발전하게 되는 제단화는 1204년 제4차 십자군에 의한 콘스탄티노플의 함락으로 비잔틴의

---

35 Jane Turner(ed), *The Dictionary of Art* 1(New York: Grove, 1996), pp. 707~713.

36 Pertz. iv, Ch. 18, pp. 87~92 재인용: Jocob Burckhardt, Edited & translation by Peter Humfrey, *The Altarpiece in Renaissance Italy*(New York: Phaidon, 1988), p. 22. 이 제단화는 커다란 규모의 부조로 추측된다.

이콘이 전래되면서 급속히 확산된 것으로 알려졌다. 그러나 이탈리아 제단화의 기원은 기능적으로 비잔틴의 이콘과는 관련이 없다. 즉 그리스 정교에서는 전례에 쓰이는 제단 가구에 제단화를 포함시키지 않기 때문이다. 요컨대 비잔틴 이콘은 제단화에 그려지는 그림들의 주제와 표현 기법에만 영향을 미쳤을 뿐이지, 이탈리아에서 제단화의 사용은 마리아를 포함한 성인 공경의 전례와 더 관련이 깊다는 것이다.

가드너(Julian Gardner)는 이탈리아 제단화의 발전에 1215년 제4차 라테란 공의회가 전환점이 되었다고 보았다. 이 공의회에서는 제단의 청결한 유지, 성찬용 빵과 포도주의 보존에 주의를 기울이기 위해 십자가를 포함한 제단의 필요성, 제단의 장식 등을 법률로 정하였다.[37] 또 14세기에 탁발 수사들이 마리아에 대한 공경과 십자가에 대한 공경을 보급하면서 성모 혹은 성인에 대한 공경 의식에 사용된 제단화가 교회의 주제단(High Altar)에 놓이게 된다. 14세기 후반에 이르면 이러한 제단화는 더욱 건축적인 규모로 확대되었고, 가족 예배당의 증가와 함께 크게 발전하였다.

이제 브루크하르트(Jacob Burckhardt, 1818~1897)가 '다양한 패널이 단일한 영적인 일치(a spiritual unity)로 밀착된 예'[38]라고 설명한 조토의 바론첼리(Baroncelli) 제단화를 시작으로 가디와 베네치아노(Paolo Veneziano, 1333~ca.1360 활동)의 제단화를 차례로 살펴보겠다.

조토의 바론첼리 제단화

피렌체 프란체스코 수도회의 본산지인 산타 크로체(Santa Croce) 교회의

37 Julina Gardner Altars, "Altarpieces, and Art History: Legislation and Usage" In Eve Borsook, *Italian Altarpiece 1250~1550: Function and Design*(Oxford: Clarendon Press, 1994), pp. 5~39.

38 Jocob Burckhardt(1988), p. 48.

남측 트란셉트에 있는 바론첼리 가문의 장례 채플(Funerary Chapel)에는 조토가 제작한 것으로 알려진 제단화가 있다(그림 65, 그림 66). 현재는 15세기에 만들어진 것으로 알려진 알 안티카(all'antica) 프레임으로 장식되었지만, 제작 당시에는 고딕 양식의 5개의 패널로 이루어진 다폭 제단화[39]였다. 이 제단화는 산타 크로체에 이 채플을 만들도록 후원한 바론첼리 가문이 1327년에 주문하여 1334년에 완성되었다. 또한 1328~1335년에 조토의 제자인 타데오 가디(Taddeo Gaddi, c. 1300~1366)가 채플의 프레스코를 비롯한 장식을 맡았기 때문에 이 작품이 조토의 공방[40]에서 제작된 것으로 여겨지기도 한다. 가운데 패널 아래 "OPUS MAGISTRI JOCTI"(대가 조토의 작품)이라는 서명은 이 제단화가 조토의 공방에서 제작되었고, 그가 직접 서명을 한 것이라는 추측을 하게 한다. 조토가 나폴리 왕국으로 떠나기 직전, 혹은 피렌체로 돌아온 직후에 완성된 이 작품에 대해 벨로시(Luciano Bellosi)는 조토 최후의 거대한 구상이라는 평가를 내린 바 있다.[41] 이 바론첼리 제단화는 성모대관이 제단화에 그려진 최초의 예로, 이제 성모대관은 죽음과 승천이라는 서술성에서 벗어나 전례의 중심이 되는 제단화에 단독으로 등장하게 된다.

기베르티(Lorenzo Ghiberti, 1378~1455)의 기록에 따르면 산타 크로체 성당에서 조토가 제작한 4개의 제단화 가운데, 바론첼리 제단화만이 유일하게 원래의 프레스코와 스테인드글라스에 둘러싸여 처음 위치의 제단에

---

39 이 같은 다폭 제단화는 1300년경 시에나와 피렌체에서 처음으로 제작되었다. 여러 패널이 이어진 다폭 제단화는 벽에 기대어놓기보다는 들보나 스크린처럼 단독으로 세워져 있다. Joanna Cannon, "Giotto and Art for the Friars: Revolution Spiritual and Artistic" In Anne Derbes & Mark Sandona(ed), *The Cambridge Companion to Giotto*(New York: Cambridge Univ. Press, 2004), p. 132.

40 조토는 여러 조수를 두었을 뿐 아니라, 체계화된 공방(studio)을 운영한 것으로 알려졌다.

41 Luciano Bellosi, *Giotto: Complete Works*(Firenze: Scala, 1981), p. 79.

남아 있는 것이라고 한다. 캐논(Joanna Cannon)은 이 바론첼리 제단화에 보이는 특징, 즉 조토의 이전 작품에 비해 침착해진 색감, 거대한 스케일 등의 변화가 시에나의 다폭 제단화의 영향이라고 밝혔다. 즉 1320년에 산타 마리아 노벨라의 주제단화, 1325년에 산타 크로체의 주제단화(현재 소실)를 제작한 우골리노 다 시에나(Ugolino da Siena, c. 1295~1339)가 조토에게 영향을 미친 것이다. 조토 이전에는 제단화가 탁발 수사들의 요구에 따라 그들의 설교 주제에 맞춘 시각적 언어로 재현되는 것이 일반적이었지만, 바론첼리 제단화의 경우는 그 반대로 조토가 선택한 시각 언어가 탁발 수사들에게 영향을 미쳤다고 한다.

바론첼리 제단화는 직사각형의 알 안티카 프레임으로 장식되었고 5개의 첨두형 패널이 상자 모양의 프레델라(predella) 위에 세워져 있는데, 프레델라에는 황금색 글씨로 서명이 있고, 가운데 패널에 「성모대관」이 있다(그림 66). 이 「성모대관」을 중심으로 양쪽 패널에는 무릎을 꿇고 악기를 연주하는 천사들과 많은 성인들이 나타난다. 「성모대관」을 가운데 두고 축복받은 영혼들이 산뜻하고 화려한 모습으로 늘어선 양쪽 패널은 완벽하게 조화를 이룬 파라다이스 풍경처럼 보인다. 화면에서 깊이감 없이 평면적으로 표현된 성인들은 황금색 배경 위에서 무한히 계속될 것 같은 느낌으로 다가와 보는 이를 끝없는 낙원으로 이끈다. 이와 대조적으로 중앙 패널의 그리스도와 성모는 우아한 모습으로 세속적이고 화려한 궁정 예식에 참여하는 모습처럼 묘사되었다.[42] 특별히 흰색과 분홍이 조화를 이루고 가장자리에 금박을 두른 두 인물의 동일한 의상과 트럼펫 형태의 그리스도의 소매는 당시 궁정에서 유행하는 의상으로, 바르디 채플의 프레스코에서도 나타난다.

42 Bruce Cole, *Agnolo Gaddi*(Oxford: Clarendon Press, 1977), p. 79.

그리스도는 측면으로 표현되었으며, 두 손으로 성모에게 관을 씌워주고 있다. 이 그리스도의 모습에서 새로운 점은 그가 왕관을 쓰고 있지 않다는 점이다. 이는 이전에는 나타나지 않은 새로움인데, 그리스도가 신성을 지닌 마에스타가 아니라 인성을 지닌 인간 그리스도임을 강조한 표현이다. 즉 당시에 유행한 고통 받는 휴머니티로서 그리스도의 상과 일맥상통한다. 성모는 3/4 측면의 모습으로, 고개를 숙이고 두 손을 복부에 모으고 있다. 첨두아치 아래로 살짝 늘어진 휘장은 두 인물이 있는 곳이 신방임을 암시한다. 또한 두 사람의 발치에 있는 천사들의 시선이 위로 향하여, 관객을 대관식이라는 사건에 주목하게 한다. 또한 성인들 앞, 화면의 전경에서 악기를 연주하는 천사들의 활기찬 움직임과 표정은 천상에서 일어나는 이 사건을 더욱 생생하게 만든다. 조토의 견고한 입체감과 명료한 색채, 인물의 제스처 등은 트레첸토의 피렌체 화가들에게 많은 영향을 끼쳤는데, 조토 취향(Giottesque)을 잘 계승한 작가로는 아뇰로 가디가 있다. 다음에서 그가 제작한 「성모대관」을 살펴보겠다.

아뇰로 가디

아뇰로 가디는 피렌체의 명성 높은 화가 집안 출신이다. 할아버지인 가도 디 자노비(Gado di Zanobi)는 유명한 모자이크 화가이고, 아버지 타데오 가디는 조토의 제자로도 유명하지만 독자적인 작품을 많이 남겼다. 또 형제인 조반니(Giovanni) 역시 화가였다. 현재 가디의 것으로 전하는 「성모대관」으로는 제단화 2점과 앞서 살펴본 프라토 대성당의 프레스코(그림 61)이 있다. 먼저 현재 런던 내셔널 갤러리에 있는 초기작인 1380~1388년에 제작된 「성모대관」(그림 64)를 살펴보자. 마리아의 얼굴은 날렵한 타원형이며, 콧날, 넓은 이마, 선명한 아치형의 눈썹과 날카로운 눈매로 표현되었다. 또한 화면의 1/3을 차지하는 천사들은 옆모습의 곡선이 강조된 선적인 형태를 띠고 있다. 마리아의 얼굴과 천사들의 모습은 형식적으로 베를린에 있는 「옥좌에 앉은 성모」(그림 67)과 닮아 있는데, 코어는 베를린 제단화나 런던의 「성모대관」이 무엇인가를 이야기하는 듯하며, 흑사병의 창궐로 어둡고 불안한 시대의 모습을 반영한 매서운 표현이라고 하였다.[43] 이러한 심리적인 표현의 함축은 1360~1370년대에 더욱 강력했다고 한다. 아버지인 타데오 가디의 영향에서 벗어난 이러한 표현과 양식을 코어는 '흑사병 양식'이라고 일컬었다.[44]

현재 워싱턴 내셔널갤러리에 있는 가디의 두 번째 「성모대관」(그림 68)은 1388~1393년 사이에 제작되었으며, 이전의 작품에 비해 흑사병 양식이 완화되고 형식적으로도 발전을 보인다. 앞선 런던의 「성모대관」은 그 표현이 섬세하지만 각지고 빈약한 옷 주름으로 인해 자칫 건조해 보인다. 또한 성모는 그리스도의 시선을 피하고 있는 것처럼 보인다. 두 인물 간의 거리도 워싱턴의 것과 비교하면 상당히 떨어져 있다. 런던의 「성모대관」이 마치 이콘처럼 딱딱하고 건조한 데 비하여, 워싱턴의 「성모대관」에서는 성모와 예수의 무릎이 맞닿을 듯 가깝고 마치 신랑 · 신부처럼 모두 왕관을 쓰고 있다. 런던(그림 64)나 프라토의 「성모대관」(그림 62)의 그리스도는 왕관을 쓰고 있지 않았으나, 워싱턴의 「성모대관」은 옷 주름도 런던의 것보다 풍성하고 부드럽게 표현되었다. 성모와 그리스도는 마치 이야기를 나누는 듯 친근하고 부드럽게 묘사되었다. 이제 두 「성모대관」에서 천사들을 비교해보면, 워싱턴의 「성모대관」에서는 런던의 「성모대관」보다 천사들이 차지하는 화면의 부분이 축소되었지만 악기를 연주하는 그 표현은 한층 더 동적이다. 런던에서는 모두 위를 향하는 천사들의 시선이

---

43 *Ibid.*, p. 45.

44 *Ibid.*, p. 29; Millard Meiss(1951), pp. 9~58 참조.

워싱턴에서는 여러 곳을 향하며, 천사들의 포즈도 정면, 측면, 3/4 모습 등으로 다양하다. 즉 양식적으로는 물론 심리적으로 런던의 「성모대관」보다 워싱턴의 것이 발전된 양상을 보인다. 런던의 「성모대관」에는 어둡고 마치 무표정한 마스크 같은 흑사병 양식의 영향이 남아 있는 반면, 워싱턴의 「성모대관」은 경직된 자세에서 벗어난 자연스러움, 친밀한 심리 표현, 부드러운 주름 등으로 피렌체의 회화가 새로운 국면으로 전개될 것을 예견한다.

파올로 베네치아노

파올로 베네치아노는 피렌체의 치마부에나 시에나의 두초처럼 완성된 기교를 보인 베네치아 최초의 화가로, 흔히 베네치아 화파(Venetian School)의 시조로 여겨진다. 파올로는 다폭 제단화를 베네치아에 널리 퍼트렸고, 「성모대관」을 주제로 3점의 작품을 남겼다. 1324년경에 제작된 「성모대관」(그림 69)의 일부가 현재 워싱턴 내셔널갤러리에 있다. 이는 다폭 제단화의 일부로 여겨지며 고딕 양식의 첨두아치 프레임으로 장식되어 있다. 성모와 그리스도는 붉은 천으로 덮인 옥좌에 마주앉아 있으며, 그리스도는 성모의 머리에 살짝 관을 내려놓는다. 두 인물 모두 왕관을 쓰고 있어 마치 휘장을 친 신방에 있는 신랑 · 신부의 모습과 같다. 왕관을 받는 성모의 손은 샤르트르나 산타 마리아 마조레에서처럼 열린 형태이고 무엇인가를 말하는 듯하다. 휘장 뒤에는 하늘을 상징하는 원형이 반쯤 보이는데, 마치 천궁도와 유사하다. 이는 바로 이 사건이 일어나는 곳이 하늘나라임을 상징한다. 그리고 이 천궁도 뒤로 8명의 천사가 있으며, 이들 중 가장자리의 두 천사는 붉은 휘장을 들고 있다. 성모는 사랑을 상징하는 붉은색 옷을, 그리스도는 왕의 색인 노란색의 옷을 입고 황금색의 가는 주름이 그려진 겉옷을 걸치고 있는데, 이 가늘고 각진 황금 주름은 비잔틴 이콘에서 흔히 나타나는 것으로, 베네치아노의 작품이 비잔틴 전통에 기반을 두고 있음을 알 수 있다. 1324년에 제작된 것으로 추정되는 이 작품은 파올로의 초기작으로 마치 이콘처럼 딱딱하고 형식적이다. 그러나 이러한 경향은 그가 시에나의 다폭 제단화를 접하면서 보다 부드럽고 인간화된 모습으로 발전한다.

14세기 당시 베네치아에는 비잔티움에서 유래한 화려하고 호사스러운 취향과 탁발수도회 수사들에 의해 알려진 고딕 양식이 혼합된 제단화가 제작되었는데, 그 대표적인 작품이 성 글라라(S. Chiara)[45] 성당의 제단화로 제작된 「성모대관」(그림 70)이다. 1350년에 제작된 이 작품은 고딕 양식의 프레임을 가진 다폭 제단화이다. 가운데는 「성모대관」이 있고, 양옆에는 「그리스도의 일생」을 다룬 8점의 패널이 있다. 「그리스도의 일생」을 다룬 주제는 왼쪽 상단에서부터 「동방박사의 경배」, 「그리스도의 세례」, 「최후의 만찬」, 「겟세마니 동산에서 기도하는 그리스도와 체포」, 오른쪽은 상단 왼쪽부터 「십자가를 지심」, 「처형」, 「부활과 마리아 막달레나에게 나타나심」, 「승천」이 있다. 제단화의 맨 윗단에는 왼쪽에서부터 「성령강림」, 「얼굴을 가리고 이야기하는 글라라」, 「성 프란체스코가 옷을 벗어 그의 아버지에게 줌」, 「성 프란체스코가 오상(五傷)을 입음」, 「성 프란체스코의 죽음」, 「심판하시는 그리스도」로, 성 글라라 성당과 관련된 성 프란체스코와 성녀 글라라에 관한 에피소드가 전개된다. 또한 이 여섯 장면 사이에는 4복음사가가 묘사되었다. 세밀화를 연상시키는 섬세한 기법, 비잔틴과 고딕 요소의 독자적인 결합 등은 이후에 나타나는 베네치아 제단화의 모범이 되었다.

---

45 St. Chiara는 우리말로 성녀 글라라라고 표기하며, 성 프란체스코 수도회의 제2수도회로 여성 수도회이다.

이제 제단화의 한가운데 묘사된 「성모대관」(그림 71)을 살펴보면, 황금색 휘장을 배경으로 성모와 그리스도가 나란히 앉아 있고, 성모는 두 손을 가슴에 모으고 있다. 또 마리아의 발밑에 그려진 해와 달은 "하늘에 큰 표징이 나타났습니다. 태양을 입고 발밑에 달을 두고 머리에 열두 개의 별로 된 관을 쓴 여인이 나타난 것입니다"[46]라는 요한계시록에 근거를 둔 표현이다. 하늘을 상징하는 원형 뒤에는 천사들의 무리가 연주를 하고 있다. 파올로의 「성모대관」에서 두드러진 특징은 천사들의 무리가 상단에 위치한다는 것이다. 이는 이전에 살펴본 워싱턴「성모대관」은 물론 다음에 설명할 뉴욕 「성모대관」(그림 72)의 경우도 그러하다. 천사는 천상의 존재로 그들의 등장은 대관이 일어나는 장소성을 암시하는 동시에, 공간적으로 그리스도와 마리아가 공중에 매달린 것과 같은 효과를 준다. 마이스(Millard Meiss)도 피렌체의 경우 성모대관이 12세기에 처음 등장할 때에는 바닥에 놓인 고정된 듯한 장면이었으나, 1360년 이후에 좌우로 들어선 천사와 성인들에 의해 마치 공중에 떠 있는 듯하다고 지적한 바 있다.[47] 조토나 가디의 「성모대관」과 파올로의 것을 비교하면, 이러한 차이는 더욱 명확해진다. 조토나 가디의 제단화에 나타나는 옥좌의 대좌(base)와 하단에 위치한 천사에 비해, 날아갈 듯한 휘장과 화면 상단에 위치한 천사 무리는 부유하는 듯한 공간이라는 효과를 가져오며, 이는 이 대관식 장면을 더욱 신비롭게 한다.

현재 베네치아 아카데미아에 있는 이 작품은 1324년경에 제작된 워싱턴 「성모대관」(그림 69)와 비교하면 한층 더 화려해진 것을 알 수 있다. 특히 옷과 휘장의 화려한 무늬는 공간적인 배열을 뛰어넘어 화면 구성을 얽

---

46 요한 계시록 12: 1.

47 Millard Meiss(1951), p. 43.

히게 한다. 워싱턴 「성모대관」(그림 69)에서는 두 인물이 앉은 옥좌와 붉은 휘장이 공간적으로 각각 분리되었지만 아카데미아의 「성모대관」에서는 옥좌의 많은 부분이 휘장에 가려져 있다. 스티어(John Steer)의 말대로 이 작품을 조금만 물러서서 본다면 화려함만을 인식하게 될 것이다.[48] 이 물질적인 화려함은 당시 이탈리아보다 월등히 부유했던 비잔틴에서 유래한 것으로, 베네치아의 화가들은 이러한 화려함을 베네치아 회화의 장식성으로 발전시켰다. 섬세한 장식성이 강조된 파올로의 작품은 후기로 갈수록 비잔틴의 영향에서 벗어나 고딕적인 특징이 강조된다.

1358년에 제작된 「성모대관」(그림 72)는 현재 뉴욕의 프릭 컬렉션(Frick Collection)에 소장되어 있다. 무엇보다 이 작품에서 두드러지는 것은 더욱 밝고 경쾌해진 색채와 고딕식 게이블이 세워져 있는 옥좌이다. 또한 고개를 숙이고 손을 가슴에 모은 마리아를 향하는 그리스도의 시선은 앞서 제작된 두 「성모대관」에서 관을 주목하는 그리스도의 시선과 차이가 있다. 이는 화면의 분위기를 부드럽고 명상적이면서도 서정적으로 이끈다. 스티어는 파올로의 작품에 나타나는 서정미와 선에 대한 감각적인 표현이 시에나와 북부 고딕에서 영향을 받은 것이고, 또한 후기로 갈수록 고딕적인 경향이 강해진다고 보았다.[49] 성모와 그리스도는 노란색 드레스와 짙은 남색(Ultramarine)의 망토를 입고 있다. 그들의 발아래에는 아카데미아 「성모대관」에서처럼 해와 달이 있다. 그리고 게이블이 있는 옥좌의 분홍색과 옥좌를 덮은 휘장의 오렌지색, 그리고 천사들의 날개 역시 오렌지색으로 화면의 색감 전체가 조화를 이룬다. 또 아카데미아에서 발치에 나타났던 악기를 연주하는 두 명의 천사는 이제 옥좌 옆에 있다. 앞서 언급했

---

48 John Steer, *Venetian Painting: A Concise History*(London: Thames and Hudson, 1991), p. 18.

49 *Ibid.*, p. 22.

듯이 화면 상단에 모여 연주하는 천사들은 마치 「천상의 모후」를 연주하는 듯하며, 대관식이 일어나는 장소인 천국에서 울려 퍼지는 우주적인 하모니를 의미한다. 이제까지 우리는 파올로의 초기–중기–후기에 제작된 세 점의 「성모대관」을 보았는데, 양식적으로 초기의 비잔틴 이콘과 화려한 장식성이 후기에는 고딕적인 특징으로 변화한다. 이에 따라 화면의 장식성이 감소하고 두 인물의 표정과 몸짓이 부각되는 효과가 나타난다. 파올로에서 시작된 베네치아의 비잔틴적이고 고딕적인 특징이 묻어나는 제단화는 좀처럼 사라지지 않고 15세기 초까지 계속 나타난다.

지금까지 살펴본 바, 조토 · 가디 · 베네치아노가 제작한 「성모대관」은 마리아의 죽음과 승천에서 이어지는 성모대관이라는 서술성에서 독립하였다. 이러한 변화의 요인은 표면적으로 1215년에 라테란 공의회에서 제단화에 대한 일련의 범례를 규정했기 때문이기도 하지만, 내용적으로는 종교적 위기와 불안이 가져온 변화의 양상이 반영된 것으로 볼 수 있다. 또한 그들이 제작한 「성모대관」은 옥좌에 마주앉은 성모와 그리스도이며, 성자 그리스도가 마리아에게 막 관을 씌워주고 있는 순간이다. 그러나 12~13세기 전반기에 일드프랑스의 팀파눔에서 대중에게 전달하고자 한 정치적 수사에서 벗어나 성모대관 자체를 부각시켰다. 또 서술적인 문맥 속에서 다루어진 「성모대관」은 마치 영웅의 일대기를 다룬 서사시(Epic)와 같다면, 「성모대관」만을 강조한 제단화는 은유와 비유가 가득 찬 연애시(Romance)에 비교할 수 있다. 그러면 이처럼 독립된 주제로 재현된 「성모대관」이 궁극적으로 전달하고자 하는 것이 무엇인지, 15세기 작품들을 통해 살펴보겠다.

제5장

절정: 천국의 풍경

그림 79 프라 안젤리코, 「피에졸레 제단화」, c. 1440, 패널에 템페라, 240×211cm, 루브르, 파리.

일드프랑스에서 이탈리아로 확산된 13세기 말에서 14세기의 「성모대관」은 흑사병이라는 재앙, 교황 정치의 불안과 같은 위기의 사회상을 반영이라도 하듯 변화의 국면을 맞았다. 우리는 성모대관이 교회 건축을 장식하던 마리아의 죽음과 승천이라는 서술적인 문맥에서 탈피해, 성모대관이 단독 주제로 독립해가는 변화를 살펴보았다. 13세기 말에서 14세기가 한마디로 격동의 시기였다면, 14세기 말부터 이탈리아 사회는 안정되고 차분해졌다. 특히 15세기 중엽 이후 반세기 동안에는 정치적 성숙에 따라 사회가 안정기를 맞았다. 14세기까지 난무한 여러 '자치 공동체'들은, 15세기 밀라노 공국과 베네치아, 제노바, 피렌체 공화국, 그리고 교황청과 나폴리 왕국과 같은 강대국에 차례로 통합된다. 즉 자치 단체의 의미가 강한 코뮤네가 아니라, 각국의 실정에 맞는 통치 조직을 가진 '도시국가'가 된 것이다. 밀라노 공국은 공작이, 나폴리 왕국은 왕이, 교황청은 로마 교황이 통치하였고, 제노바 공화국은 네 개의 유력 가문이 교대로 다스리는 체제였다. 피렌체 공화국은 메디치가의 주도로 참주 정치를 택했고, 베네치아 공화국만이 과두 정치라고 불리는 소수 지배 체제의 공화정을 계속 유지하고 있는 상태였다. 1454년에 이르면, 밀라노와 베네치아, 피렌체, 교황령, 나폴리는 상호간의 반목을 종식시키고 평화를 재건하여 이탈리아 내에서 자신들의 지위를 유지하기 위한 이탈리아 동맹을 탄생시켰다. 사실 이들 동맹이 두려워한 것은 100년 전쟁을 성공적으로 이끈 뒤, 세금 수입이 늘고 귀족 세력에 대한 통제권을 장악한 프랑스였다.[1] 오래지 않아 평화를 유지하기 위한 동맹은 실패로 돌아갔지만, 이러한 정치적인 안정은 인문주의와 예술에 대한 부흥을 촉발하는데 일조를 하였다.

한편 아비뇽의 유수와 대립교황이라는 분열을 겪고 있던 로마 교황청은 이미 영적인 지위를 상실한 지 오래였으며, 교황직 자체도 점점 보편적인 사명을 잃어가고 있었다. 이 시기의 교황들은 교황령이라는 오직 하나의 소국가적인 영토 정치에 빠진 지역 영주와 유사했다. 알렉산데르 6세(Alexander VI, 1492~1503 재위)는 교황직의 절대적 최하점을 드러냈다. 이 장에서는 쇠락해가는 교황권을 대신한 공의회 시대와, 점점 저항하기 어렵게 전진해오는 오스만 투르크족으로부터 자신들을 지키기 위해 서방 교회와의 결속을 원했던 그리스인들과의 협력 덕에 타결된 필리오퀘(Filioque; 그리고 아들에게서) 논쟁에 대해 살펴볼 것이다. 필리오퀘 논쟁은 초대 교회부터 동서 교회의 분열의 씨앗이 되었던 뜨거운 논쟁으로, 피렌체 공의회의 결과는 15세기에 그려진 성모대관에 새로운 모티프들을 가져왔다. 이 장에서는 그 새로운 모티프들과 이들이 갖는 의미를 찾아볼 것이다. 또 단테가 라틴어가 아닌 모국어 이탈리아어로 쓴 『신곡』은 한 인간의 상상력이 또 다른 우주를 창조할 수 있음을 보여주었다. 이는 화가들의 상상력을 자극하기에 충분했고, 이에 고무된 화가들은 성모대관

---

1 Christopher Duggan(1994), pp. 58~59.

에 새로운 모티프를 등장시킨다. 여러 새로운 모티프와 더불어 이탈리아에서 유행한 성인 공경은 새로운 공간과 의미를 창출해냈으므로 이에 대해서도 알아볼 것이다. 그리고 마지막으로 예술가의 상상력과 형식적인 발전이 결합되어 현실에서 볼 수 없는 천국을 시각화한 아름다운 풍경으로 그려진 성모대관을 논할 것이다. 이제 양적으로, 그리고 질적으로 절정의 시기에 다다른 15세기의 성모대관과 이를 둘러싼 환경들을 살펴보겠다.

1. 신학적 논쟁과 문학적 상상력의 반영

대립교황의 선출이라는 서방 교회의 대분열 속에서 교황의 권위는 급격히 쇠퇴해져 전 유럽인의 조롱거리가 되었다. 교회에는 대립교황의 적법성을 둘러싼 논쟁이 만연했으며, 이를 해결하기 위해 공의회를 소집하곤 하였다. 특히 1400년경에 접어들면 공의회와 교황 사이의 관계를 새롭게 규정하기 위한 일련의 시도가 나타나는데, 이것이 바로 공의회 지상주의이다. 이미 중세기에 뿌리를 두고 있는 이 개념은 1409년에 피사 공의회에서 추기경들이 공의회가 교황보다 우선한다는 주장을 공식화시켰다. 이에 따르면 교회의 개혁이 필요할 경우 교황을 배제하거나 거부할 수 있고, 어떤 결정을 내릴 권한은 공의회에 있다. 교회의 대다수 구성원들은 지속되는 분열에 직면하여 오로지 공의회만이 해결의 실마리를 제공할 수 있다고 생각했다. 또한 대부분 유럽의 군주들 역시 이 의견에 동의하였다. 피사에서 개최된 공의회는 교황 베네딕투스 13세(대립교황)와 그레고리우스 12세(Gregorius XII, 1406~1415 재위)의 퇴위를 결정했고, 알렉산데르 5세(대립교황)가 선출되었다. 그러나 두 교황이 모두 공의회의 결정에 불복하여, 3명의 교황이 공존하는 기막힌 상황이 생겨났다. 이어 요한 23세(Joannes XXIII, 1410~1415 재위)는 신성로마제국의 지그문트(Siegmund) 황제의 도움으로 콘스탄츠에서 공의회(Council of of Konstanz)를 개최해 두 교황을 자진 사퇴시키고 새 교황을 임명하는 해결책을 마련하였다. 이리하여 서방 교회의 대분열이 막을 내렸다. 이제 교회는 콘스탄츠 공의회를 계기로 추락한 위상을 회복할 발판을 마련하였고, 새 교황으로 선출된 마르티누스 5세(Martinus V, 1417~1431 재위)를 선출하였다. 그는 공의회가 교황보다 높은 권위를 가진다고 선포한 콘스탄츠 공의회의 결정을 번복하고, 신앙 문제와 관련해 교황이 내린 결정에 대해 누구도 의혹을 제기할 수 없다고 선포하며, 과세법을 비롯한 여러 개정안을 통과시킨 다음 1418년 4월에 콘스탄츠 공의회를 해산했다.

다시금 1431년에 바젤(Basel)에서 새로운 공의회가 개최되었고, 교황 유게니우스 4세(Eugenius IV, 1431~1447 재위)는 우여곡절 끝에 일련의 개혁안을 담은 교령들을 발표했는데, 주로 교황과 교황청의 재정 및 행정 권한을 축소하는 내용이었다. 한편 동방 교회와의 재결합 문제로 또다시 공의회와 교황 사이에 마찰이 일어났다. 그 배경으로는 당시 오스만 투르크 제국의 침공에 시달리던 동로마 황제 요한네스 8세 팔라이올로구스(Joannes VIII Palaiologus, 1425~1448 재위)가 동서 교회 통합 운동을 되살리자고 제의해온 것이다. 물론 이 같은 제안에는 교황 유게니우스 4세로 하여금 오스만 투르크를 겨냥한 십자군 원정을 추진토록 해 도움을 얻으려는 저의가 깔려 있었다. 이 제의를 받아들인 유게니우스 4세는 동방 교회 사절들이 참석하기 편한 이탈리아 북부의 페라라(Ferara)로 공의회 장소를 옮기기로 결정한 뒤, 거기서 1438년 1월에 공의회를 재개하겠다고 선언하였다. 이때 대다수의 주교들은 교황의 뜻에 복종했지만, 몇몇 반대자들이 바젤에 계속 남아 이른바 '잔류' 공의회를 이어나갔다. 교황은 이러한 저항을 묵살하고 자신의 계획에 따라 페라라에서 공의회를 속개했고, 얼마 후 재정적인 문제가 발생해 장소를 다시 옮겨 피렌체에서 회의를 열었다. 피렌체의 베네딕투스 수도회 본산지인 산타 마리아 노벨라 성당에서 열린 이 공의회에서 가장 격렬하고 오랫동안 토론된 것은 '필리오퀘' 문제였다.

'필리오퀘'를 둘러싼 논쟁은 동방 교회와 서방 교회의 분열에 모종의 역할을 하였는데, 그 논쟁의 역사는 초대 교회로까지 올라간다. 당시 신성을 가진 그리스도에 대한 교회의 가르침을 변조하는 아리우스주의(Arianism)[2]와 펠라기우스주의(Pelagianism)[3] 이단설과 관련하여 성령의 신성을 부정하는 이단이 등장하였다. 이 이단에 반대하여 381년에 개최되었던 콘스탄티노폴리스 공의회는 「니케아-콘스탄티노폴리스 신앙고백」을 '대 신앙 고백'으로 교회의 전례에 도입하였다. 즉 "성령은 주님이시고 생명을 주시는 분이시며 성부로부터 발하는 성부와 성자와 함께 흠숭과 영광을 받으신다"는 선언이 이 공의회에서 채택된 것이다. 그러나 589년에 톨레도 공의회는 여기에다 한 구절을 추가하여, '성부로부터 발하시는 성령'에 '성자로부터'를 추가하여 '성부와 성자로부터 발하시는 성령'이라고 하였다. 그러나 그리스 교회는 이 추가 구절을 인정하지 않았다. 동방 교회는 "성령은 성자를 통해 성부로부터 발하신다"라고 가르쳐왔다. 요

---

2 4세기에 예수 그리스도의 신성(神性)을 부인한 아리우스의 주장을 교의로 삼는 일파.

3 5세기 펠라기우스와 그의 추종자들이 가르친 그리스도교 이단이다. 인간 본성의 선함과 인간의 자유의지를 강조했다. 펠라기우스는 그리스도교도들 사이에 만연해 있는 도덕적 태만을 걱정했으며, 자신의 가르침을 통해 그들의 행위가 개선되기를 원했다. 인간이 약하기 때문에 죄를 지을 수밖에 없다고 하는 사람들의 주장을 거부한 이들은 하느님은 인간이 선과 악 사이에서 자유롭게 선택하도록 했다고 주장했고, 따라서 죄란 한 인간이 하느님의 법을 저버리고 자발적으로 범한 행위라고 했다. 펠라기우스의 제자인 켈레스티우스는 원죄에 대한 교회의 교리와 유아세례의 필요성을 거부했다.

컨대 동일한 사실을 놓고, 라틴 교회의 성인들과 교부들은 성령의 "성부 그리고 성자에게서"의 발출을 말하는 데 반해, 그리스 교부들은 "성자를 통하여"라는 용어를 선호했다. 7~8세기에 '필리오퀘'라는 추가어는 프랑스, 영국, 그리고 북부 이탈리아에서 수용되었다. 1274년에 리옹에서 개최되었던 공의회에서 이 논쟁은 진정될 기미가 보였었다. 동로마 황제 미카엘 8세(Michael VIII Palaiologus, 1259~1282 재위)는 황제의 사절을 통해 보낸 서한에서 자신은 로마 교회의 신앙, 교회의 수위권, 그리고 '필리오퀘'를 인정한다는 태도를 표명했다. 그러나 미카엘 8세는 신앙 고백을 노래할 때 '필리오퀘'를 포함시키지 않는 동방 교회의 전례 관습을 그대로 유지해주도록 요청하였다. 그러나 이 잠정적인 일치는 백성들과 성직자들의 저항으로 오래 지속되지 못하였다.

이처럼 장구한 역사를 가진 필리오퀘 논쟁의 결론이 1439년 7월에 피렌체 공의회에서 합의를 보게 되었다. 동방 교회는 라틴 교회의 교부들이 마치 하나의 원리로부터, 그리고 하나의 호흡을 통해 "성령은 성부와 성자로부터 발한다"라고 가르쳐왔기 때문에, 그리고 '필리오퀘'는 다른 의미로 해석될 소지가 없기 때문에 일치에 아무런 장애가 없음을 천명하였다. 샤츠(Klaus Schatz)는 자신의 저서 『보편공의회사』에서 스콜라 신학의 삼단 논법은 그리스인들의 사유 방식을 진지하게 고려하지 않았기에 그들에게 감명을 주지 못했으나, 그리스 전통 사유에 부응한 "성령은 성부와 성자로부터 발한다"는 논증은 그들의 마음을 움직였다고 밝혔다.[4] 또

---

4 '필리오퀘' 문구가 담긴 일치교령 『하늘이여 기뻐하라』(*Laetentur coeli*)가 1439년에 완성되고 동방의 대표단은 피렌체에서 콘스탄티노플로 귀환하였다. 그러나 그곳에서는 서방 교회와의 일치에 적대적인 분위기와 (십자군 원정으로 말미암은) 서방 교회에 대한 적개심이 팽배해 있는 현지 상황 때문에 일치교령이 선포되지 못했다. 1452년에 콘스탄티노플이 터키인들에게 포위된 매우 급박한 순간에 콘스탄티노플의 성 소피아 대성당에서 서방 교회와의 일치가 선포되었다. 이는 서방으로부터 군사적인 도움을 얻기 위한 극적인 조처였다. 하지만 서방으로

이 피렌체 공의회는 '그리스 공의회'라고 불리기도 하였는데, 피렌체의 재상 브루니(Leonardo Bruni, 1369~1444)는 공의회 개회식 연설을 그리스어로 했기 때문이다. 또 니케아의 대주교인 인문주의자 베사리온(Bessarion)이 주도하는 동방 교회와의 논쟁이 매일 산타 마리아 노벨라 교회에서 모든 참석자에게 공개된 것은 피렌체에 그리스적인 사유가 만개할 수 있는 또 다른 계기가 되었다.

그러나 피렌체에 그리스 문화에 대한 재생이 만개할 수 있었던 보다 근원적인 요인으로 로마의 시인 베르길리우스(Vergilius, 70~19 BC)와 14세기 피렌체인이었던 단테의 저승 여행을 다룬 『신곡』을 꼽을 수 있다. 이 작품이 씌어진 것은 1321년이었지만, 인쇄술이 발달하게 되는 15세기에 접어들면서 대중에게 널리 유행하게 된다. 『신곡』은 문학 작품 이상의 의미를 가지는데, 그것은 바로 그가 그리스도교 신학의 시간관에 근거한 정신 공간에서의 여행, 즉 그리스도교적 영혼의 여행을 다루고 있다는 점이다. 죽은 자의 세계에 관한 살아 있는 자의 기록으로서 『신곡』은 그리스도교적 영혼 공간에 대한 최고의 지도(map)이다. 중세 그리스도교 시대의 영혼은 각기 다른 3개의 지역 혹은 '세계', 즉 지옥 · 연옥 · 천국의 삼계(三界)에 머문다. 따라서 『신곡』은 「지옥편」, 「연옥편」, 「천국편」의 3부작으로 이루어져 있다. 단테에 따르면 지옥은 지구 표면의 갈라진 틈 안에 있으며, 연옥은 지구 표면 위의 산에 위치하고 있다. 그리고 천국의 위치는 항성과 일치한다. 단테는 이 세계를 차례로 여행한다. 그리고는 우리를 중세 시대의 내세로 친히 안내한다. 저승 여행은 먼저 지옥의 문에서 시

부터 군사적인 도움을 받지 못한 채, 1453년에 콘스탄티노플은 터키인들에게 함락되었다. 콘스탄티노플의 유산을 이어받았다고 하는 모스크바에서 1472년에 이 일치교령은 정식으로 철회되었다. 클라우스 샤츠, 이종한 역, 『보편 공의회사』(왜관읍: 분도출판사, 2005), pp. 193~194.

작하여, 이 지옥의 문을 통과한 다음 그는 우리를 암흑의 한복판, 죄의 아주 깊숙한 곳까지 데리고 내려간다. 이 공포의 지대를 벗어나는 순간 우리는 연옥 산의 기슭으로 나와 천국으로의 구원여행을 떠난다. 바로 성스러운 산을 오르는 동안 우리는 죄로부터 정화되고 마침내 산의 정상에 도달한다. 죄에서 정화되어 가벼워진 우리의 영혼은 이곳에서 저절로 천국으로 인도된다.

단테의 천재성은 무엇보다 그리스도교에 기반을 둔 인간 영혼의 서사시와 그가 살았던 당대의 특별한 이야기를 하나로 엮은 것에 있다. 『신곡』에는 단테가 알았던 당시의 실존 인물들이 시종일관 등장한다. 내세를 다니면서 단테는 신학과 철학의 수준 높은 주제나 13세기 후반에서 14세기 초반 동안의 피렌체의 복잡한 정치 상황에 대해서 실존 인물들의 영혼과 토론을 벌인다. 이런 점에서 『신곡』은 심오한 사회 비평서이자, 단테 자신이 직면한 공동체의 정치적 갈등과 분쟁을 있는 그대로 그리고 있는 작품이다.[5]

또한 단테의 서사시가 갖고 있는 가장 커다란 매력 중의 하나는 그 안에 그려진 세계가 섬뜩할 정도로 사실적이라는 것이다. 악취가 심한 말레볼제(Malebolge)[6]의 도랑을 헤쳐 나가거나 연옥의 꽁꽁 얼어붙은 언덕을 올라가는 부분을 읽노라면 실제 그곳에 있는 것처럼 느껴진다. 그 세계는 너무나 사실적이어서 르네상스 시대에는 단테의 지옥을 정밀 투영도와

5 단테는 시인이었을 뿐 아니라 적어도 그의 인생 초반에는 매우 정치적인 인물이었다. 그는 구엘프당의 일원으로 여러 당쟁에 휩싸였으며, 급기야는 대사 자격으로 교황청에 체류 중이던 1302년에 반대파가 기벨린당이 주도한 부재자 재판에 의해 사형 선고를 받기에 이르렀다. 결국 피렌체로 돌아올 수 없게 된 그는 그토록 사랑하던 피렌체를 영영 보지 못한 채 망명 생활을 하며 여생을 보내야만 했다. 바로 이 망명 생활 중에 씌어진 것이 『신곡』이다. Margaret Wertheim, *The Pearly Gates of Cyberspace: A History of Space from Dante to the Internet*(New York: W. W. Norton, 1999).

6 지옥편에 나오는 여덟 번째 지옥.

측정법을 이용하여 지도로 상세히 나타내는 방법이 유행했을 정도였다. 그러나 사후의 세 세계 가운데 천국은 단테가 묘사하는 데 어려움을 느낀 유일한 세계이다. 「지옥편」과 「연옥편」의 정확한 장면 묘사와 이미지가 매우 인상적인데 비하여, 「천국편」은 특유의 아련한 분위기로 유명하다. 지옥과 연옥에서 육체의 고난은 강렬하고 구체적인 이미지를 제공하지만, 천국의 영혼들이 누리고 있는 지복의 상태는 시각적 형상화의 여지를 거의 주지 않는다. 단테와 베아트리체가 위로 올라가는 동안 천국은 환희의 빛과 짙은 안개로 가득할 뿐, 실제 지형은 전혀 존재하지 않는다. 단테도 인정하듯이 우리는 순수한 영혼의 세계, 즉 언어로는 결코 설명할 수 없는 공간에 놓이게 된 것이다. 마침내 최상천으로 들어가는 「천국편」의 마지막 시편에서 단테는 결국 말까지 잃는다. 신 앞에서는 시간과 공간의 한계뿐 아니라 언어의 한계에까지 이르게 된다는 교훈을 단테는 이 마지막 시편에서 사실적이면서도 은유적인 방법으로 전하고 있는 것이다. 이와 같이 천국은 중세 영혼 공간의 극치라고 할 수 있다. 그러나 그 완벽함 때문에 천국은 인간의 언어를 초월한다. 그야말로 언어로 표현할 수 없는 세계가 바로 천국인 것이다.[7] 이처럼 언어를 초월한 천국의 모습이 15세기 화가들의 상상력으로 새롭게 창조되었고, 그 천국을 설명하는데 구체적인 묘사가 잘 반영된 주제가 바로 성모대관이다.

이제 공의회에서 논란이 된 신학적 주제와 단테의 신곡의 영향을 받은 15세기의 성모대관이 새로운 모티프와 함께 전개되는 국면을 살펴볼 것이다.

---

7 *Ibid.*

2. 새로운 모티프의 등장

피렌체 공의회에서 타결된 동서 교회의 해묵은 논쟁인 필리오퀘 논쟁과 단테의 「신곡」은 화가들에게 새로운 상상력을 불러일으켰다. 새로운 자극은 이전에는 다루어지지 않았던 새로운 모티프의 등장을 가져왔다. 또 새로운 모티프의 등장으로 화면의 구도가 새로워지고 또한 교회의 교리도 새롭게 전달되었다. 이 장에서는 이전에는 등장하지 않던 새로운 모티프를 성령과 성부, 관을 수여하는 성부, 그리고 섬광으로 나누어 살펴보고, 이러한 모티프의 의미를 밝혀보겠다.

성령과 성부: 성삼위일체

젠틸레 다 파브리아노(Gentile da Fabriano, c. 1370~1427)는 2점의 「성모대관」을 제작하였다. 먼저 현재 밀라노의 브레라(Brera) 아카데미에 있는 「성모대관」(그림 73)은 1410년 이전에 제작된 것으로 추정된다. 이 작품은 그의 고향 파브리아노에 있는 발레 로미타(Valle Romita) 수도원의 제단화로, 파브리아노의 영주 키아벨로 키아벨리(Chiavello Chiavelli)의 주문으로 제작되었다. 고딕 양식의 다폭 제단화의 가운데 패널에 「성모대관」(그림 74)가 있고, 그 양쪽의 각각 두 패널은 상하로 나뉜다. 하단에는 왼쪽부터 성 예로니모와 성 프란체스코가, 오른쪽에는 성 도미니쿠스와 성 마리아 막달레나(Mary Magdalene)가 있다. 상단에서는 성인들의 일화를 다루고 있는데, 왼쪽부터 광야에 있는 세례자 요한, 순교자 베드로(St Peter Martyr)의 처형, 성 토마스 아퀴나스, 그리고 오상을 받는 성 프란체스코가 그려져 있다.

젠틸레는 15세기 초 이탈리아에서 유행한 국제 양식의 대표적인 화가로 그의 작품은 섬세하고도 유려하며 자연주의 경향을 띠고 있다. 이 제단화의 하단에서는 성인들의 모습을 전신상으로 그렸으며, 상단에서는 성인들의 일화를 배경과 함께 실감나게 재현하였다. 가운데 패널의 「성모대관」에는 이전에는 나타나지 않은 새로운 모티프가 등장하는데, 바로 성부의 모습과 성령을 상징하는 비둘기이다. 성부의 등장은 비잔틴에서 유래한 황제와 황후의 대관을 연상케 한다. 성부는 반신상으로 표현되었고, 붉은 옷을 입고, 세라핌(seraphim)과 함께 나타났다. 또한 성부의 등장으로 이전까지 성모/그리스도를 중심으로 한 대칭적인 병렬 구도에서 삼각구도로 화면이 바뀌게 된다. 비둘기 모양의 성령은 성부와는 수직선상에 있고, 성모와 그리스도 사이에 있다.

성모와 그리스도 발아래에는 원형 호(弧) 위에서 천사들이 악기를 연주하고 있는데, 이 호는 베네치아노의 「성모대관」(그림 69, 그림 71)에도 등장한다. 에콜스는 젠틸레가 트레첸토 베네치아 회화의 영향을 받았다고 보았다.[8] 베네치아노의 「성 글라라 성당 제단화」(그림 70)에 그려진 「성모대관」(그림 71)에는 천궁도를 연상시키는 원형이 등장한다. 이에 비해 젠틸레 다 파브리아노가 그린 호는 원형의 극히 일부분이지만, 호 위에 작게 그려진 천사들의 발아래, 해와 달이 그려져 있는 것에 미루어 이 호는 대관식이 일어나는 공간, 즉 천상의 하늘나라를 설명하고 있는 듯하다. 또 「성모대관」이 일어나는 가운데 패널과 성인들이 서 있는 양쪽 패널을 비교하면, 성인들은 마치 세밀화처럼 그려진 꽃밭에 서 있는 반면, 성모와 그리스도는 황금색의 배경 위에 떠 있는 듯하다. 즉 이전까지 「성모대관」에 그려지던 옥좌와 받침대가 사라짐으로써 공중에 떠 있는 듯한 효과가 극대화되었다.

부유하는 듯한 공간의 표현은 말리부(Malibu) 게티(Paul Getty) 미술관에

8 Mary Tuck Echols(1976), p. 115.

소장되어 있는 「성모대관」[9](그림 75)에서도 계속된다. 이 작품이 제작된 1420년경에 젠틸레는 피렌체에 머물고 있었고, 이 작품은 메디치가와 친분이 두터웠던 대립 교황 요한 18세의 후원으로 만들어져 프란체스코 수도사들이 메디치가에게 보낸 선물이라고 한다. 이 작품에도 역시 옥좌가 없고, 마치 옥좌를 덮은 듯한 화려한 무늬의 직물과 성모와 그리스도의 옷감이 한데 엉켜 화면의 2/3를 차지하고 있다. 황금색 바탕과 화려한 무늬를 넣어 짠 옷감으로 매우 장식적인 이 작품을 멀리서 바라보면 두 인물은 브레라의 「성모대관」(그림 74)와 마찬가지로 공중에 떠 있는 듯하다. 이처럼 부유하는 것 같은 공간에서 일어나는 성모의 대관식은 대관식이 일어나는 장소가 현실과는 거리가 먼 이상향의 공간임을 암시하는 것으로 해석할 수 있겠다. 또한 이 천국의 공간을 표현한 옷감들이 당시 피렌체에서 급성장한 견직물의 문양과 유사하다는 점은 매우 역설적이다. 즉 지극히 세속적인 방식으로 초월적인 공간을 표현한 것이다.

젠틸레의 작품에는 옷감의 무늬뿐 아니라 인물 묘사에서도 섬세함이 표출되어 국제 양식의 형식적 특징이 잘 나타나 있다. 성모, 그리스도의 얼굴이나 손과 같은 신체 표현에서 그 음영이 섬세하게 묘사되었고, 얼굴 표정도 브레라의 것과 비교해서 한결 자연스럽고 생기 있다. 여기서 관을 씌워주는 그리스도의 손을 주목하면 브레라의 것이나 이전의 작품들은 오른손으로 관을 수여하거나, 양손으로 관을 씌워주는 순간을 그렸는데, 이 작품은 예외적으로 그리스도가 왼손으로 관을 수여하고 오른손은 축복을 내리는 자세를 취하고 있다. 이러한 자세는 후에 리피(Fra Fillippo Lippi, 1406?~1469)의 작품에서 다시 나타난다. 한편 브레라에서는 두 인물

9 이 작품의 뒷면에는 현재 밀라노 카르미나티 컬렉션(Carminati collection)에 있는 「오상을 받는 성 프란체스코」가 있었다.

사이에 있던 비둘기 모양의 성령이 성부의 자리, 즉 성모와 그리스도의 머리 위로 올라와 화면은 삼각 구도를 갖게 되었다. 이 비둘기 모양의 성령은 하느님의 은총을 상징하며 삼각 구도는 성삼위일체를 의미한다. 그리스도와 성모의 측면으로 각각 세 명의 천사가 등장하는데, 그들도 섬세한 무늬의 옷을 입고 있다. 천사들이 들고 있는 두루마리(그림 76)에는 악보와 함께 요한계시록 5장 12절에서 유래한 다음 구절이 씌어 있다.

> "Timete dominum et date illi hono[rem]
> Dignus est agnus qui o[ccisus est]"
> "주님을 공경하고 그분께 영광을 드려라
> 살해된 어린양은 (영광을 받아) 마땅하시다."

요한이 전한 계시록은 인류가 맞게 될 최후의 날에 관하여 서술하고 있으며, 성모의 대관식이 일어나는 장면에 묵시 문학에서 유래한 구절이 나타난 것은 성모대관이 죽음 이후의 삶, 즉 종말 이후에 펼쳐질 사건과 관련되어 있기 때문이다. 젠틸레의 성모대관은 단순한 구성과 섬세하고 화려한 장식적인 표현이 특징이다. 그러나 단순한 구성에도 불구하고 성부와 성령과 같은 새로운 모티프의 등장으로 작품이 전달하는 의미는 더욱 풍부해졌다. 이제 성모대관에 성부가 또 다른 모습으로 등장하는 작품을 살펴보겠다.

프란체스코 디 조르조(Francesco di Giorgio Martini, 1439~c. 1501)는 15세기 후반 시에나에서 가장 유명한, 그리고 뛰어난 예술적 재능을 가지고 있었다. 또 외교관으로도 활동했던 그는 1475년 이전부터 시에나는 물론 나폴리 왕국과 밀라노, 우르비노에서 작업을 하였고, 1480년대와 1490년대에는 이탈리아 건축을 주도하였다. 특히 그는 군사 건축으로 이름을 날

렸는데 중세 후기의 요새에 기초를 둔 바스티온(Bastion) 개발이 주목할 만하다. 프란체스코 디 조르조는 1471년에 조수, 피두치아리오(Fiduciario)[10]와 함께 몬테 올리베토 마지오레(Monte Oliveto Maggiore) 교회[11]의 스테파누스와 시에나의 카타리나 채플 제단화를 제작하는데, 그 주제가 「성모대관」(그림 76)이다. 에콜스는 현재 시에나 피나코테카(Pinacoteca)에 소장되어 있는 이 제단화가 13세기 후반과 14세기부터 널리 제작되기 시작한 성모대관의 특징인 신비주의 전통의 최절정에 있는 작품이라고 평가하였다. 그녀는 프란체스코의 작품에는 형이상학적인 상징들과 환상적인 장면들이 가득하다고 언급하였다.[12] 무엇보다 이 작품의 혁신은 단축법으로 표현된 성부의 모습에 있다. 마치 회전하는 구름에 앉아 있는 듯한 성부의 모습은 그리스도와 무릎을 꿇은 성모의 모습에 비해 그 크기가 작게 나타난다. 타원형을 이룬 성부와 그의 주위에 부유하는 대기는 반으로 나뉘어져, 붉은색으로 표현된 상단(그림 77)에는 머리와 날개만 있는 천사가 있고, 하단은 태초의 빛과 어둠을 표현하듯이 검은 부분과 투명한 부분이 성부의 하체를 중심으로 좌우에 펼쳐져 있다. 또한 전통적으로 신적 사랑과 그리스도교적 자비를 나타내는 불꽃들이 그리스도의 오른쪽 어깨 뒤로 올라와 시각적으로 그리스도를 성부와 연결시킨다. 이 불꽃은 비둘기를 대신한 성령의 표현으로 볼 수 있다. 성부는 대관식을 거행하는 성스러운 커플을 내려다보는 듯하다.

화면의 중심축을 이루는 성자 자신은 관을 쓰고 있지 않으며, 몸을 틀

---

10 안젤리니(Alessanksdro Angelini)는 프란체스코의 강력한 드로잉과 조화로운 구성, 그리고 화려한 인물 표현 등이 피두치아리오에 의해 조금 훼손되었다고 보았다. Giulietta Chelazzi Dini, Alessandro Angelini, Bernardo Sani, *Five Centuries of Sienese Painting*(London: Thames & Hudson, 1998), p. 300.

11 올리베토 수도회 본원에 있는 교회이다.

12 Mary Tuck Echols(1976), p. 174.

어 성모에게 두 손으로 관을 씌우고 있다. 성부가 앉아 있는 옥좌는 보이지 않고, 그를 바치고 있는 케루빔(Cherubim)이 있다. 그리고 합창을 하는 네 명의 천사가 전신상으로 묘사됐다. 성모는 흰색에 금박 장식을 한 드레스를 입고 가슴 부분을 리본처럼 생긴 스톨(stole)로 교차시켰다. 성스러운 커플 역시 네 명의 천사들이 지지하는 마치 접시와 같은 원형의 선반에 있다. 중세부터 성모대관에 나타났던 옥좌 대신 나타난 이러한 표현을 에콜스는 병거(兵車)라고 보았다. 에제키엘이나 이사야와 같은 예언서는 야훼가 나타날 때 병거가 발현한다고 적고 있다.

> 보라, 주님께서 불에 싸여 오시고 그분의 병거들은 폭풍과 같다. (이사야 66: 15)

> 그때 내가 바라보니, 북쪽에서 폭풍이 불어오면서,
> 광채로 둘러싸인 큰 구름과 번쩍거리는 불이 밀려드는데,
> 그 광채 한가운데에는 불 속에서 빛나는 금붙이 같은 것이 보였다. (에제키엘 1: 4~6)

이 같은 표현에 따르면, 성자의 머리 위를 휘감고 있는 바람은 병거가 나타날 때를 표현하는 폭풍으로 해석될 수 있다. 또 병거 표현은 대관식이 일어나는 장면을 공중에 떠 있는 것처럼 보이게 한다.

이제 천사와 함께 층층이 쌓여 있는 성인들에게 시선을 돌려보자. 대관식이 거행되는 이 장면에서 천사들의 머리와 수평을 이루고 있는 맨 윗단의 성인들은 구약의 인물들인데, 세례 요한, 구약의 예언자들과 왕관을 쓴 다윗 왕이 있다. 이 구약의 인물들은 선반과 비슷한 지지대에 의해 아랫부분과 공간적으로도 분리되었다. 바로 아래에 남자 성인들이 3층으로 이루고 있으며, 성녀들이 맨 아래를 차지한다. 이 성인들의 군집에는 각

성인에 대한 지시(inscription)가 없어 지물과 특징적인 외형으로만 성인의 이름을 파악할 수 있다. 화면 전경의 한가운데, 무릎을 꿇고 있는 두 성인은 화살을 들고 있는 스테파누스와 백합을 들고 있는 시에나의 카타리나로, 이 채플의 주보성인들이다.

무엇보다 이 작품에는 성부 · 성자 · 성령 그리고 천사와 성인이 모두 단일한 공간에 등장한다. 이로써 마치 단테의 『신곡』의 「천국편」 33곡을 연상케 한다. 33곡의 배경은 정화천으로 성 베르나르가 성모께 아름답고 신비로운 기도를 드리고, 그 기도의 효험으로 단테는 성총을 입어 천주의 본성을 관찰하게 되는 곳이다. 그는 직관으로 천주 안에서 조물의 원형을 보고 성 삼위와 천주 강생의 현의를 본다. 단테는 삼위일체의 신비를 다음과 같이 적고 있다.

드높은 빛의 깊고 새맑은 독립체 속에
빛깔은 셋, 부피는 하나인
세 개의 둘레가 나한테 보였으니

마치 무지개에서 무지개처럼 하나가
하나한테서 반사되는 듯 보이고 셋째는
둘에게서 똑같이 내불어지는 불같이 보이니라.[13]

프란체스코의 「성모대관」은 대관식이 일어나는 장면과 함께 천국의 절정인 항상천에서 성부와 성자와 성령이 하나됨을 보게 되는 삼위일체의 신학적인 직관을 시각화한 것으로 볼 수 있다.

13 「천국편」 33곡 115~120행, 단테(1987), p. 802.

관을 수여하는 성부: 그리스도교적 휴머니즘

성부의 모습이 성모대관에 등장하면서 지금까지 성모에게 관을 씌워주던 성자 그리스도 대신 성부가 관을 수여하는 작품이 나타난다. 카르멜 수도회의 수사였던 필리포 리피는 세 점의 「성모대관」을 남겼는데, 이들 중, 산 암브로시우스 수도원장 메세 프란체스코 마린기(Messer Francesco Maringhi)의 주문으로 제작된 「성모대관」(그림 78)은 주목할 만한 작품이다. 기록에 따르면 이 제단화는 1441년 7월 28일에 착수되었고, 그 모티프와 공간 표현은 도미니쿠스 수도회의 본원(the mother-house)의 영향 아래서 만들어졌다.[14] 산 암브로시우스 교회의 주제단화인 「성모대관」은 피렌체인들의 다양한 신심과 사회 활동에 사용되었다. 산 암브로시우스 베네딕투스 수녀원은 제단화에 대해 다른 요구를 가지고 있었지만, 산 암브로시우스 교구 사람들과 참사회 위원들은 이 교회가 가지고 있는 성체 유물을 기념하는 연중행사인 성체 축일(Corpus Christ Day)에 참여하는 피렌체인 모두를 위한 제단화를 제작하기로 하였다. 그러나 홀름스(Megan Holmes)는 베네딕투스회 수녀들이 리피의 작품에 관여했고, 마리아의 표현에 당시 베네딕투스회 수녀들의 모습이 반영되어 있다고 했다. 즉 수녀들에게 마리아는 겸손 · 순명 · 자비와 덕을 말하는 최고의 모델인 것이다. 그리스도를 따름(Imitatio Christi)에는 마리아를 따름(Imitatio Marie)이 있다. 더욱이 마리아의 대관은 마리아 승천이라는 드라마의 마지막 순간으로, 베네딕투스 수도원에서는 이 교리를 12세기부터 지켜왔다. 승천은 마리아의 무염시태와 밀접하게 연결되며, 이는 매우 논쟁적인 이슈로 베네딕투스

---

14 리피는 카르멜 수도회의 수사 신부였으나, 코시모 데 메디치의 주문으로 프란체스코 수도회의 교회인 산타 크로체의 수도자 숙소(novitiate) 채플의 제단화(1440~1445), 그리고 마린기 제단화를 비롯하여, 베네딕투스 수녀원의 제단화를 2점 제작하였다. 그가 베네딕투스 수녀원을 위해 제작한 다른 제단화는 현재 뮌헨의 알테 피나코텍(Alte Pinakothek)에 소장되어 있는 「성모영보」(c. 1443)이다.

수도원에서는 12세기부터 받아들였기에 이러한 표현이 가능했다는 것이다.[15]

한편 이 작품은 도미니쿠스 수도회 소속 프라 안젤리코(Fra Angelico, c. 1387~1455)의 피에졸레(Fiesola) 제단화(그림 79)에서 직접적인 영향을 받았다고 볼 수도 있다.[16] 높은 닫집(high-tabernacle)을 배경으로 대관식이 일어나는 장면과 이를 둘러싼 성인들은 상 · 하로 군집을 이루고 있다. 또 왕관을 받기 위해 무릎을 꿇은 마리아의 자세 등은 프라 안젤리코의 피에졸레 제단화에 등장하는 마리아와 유사하다. 그러나 이 작품은 그가 제작한 세 점의 「성모대관」 중 가장 리피적인 특징인 날아갈 듯한 섬세함(fragile)이 두드러진다. 조형적으로 리피는 화면 공간의 깊이를 암시하는 방법으로 색채와 명암법을 사용하고 있다. 즉 가장 어두운 색과 강한 명암의 대비가 화면의 중앙에 집중되어 있어, 주변으로 갈수록 상대적으로 색채가 옅어지므로 전체 화면은 여러 단의 구성에도 불구하고 통일감을 지닌다. 또 화면 하단에서 사용된 선원근법은 우리의 시선을 대관식을 거행하는 두 주체인 성모와 성부에게로 이끈다. 또 세 개의 아치형 궁륭은 마치 세 폭 제단화의 효과를 낸다. 그는 이렇게 화면을 부분으로 나눔으로써 관객이 세부를 '읽기 좋게' 하여 자신의 도상적인 의도를 효과적으로 전달하려 하였다. 뿐만 아니라 그는 단축법과 포즈를 다양하게 변화시켜 개성적인 인물 표현에 힘썼다. 이제 등장인물들을 중심으로 이 제단화를 읽어보자. 산 암브로시우스 「성모대관」의 후원자는 수도원과 봉헌자인 마린기의 상속인으로 나눠진다. 여기에 재정적인 담당은 바르두치 가문이 담당했다. 이로 인해 다양한 성인들이 등장한다.

---

15 Megan Holmes, *Fra Filippo Lippi: The Carmelite Painter*(New Haven: Yale Univ. Press, 1999), pp. 223~230.

16 *Ibid.*, p.154.

화면 양쪽 가장자리 좌우에는 이 제단화의 주보성인인 성 암브로시우스와 피렌체의 주보성인이자 봉헌자의 수호성인인 세례자 요한이 전신상으로 나타난다. 암브로시우스 아래에는 두 명의 수사가 있는데 왼쪽의 늙은 수사는 타우(Tau) 형태의 지팡이로 보아 대수도원장 성 안토니우스(St. Anthony Abbot)이고, 한쪽 팔로 턱을 고이고 눈을 치켜뜬 개성적인 모습의 젊은 수사는 리피 자신의 모습으로 여겨진다. 또 세례자 요한 아래에는 이 제단화를 주문한 마린기가 무릎을 꿇고 기도하는 봉헌자의 자세로 표현되었다. 이제 가운데의 인물군을 살펴보면, 좌로부터 욥, 투르의 성 마르탱, 향유 단지를 들고 있는 마리아 막달레나, 그리고 성 라우렌티우스가 있다. 라우렌티우스 옆의 두 성녀는 이름을 알기 어렵다. 대관식의 두 주인공과 수직선상에 있는 인물은 유스타스(St. Eustace)로 그는 어린 두 아들, 아가피우스(Agapious)와 테오피스투스(Theopistus)와 함께 슬픈 표정을 짓고 있으며, 아들을 사이에 두고 그와 마주보는 여인은 부인 테오피스타(Theopista)이다. 당시 귀부인의 의상을 입고, 소박하고 완덕의 미를 가진 마리아와는 거리가 먼 모습으로 재현된 테오피스타의 역할은 이상화된 그리스도교 어머니의 이미지를 재현한 것으로 보인다. 홀름스에 따르면, 테오피스타는 귀족 출신의 어머니로 산 암브로시우스의 평신도 집단의 신분을 암시한다.[17]

리피가 유스타스 가족[18]을 성모대관이 일어나는 천국의 안뜰에 등장시

---

17 *Ibid.*, p.217.

18 유스타스는 원래 플라치두스(Placidus)라는 이름의 로마제국 옥타비아누스 황제의 기마 대장이었다. 그는 사냥 도중 사슴뿔 사이에서 그리스도가 매달려 처형되고, 그리스도가 가족과 함께 세례 받을 것을 권하는 환시를 보게 된다. 그는 가족과 함께 유스타스라는 이름으로 세례를 받게 되는데, 이때 그리스도가 다시 나타나 마치 욥처럼 그의 믿음을 시험할 것이라고 한다. 그는 병을 얻고 재산과 지위를 모두 잃게 되었고 가족과 함께 로마를 떠나 이집트로 떠나기로 결정하고 배에 오른다. 그런데 이들은 배 삯을 지불할 수 없었고, 유스타스의 아름다

킨 것은 산 암브로시우스 채플에 많은 기부를 한 은행가 조반니 디 스타조 바르두치(Giovanni di Stagio Barducci)의 후원 때문이다.[19] 1430년 이전에, 그는 자신의 수호성인인 유스타스의 이름으로 암브로시우스 제단화가 세워지기를 원했고, 그의 사후 아들 로렌조와 조반니가 아버지의 유언에 따라 만들어진 가족 채플에서 기념 미사를 올렸다고 한다. 또 스타조의 딸인 안토니아는 이 산 암브로시우스 수녀원의 수녀였고, 나중에 수녀원장이 되었다. 한편 성직자 프란체스코 마린기는 이 제단화를 주문했고, 그의 조카인 도메니코 마린기가 이를 실행에 옮겼다. 은행가인 조반니 디 스타조 바르두치는 리피를 재정적으로 후원했고, 수도원과 화가를 연결하였다. 수도원의 기록에 따르면, 수오라 안토니아 바르두치(Suora Antonia Barduci)가 1451년 이 제단화를 위한 잔금을 치렀다고 한다.[20] 즉

운 아내, 테오피스타를 흠모한 선장은 유스타스와 그의 두 아들을 바다에 던져버린다. 그의 두 아들은 각각 늑대와 사자에게 잡혀가고, 유스타스는 가까스로 목숨을 건져 15년간 하인으로 살다가, 그의 옛 부하에 의해 극적으로 신분을 회복하였다. 한편 두 아들은 각각 양치기와 농부에게 발견되어 형제인지도 모르고 우연히 한 마을에 살고 있었다. 또 테오피스타는 선장이 죽은 후, 여인숙을 운영하며 한 마을에 살고 있었다. 그러던 어느 날, 전쟁에서 승리한 유스타스가 이 마을을 지나게 되고, 테오피스타의 여인숙을 수리해주던 두 아들은 서로가 형제임을 알게 된다. 그들의 대화를 우연히 듣게 된 테오피스타는 이들이 자신의 아들임을 알게 된다. 두 형제의 이야기를 소문으로 들은 유스타스는 아내와 아들과 극적으로 재회하여 로마로 돌아온다. 그러나 그리스도교 신자인 유스타스 가족은 아폴로 신전에서 열리는 희생제에 참여하지 않아, 사자의 먹이로 원형경기장에 서게 된다. 그러나 사나운 맹수들은 그 가족을 공격하지 않았고, 일가족은 산 채로 불구덩이에 던져졌다. 결국 유스타스 가족은 죽었으나, 신비하게도 그들의 시신은 하나도 타지 않고 그리스도교인들에게 발견되어 장례를 치렀다. 『황금전설』에 실린 이 이야기는 15세기 피렌체에서 매우 인기 있었는데, 성인전뿐 아니라 로망스(romance)로도 전해졌다. 역사적으로 정확한 기록을 갖고 있지 않은 이 이야기는 유스타스의 신비한 개종과 그 가족들의 영웅적인 순교, 그리고 모험담이 뒤섞인 혼성물이다.

19 Jeffrey Ruda, *Fra Filippo Lippi: Life and Work with a Complete Catalogue*(London: Phaidon Press, 1993), p. 141.

20 "A di xviiii di Septembre 1451, redette mona Anbruogia sagrestana a mona Antonia de Barducci lire xvii s. 5, I quali danari sono per resto de danari presso per la tavola et i

이 제단화 제작의 실질적인 후원은 바르두치 가문이며, 제단화를 주문한 사람이 마린기였다. 이 바르두치 채플은 산 암브로시우스 교회에서 중요한 채플이며, 성 유스타스는 이곳에서 가장 인기 있고, 존경받는 성인이다. 홀름스에 따르면 제단화에서 그려진 천상의 파라다이스에서 일어나는 거룩한 행사는 교회라는 성스러운 우주를 반영한다. 유스타스 가문의 등장은 그리스도교인으로 이승에서 온갖 고초와 순교를 당한 이들이 천국에서 일어나는 영광스러운 대관식 자리에 함께 한다는 의미이다. 뿐만 아니라 마리아 대관이라는 행사가 결코 하늘나라에 국한된 것이 아니라 산 암브로시우스 교회의 바르두치 채플에서 일어나는 연속된 사건임을 가정한다면, 이들은 당시에 이 교회를 드나드는 귀족 가문들을 대표하는 것이기도 하다.

유스타스 가족과 함께 이 제단화에 등장하는 욥을 비롯한 여러 성인들은 육체적인 고통과 순교, 그리고 성찬식과 관련이 있다. 유스타스 가족의 고통은 그리스도의 수난을 상징하고 있으며, 욥 또한 구약에서 수난의 예언자이므로 유스타스와 함께 등장한다. 성 마르탱은 성찬의 기적을 경험했으며, 이는 이 성당에 있는 성체 유물을 상기시킨다. 로렌조의 등장은 프란체스코 마린기가 속한 성 암브로시우스 수도원 교회인 피렌체의 산 로렌조 성당의 규칙을 따른 것으로 여겨진다. 암브로시우스 성당에서 성자 로렌조는 매우 명성이 자자했다고 한다.[21] 또 화면 맨 앞의 천사는 "IS PERFECIT OPUS"(그가 작품을 완성하였다)라고 쓴 두루마리를 들고 있다. 이제 화면 뒤쪽에 들어선 천사들을 살펴보면 천사들이 백합을 들고 있는데, 백합은 순결의 상징으로 마리아의 꽃이다. 또 백합은 피렌체의

detti sarebbe di queghli del podere di messer Francesco s. xvii s. v." ASF, con. Sopp. 79, n. 155, c. 61 재인용: Megan Holmes(1999), p. 284.

21 Jeffrey Ruda(1993), p. 141.

꽃이기도 하며, 천국의 여왕인 마리아에게 주어지기도 한다.[22] 백합 줄기가 피어난 바닥에는 장미와 데이지가 피어났는데, 하얀 꽃들은 천국에서 축복받은 영혼을 상징한다. 또 양쪽 궁륭에 표현된 빗살무늬는 매우 현대적이고 새로운 표현으로, 이 백합을 마치 문장처럼 보이게 하는 효과를 준다.

이제 대관식이 일어나는 곳에 주목하면, 네 명의 천사가 대관식이 거행되는 닫집을 둘러싸고 투명한 휘장을 들고 있다. 마리아는 무릎을 꿇고 기도하는 자세이다. 관을 수여하는 이는 교황의 삼중관(papal tiara)을 쓰고 있는 성부의 모습으로 나타났다. 하얀 수염이 덥수룩한 성부는 하느님의 모습을 인간으로 표현한 그리스도교적 휴머니즘의 발현으로, 산타마리아인 트라스테베레의 궁륭에서 성부의 모습은 그리스도의 머리 위에 내려온 손으로 표현되었으나, 이제는 수염이 성성한 노인으로 변화한 것이다. 이처럼 교회 궁륭을 배경으로 교황의 관을 쓰고 있는 성부의 모습은 지상의 교회와 천국이 교차되는 장면을 만든다.

성부가 등장하는 또 다른 리피의 「성모대관」(그림 80)은 스폴레토(Spoleto)에 있는 산타 마리아 아순타(Santa Maria Assunta) 교회의 앱스이다. 스폴레토는 로마 북쪽에 위치하는 교황의 영토이다. 이 도시는 자치 정부가 있었지만, 주교가 실질적인 권한을 가졌다. 이 시기의 주교는 베라르도 카르디날 에볼리(Berardo Cardinal Eboli)로, 그는 니콜라스 5세(Nicolas V, 1455~1458 재위)와 피우스 2세(Pius II, 1464~1471 재위)의 신임을 얻은 매우 신실한 사람이었다. 바로 이 시기에 스폴레토 도심을 재정비하는 사업이 시작되었다. 성당의 작품 제작은 시가 맡게 되었으며, 벽화도 이러한 맥

22 George Ferguson, *Signs & Symbols in Christian Art*(New York: Oxford Univ. Press, 1961), pp. 33~34.

락에서 제작되었다. 추기경 에볼리는 프라 필립보 리피에게 첫 대금을 주었다. 1466년 봄 리피는 스폴레토로 가서 마리아에게 봉헌할 벽화 연작이 그려질 앱스를 답사하였고, 1년 후 다시 함께 작업을 하는 돈 디아만테(Don Diamante)와 스폴레토로 갔다. 작업은 순조롭게 진행되어 1468년 11월 이전에 반원의 작업이 마무리되었지만, 리피는 1469년 10월 10일에 세상을 떠났다. 남겨진 작업은 돈 디아만테가 맡았고, 그는 이 거대한 작업을 같은 해 12월 23일에 마무리하였다. 스폴레토의 교회는 로마네스크 양식으로 앱스의 벽과 천장에 성모의 죽음 · 승천 · 성모대관이 하나의 사건으로 그려졌는데, 이는 매년 거행되는 성모승천축일을 기념하는 것이다. 이 성당은 마리아에게 봉헌되었으며, 성모승천은 12세기부터 스폴레토에서 매우 특별한 기념일이었다. 루다(Jeffrey Ruda)는 자코포 토리티가 로마의 산타 마리아 마조레 앱스에 제작한 기념비적인 「성모대관」(그림 55)의 공간 구성과 도상적인 면을 이곳에서 새롭게 하였다고 언급했다.[23]

리피의 「성모대관」(그림 81)에서 산타 마리아 마조레의 영향을 받은 부분은 화면 가운데의 동심원과 황금색으로 밝게 빛나는 별들, 성부가 앉아 있는 옥좌, 그리고 대관식이 일어나는 아랫부분에 그려진 해와 달이다. 1460년대에 스폴레토 성당은 산타 마리아 마조레의 지방형으로 여겨졌다. 스폴레토는 정치적 · 문화적으로 교황의 영토였기에, 앱스 프로그램도 로마에 있는 거대한 초기 그리스도교 바실리카를 직접적으로 모방하여, 건물 간의 연결을 통해 영적으로 단일한 교회의 지체임을 강조했다.

중세적인 연속성을 바탕에 둔 리피의 「성모대관」의 새로움은 먼저 그 공간 구성과 표현이다. 「성모대관」이 그려진 앱스의 궁륭 아래 벽에는 「성모의 죽음」이 있고, 그 좌우로는 「성모영보」와 「예수 탄생」이 그려졌

23 Jeffrey Ruda(1993), p. 293.

다. 「성모의 죽음」 아래에는 제대가 놓여 있다. 교회 건축과 그리스도교에서 예수의 죽음을 기리며 성찬례가 거행되는 중심인 제대는 또한 무덤의 상징이기도 하다. 이 제대와 수평으로 마리아의 침대가 놓여 있다. 산타 마리아 마조레의 「성모의 죽음」에는 그 배경에 시온성을 그려 넣음으로써, 예루살렘이라는 장소를 나타내고 있다. 리피는 「성모의 죽음」(그림 82)가 일어난 배경에서 특정한 장소성을 나타내기보다는 마치 풍경화와 같은 자연 풍경을 그렸다. 오른쪽 상단에 흰 대리석으로 만든 관이 놓여 있으며, 앱스의 궁륭을 향해 난 길은 「성모대관」이 일어나는 궁륭의 하단부에 그려진 산봉우리들과 연결되어 보인다. 마치 이 길은 천국으로 이어지는 길과 같다. 즉 건축적 구조로 앱스는 궁륭과 벽으로 나뉘지만 「성모의 죽음」과 「성모대관」은 연속선상에 있다. 「성모대관」의 하단에 펼쳐진 산봉우리 역시 지상과 천상을 연결하는 것처럼 보인다. 그 위로 펼쳐진 깃털 같은 구름과 오색찬란한 원형에서 나오는 듯한 황금색 빛줄기는 가시적인 공간이 산봉우리 너머로 펼쳐진 또 다른 우주를 재현한다. 단테가 『신곡』에서 여러 층위의 천국을 이야기한 것처럼, 리피의 작품도 여러 층위의 하늘을 설명하고 있다. 산봉우리 위로 아담과 이브를 시작으로 구약의 인물과 성인들이 무릎을 꿇고 있다. 성인들 위에는 백합을 들고 있는 천사를 비롯하여 여러 천사의 무리가 있다. 그들의 표정과 몸짓은 매우 자유롭다. 그리고 궁륭의 맨 위에 휘어진 호의 외곽선을 따라 그려진 두 명의 천사는 돌출된 듯, 화면의 중심인 「성모대관」으로 시선을 집중시킨다. 모든 빛은 궁륭에 집중되어 있고, 완만한 곡선을 이루는 인물군상과 천사들의 무리도 모든 시선을 성모대관으로 이끈다.

이처럼 입체적인 스폴레토의 화면 구성은 산타 마리아 마조레(그림 55)의 황금빛 모자이크와 비교하면 더욱 두드러진다. 이미 앞 장에서 살펴보았지만, 토리티의 작품에서는 궁륭 아래 산봉우리 대신 강이 흐르고 있다. 벽에 난 길과 산봉우리 위에 있는 푸른색 하늘에 하얀 구름들 때문에 대관식은 마치 공중에서 일어나는 듯하다. 브루넬레스키(Fillippo Brunelleschi, 1377~1446)가 천국을 구현하기 위해 돔을 만들었던 것처럼, 리피 역시 하늘을 상징하는 앱스 궁륭에 「성모대관」을 재현한 것이다. 여기에 무릎은 꿇고 두 손을 기도하는 자세로 모은 성모와 하얀 수염이 난 성부의 모습은 도상적으로 새로운 것이다. 마조레에서 마리아는 그리스도와 함께 옥좌에 앉아 있다. 그러나 스폴레토에서 마리아의 옥좌는 사라지고, 성부만이 옥좌에 앉아 있고, 마리아는 옥좌 아래에서 무릎을 꿇고 있다. 이처럼 무릎을 꿇고 있는 마리아는 13세기부터 나타난 겸손의 마돈나(Madonna of Humility)의 영향으로 볼 수 있다. 성부는 왼손으로 관을 씌워주고, 오른손으로는 복을 내리고 있다. 이는 젠틸레의 말리부 「성모대관」(그림 75)의 자세와 유사하다. 「성모의 죽음」(그림 81)에서 마리아는 나이가 지긋한 모습이다. 그러나 「성모대관」(그림 82)에서 마리아는 젊은 신부의 모습이자 여왕의 옷을 입고 있다. 마리아는 그리스도의 어머니이기도 하지만, 하느님의 신부이자 하늘의 여왕인 것이다. 성자 그리스도 대신 성부가 등장하는 「성모대관」은 산타 마리아 마조레에서 재현된 그리스도의 신부라는 이미지보다 하늘의 여왕으로서의 마리아라는 의미가 더욱 강조된 것이다. 이제 리피의 제자인 산드로 보티첼리(Sandro Botticelli, 1445~1510)가 스승의 영향으로 그린 백발이 성성한 성부의 모습이 등장하는 또 다른 성모대관을 살펴보겠다.

보티첼리는 1464년 이전에 필리포 리피의 작업실에 들어가 1467년까지 머물렀다. 그는 1488년경 피렌체의 금은세공사 길드의 의뢰로 산 마르코 성당에 엘리기우스(St. Eligius)를 주보성인으로 하는 예배당을 다시 지을 때, 이를 위해 「성모대관」(그림 83)을 제작하였다. 후에 아르테 델라 세타(Arte della Seta)라고 알려진 이 세공사 길드는 아르테 디 포르 산타 마리아(Arte di Por Santa Maria)로, 1427년부터 산 마르코의 장식을 맡았다. 제단화는 하늘을 상징하는 반원과 지상을 상징하는 사각형이 만나는 팔라(Pala)로 당시에는 아직 널리 사용되지 않는 형태였다. 화면은 자연스럽게 두 부분으로 나뉘는데, 대관식이 일어나고 있는 천상은 황금색을 배경으로, 지상은 다시 하늘과 땅의 풍경이 펼쳐진다. 팔라에 그려진 이 제단화는 동일한 공간, 즉 통합된 팔라의 공간 속에 지상의 세계와 천상의 세계를 나란히 그려놓은 최초의 그림들 중 하나이다. 어둡고 단순한 풍경 속에 놓인 엄숙한 네 성인의 모습으로 경계 지워진 지상계는 14세기의 성모대관이나 프라 안젤리코의 성모대관에서와 같이 화려한 금빛의 천상계와 대조되고 있다. 이처럼 천상과 지상을 분리한 형식은 16세기 초 라파엘로(Raffaello Sanzio, 1483~1520)의 「성모대관」(그림 84)에 영향을 미친다.

화면은 상하로 크게 나뉘는데, 먼저 상단 오른쪽에는 삼중관을 쓴 성부가 앉아 있다. 그는 오른손을 들어 축복을 주며 왼손으로 마리아의 머리에 관을 씌우고 있다. 이와 대칭을 이루는 성모는 두 손을 교차하여 가슴에 올리고 있다. 이들 뒤쪽에는 주홍색과 담청의 세라핌이 있으며, 화면 가운데에서 퍼져나간 황금색의 광채가 세라핌들을 덮고 있다. 마치 가는 실과 같은 광채가 세라핌 위를 덮음으로써 투명한 효과를 준다. 그리고 이들을 에워싸고 있는 천사로 구성된 합창대는 서로 손을 잡고, 원을 그리며 춤을 추고 있는 원무 모티프이다.[24] 또 가장 위쪽의 천사들은 장미꽃을 뿌리고 있다. 황금색 배경에 떨어지는 분홍과 흰 장미는 「비너스의 탄생」(Birth of Venus)에 표현된 서정주의(lyricism)와 유사하다.[25] 화면 하단에

24 보티첼리의 천사가 춤추는 원무 모티프는 1500년에 제작된 「신비한 예수탄생」에서도 등장한다.

25 Ronard Lightbown, *Sandro Botticelli: Life and Work*(New York: Abbeville Press, 1989), p. 108.

는 네 성인들이 풍경을 배경으로 서 있다. 맨 왼쪽은 사도 요한으로, 그는 아무것도 쓰여 있지 않은 책을 오른손으로 펼쳐들고 하늘을 올려다보고 있다. 그는 견직물 상인(setaioli)의 수호성인이다. 또 맨 오른쪽에는 금세공사(Orefici)의 수호성인인 엘리기우스가 주교의 복장으로 서 있다. 두 성인 사이에 왼쪽에는 성 아우구스티누스, 오른쪽에는 성 예로니모가 있다. 아우구스티누스는 책에 무엇인가를 쓰고 있으며, 보석이 박힌 주교관(mitre)을 쓰고 아우구스티누스 수도회의 법규에 따라 백색 제의(rochet) 위에 가빠(cope)[26]를 걸치고 있다. 성 예로니모는 진홍색 모자를 쓰고 추기경의 복장을 하고 있다. 그 역시 왼손에 책을 들고 있으며, 오른손은 가슴 위로 올리고 성부와 마리아가 나타나는 복된 환영을 보는 듯하다. 네 성인 중 사도 요한과 예로니모는 하늘을 쳐다보고 있으며, 엘레기우스는 관람자를 쳐다보며 복을 주고 있다.

화면 위쪽에서 일어나는 이러한 환영(vision)은 우리의 눈을 천상의 장면으로 자연스럽게 끌어들인다. 그의 스승인 프라 필리포 리피의 스폴레토의 프레스코에서처럼, 보티첼리 역시 주요한 인물을 전통적인 재현과 일치시켰다. 보티첼리는 스폴레토에서 성부와 성모를 감싸고 있는 무지갯빛으로 빛나는 원형을 장미를 뿌리는 천사들과 노래하며 원형을 그리며 춤추는 천사들로 대체시켰다. 즉 평면적인 원형이 움직이는 원형으로 대체되었다. 보티첼리는 "Laudent nomen ejus in choro"(이름을 불러라. 크게 노래하라)라는 시편 구절처럼 합창하는 천사의 모습을 그려왔던 회화 전통을 춤추며 원을 그리는 천사로 대치했으며, 이는 합창단의 소리를 상상하기에 충분하다. 또 영적인 즐거움을 나타내는 이 춤추는 천사들은 프라 안젤리코의 「낙원에서 축복받은 영혼」(그림 85)를 연상시키며[27] 천국의

26 행렬 · 성체 강복(降福) 같은 때 성직자가 몸에 걸치는 망토 모양의 긴 외투.

27 Herbert P. Horne, *Botticelli*(Princeton: Princeton Univ. Press, 1980), pp. 171~172.

즐거움과 행복을 전달하는 중요한 모티프이다.

그런데 이 작품은 웅장한 작품 구성과 우아한 천사들의 원무, 황금 빛줄기 뒤에 잠긴 천사의 기막힌 세부 묘사 등과 같이, 부분부분마다 더할 나위 없이 훌륭한 묘사와 이러한 묘사 뒤에 스며들어 있는 고귀한 영감이 높이 평가되기도 한다. 또한 주목할 점은 인문주의자들의 이상에 현혹되었던 지식인들을 포함한 그 시대 모든 사람들이 직면한 정신의 위기를 정확히 꿰뚫고 있다는 것이다. 이는 작품의 분위기가 당시의 시대상을 반영하는 것으로, 이 시기의 피렌체는 관용주의와 부패가 사라지기를 바라는 모든 이들의 진실한 욕구와 '황금의 시대'로 되돌아가고픈 소망으로 인해 교화를 강요하는 신비주의가 만연될 수밖에 없는 분위기였기 때문이다.

게다가 1486년부터 페라라 출신의 도미니쿠스 수도회 사제 사보나롤라(Girolamo Savonarola, 1452~1498)는 열정적인 설교를 통해 진정으로 당시의 풍속을 개혁할 필요성과 보다 순수한 종교로 되돌아갈 것을 설파했다. 이것은 그가 피렌체 공화국의 수반이 된 1494년 이후에 실행하고자 했던 신념이었다. 보티첼리의 산 마르코 팔라에는 당시에 만연하던 불안과 사보나롤라의 희망적인 설교가 반영되어 있으며, 특히 요한 계시록의 저자인 사도 요한의 역할이 중요하다. 그는 위쪽 성부를 향하여 시선을 두고, 넋을 잃은 표정으로 한 손으로는 성서를 내보이고 다른 한 손으로는 내세, 즉 대관식이 일어나는 하늘을 가리키고 있다. 붉은 옷을 입고 사도 요한처럼 하늘로 시선을 던지는 예로니모의 표정에는 의심이 엿보인다. 사도 요한의 시선은 성부를 향하고, 예로니모의 시선은 성모를 향하고 있다. 이 같은 등장인물의 내적 움직임은 보는 이와 충분히 공감을 이루게 된다. 즉 불안과 의혹의 시기에 제작된 이 작품은 제단화 앞에 선 이들에게 불안한 현실과 함께 그 불안을 넘어선 천국에 관한 비전을 제시하는 것으로 읽혀질 것이다.

특히 12세기 중엽에 제작된 산타 마리아 인 트라스테베레의 「성모대관」(그림 4)에서 성자의 머리 위에 있는 손으로 묘사된 성부의 모습이 수염이 성성한 노인의 모습으로 변화된 것은, 그리스도교가 신들의 모습을 인간의 모습과 동일하게 표현한 그리스적인 사유에 영향을 받은 것은 물론, 당대의 주목을 끌었던 필리오퀘 논쟁으로 성부와 성자를 대등하게 표현할 수 있었기 때문으로 여겨진다.

섬광: 천국의 메타포

관을 씌워주는 성부의 모습과 성령의 등장이 필리오퀘 논쟁의 영향이라면, 이제 살펴볼 빛, 즉 섬광이라는 모티프는 분명 단테의 영향이다. 단테가 천국에서 만나는 영혼들은 지옥이나 연옥에서처럼 육신의 형상을 취하고 있지 않다. 단지 타오르는 빛의 형상만을 하고 있을 뿐이다. 게다가 빛을 은총과 연관 짓는 신플라톤주의적 해석에 어울리게 각각의 영혼과 천상의 전체 환경은 점차로 광휘를 더해간다. 있는 그대로의 사실이자 은유로써, 빛은 천국의 두드러진 특징이다.[28] 이 같은 섬광을 표현한 대표적인 작품은 프라 안젤리코의 제단화들이다. 도미니쿠스 수도회의 수사이자 신부인 프라 안젤리코는 성모대관을 5점 제작한 것으로 알려졌는데,[29] 이들 중 섬광이 등장하는 산 에지디오(Sant' Egidio) 제단화와 산 마르코 수도원의 「성모대관」[30]을 중심으로 살펴보겠다.

---

28 Margaret Wertheim(1999), p. 86.

29 현재 클리블랜드 미술관(Cleveland Museum of Art)에 있는 「성모대관」을 M. Boskovits는 프라 안젤리코의 초기 작품이라고 말하고 J. Pope-Hennessy와 같은 학자는 프라 안젤리코 화파의 작품이라고 한다. 아직 안젤리코 작품의 진위가 불분명한 이 작품은 이 책에서 논외로 할 것이다. John T. Spike, *Fra Angelico*(New York: Abbeville, 1997), p. 259.

30 산 마르코 수도원의 「성모대관」은 제단화로 그려진 것은 아니나, 대중을 교화할 수도자들을 위한 교육적인 목적으로 제작되었기에 이 책에 포함한다.

중세를 연상케 하는 황금색 바탕에 그려진 이 「성모대관」(그림 86)에는 푸른색으로 그려진 케루빔을 옥좌삼아 성모와 성자가 나란히 앉아 있다. 또 성인들은 구름 위에 발을 딛고 있다. 공중에 부유하는 이 같은 표현은 대관식이 일어나는 장소인 하늘을 더욱 실감나게 한다. 화면 맨 앞에 서 있는 성인들에게서 후경에 모여 악기를 연주하는 천사들까지 연결되는 긴 행렬은 성자와 성모를 에워싸면서 새로운 원근법을 창조하고 있다. 화면 왼쪽에 붉은 가운을 입고 펜과 책을 든 베네딕투스 성인과 관람자를 바라보는 마리아 막달레나는 각각 신적인 지혜와 사랑을 대표하는 성인들로, 피에졸레 「성모대관」(그림 79)의 성인들과 유사하게 배열되어 있다.

이 그림을 보다 신비하고 의미심장하게 이끄는 특징은 성모와 성자가 있는 곳으로부터 나오는 황금색 광채이다(그림 87). 황금색 배경 위에서 퍼져 나오는 이 섬광과도 같은 빛은 단테가 신곡에서 언급한 섬광을 시각화한 것으로 해석할 수도 있겠다.

> 그와 같이 섬광의 근원은 보이지 않아도 빛의 무리들이
> 불타는 광선 그 위로부터 더욱 반짝이고 있음을 나는 보았노라.[31]

따라서 이 섬광은 빛이신 그리스도의 근원, 성자를 의미하는 것이며 삼위일체의 신비를 표현한 또 다른 표현이다. 단테는 천국의 최고점에서 바로 이 삼위일체의 신비로움을 체험한다. 다시 말해, 현상계에서 설명하고 이해하기 어려운 신비를 천국에서 보게 된다. 따라서 이 광채는 실재를 초월한 천국을 더욱 강조하는 메타포로 해석할 수 있으며, 성모대관을 더욱 신비롭게 한다.

---

31 「천국편」 제23곡 제82연, 단테(1993), pp. 719~725.

1438년에서 1452년 사이에 프라 안젤리코와 그의 작업장의 화가들은 피렌체의 산 마르코 수도원을 위해 50여 점의 회화를 제작하였다. 사제들의 방 중 9번째 방에 제작된 「성모대관」(그림 88)은 하늘에서 일어나는 숭고한 사건을 나타내고 있다. 이제 성모와 성자는 에지디오 제단화에서처럼 케루빔 위에 앉은 것이 아니라 구름 위에 앉아 있다. 또 구름 속에서 번지는 엷은 자색과 녹색 그리고 한가운데서 번져나오는 흰색의 광선은 바라보는 이의 눈이 부시도록 반사된다. 스파익(John T. Spike)은 그리스도와 마리아의 신비한 결혼식에 등장하는 이 녹색의 빛을 발하는 원은 그리스도와 교회로 상징되는 마리아의 완전하고 영원한 결합을 상징하며, 빛나는 구름과 함께 보이지 않고 묘사할 수도 없는 천국이라는 공간의 건축물을 묘사한 것이라고 하였다.[32] 더 나아가 원 가운데서 반사되는 또 다른 작은 원은 산 에지디오 제단화에 등장하는 섬광을 새롭게 표현한 것이다. 두 인물이 입은 흰 의상 역시 빛나고 있다. 이러한 공간감의 표현은 프라 안젤리코의 색채와 양감에 대한 기량이 절정에 다다랐음을 보여준다. 화면 하단에서 호를 그리고 있는 성인들은 왼쪽으로부터 성 토마스 아퀴나스, 베네딕투스, 도미니쿠스, 아시시의 프란체스코, 순교자 베드로, 그리고 산 마르코 수도원의 주보성인인 마르코이다. 특히 한가운데 도미니쿠스 수도회의 창설자인 도미니쿠스와 프란체스코가 마주보고 있는데, 이는 당시에 '설교자들'인 도미니쿠스 수도회와 복음적 청빈을 실천하는 프란체스코 수도회 사이의 거룩한 우정을 의미하는 것이다.[33] 또 6명의 성

32 John T. Spike(1997), p. 54.

33 도미니쿠스와 프란체스코와의 만남과 관련된 일화는, 도미니쿠스는 어느 날 다른 날처럼 성당에서 기도를 드리다가 보게 되는 다음과 같은 환시와 관련이 있다. 예수 그리스도가 어지러운 세상을 바라보며 분노하고 있을 때, 이 분노를 진정시키기 위해 성모 마리아가 두 사람을 소개한다. 그중 한 사람은 바로 자신인 도미니쿠스이고 또 다른 한 사람은 알지 못하는 이였다. 궁금하였던 같은 장소에서 도미니쿠스는 탁발 수도자의 옷을 입고 있었던 전날 밤의

인들의 동일한 자세는 이들이 서로 영적으로 긴밀하게 연결되었음을 나타낸다.

44개의 방에는 그리스도의 생애를 그린 프레스코가 그려졌는데,[34] 이들 중 사제들의 숙소로 쓰인 9개의 방에 제작된 9점의 벽화는 프라 안젤리코가 산 마르코 수도원에 그린 작품들 중 가장 신비롭게 여겨지며 「성모대관」도 여기에 속한다. 우리는 이 작품이 안젤리코의 다른 「성모대관」과 비교할 때, 매우 단순하고 소박하다는 사실을 발견하게 된다. 이는 작품과 그 작품이 제작된 장소성의 관계를 고려할 때, 이 작품이 피에졸레의 제단화와 같이 공식적인 전례 공간을 위해 제작된 것이 아니라 수도원의 사제가 묵는 방에 그려졌기 때문이다. 베네딕투스 수도회의 가장 중요한 이념은 "진리를 관상하라, 그리고 전하라"이다. 베네딕투스 수도회의 제단화가 진리를 전하는 것을 그 목적으로 한다면, 교회의 학자들인 수도회의 신부들이 거처하는 방에 그려진 이 작품들은 관상을 목적으로 그려진 것이다. 특히 수도원의 계서체계에서 상위에 속하는 사제들의 숙소인 이곳에 그려진 아홉 점의 작품은 가명-디오니시우스와 도미니쿠스 수도원 출신의 위대한 두 학자, 대 알베르투스와 토마스 아퀴나스의 문헌이 전하는 신학사상을 반영한 것으로 알려졌으며, 명상적이고도 설득적이라는 특징을 지닌다.[35]

사제의 숙소에 그려진 9점의 작품은 첫 번째 방에서 아홉 번째 방까지

환시에 나타난 사람을 만나게 되는데, 그가 바로 프란체스코이다. 도미니쿠스는 이 가난한 탁발승에게 달려가 거룩한 애정으로 끌어안으며 말했다. "당신은 나의 동반자입니다. 저와 함께 가서 머뭅시다. 아무도 우리를 막지 못할 것입니다." Gérard de Frachet, *Lives of the Brethren of the Order of Preachers, 1206~1259*(London: Washbourne, 1924), p. 64.

34 44개의 방에 46점의 프레스코가 그려졌다.

35 William Hood, *Fra Angelico at San Marco*(New Haven: Yale Univ. Press, 1993), pp. 209~236.

「나를 만지지 마라」, 「애도」, 「성모영보」, 「십자가 책형」, 「그리스도 탄생」, 「거룩한 변모」, 「조롱당하는 그리스도」, 「무덤 곁의 마리아들」, 「성모대관」의 순으로 그려졌는데, 안젤리코의 방식은 전통적인 그리스도의 일생을 다루는 순차적인 배열 방식에서 벗어나 있다. 즉 그리스도의 일생을 재현하는 목적보다 그리스도 일생을 이루는 중요한 사건이 전달하는 신비를 깨닫게 하고자 하였다. 각 사건이 전하는 신비는 다음과 같다. 「나를 만지지 마라」, 「거룩한 변모」, 「무덤 곁의 마리아들」은 부활의 신비, 「성모영보」, 「그리스도 탄생」은 육화의 신비, 「애도」와 「성모대관」은 하느님과의 결합이라는 신비를 전하고 있다. 덧붙여 그리스도 육화의 신비와 함께 고통에서 이어지는 부활의 신비를 묵상하는 최고 정점에 그려진 「성모대관」은 그리스도와의 영적인 결합뿐 아니라 부활의 또 다른 장소인 천국의 신비를 묵상케 한다. 서사적인 서술 방식 대신 구름에 떠 있는 듯한, 부연하는 이미지를 재현한 안젤리코는 초월적인 방법을 통해서 구체적인 장소를 묘사하였다. 이는 마치 플라톤이 『대화』에서 이데아(Idea)를 평범한 의미와 신비를 함께 가지고 있는 하나의 신화적인 가공의 공간으로 만든 것과 유사하다. 그리스도교가 말하는 천국 역시 이데아처럼 보이지 않는 가공의 공간이다. 이 현실에서 실재하지 않는 공간을 묘사함에 있어서 안젤리코는 지상적인 모든 장식을 배제하고 광휘와 섬광이라는 빛으로만 천국을 표현한 것이다.

3. 성인 공경과 새로운 공간의 창조

이제까지 성모대관에 새롭게 등장한 모티프로 성부와 성령, 그리고 섬광을 살펴보았다. 이 장에서는 15세기에 들어서 본격적으로 성모대관과 동일한 공간에 등장하는 성인들에 관하여 그 의미, 그리고 제단화의 발전과 더불어 변화하는 화면 구도 등을 함께 살펴보고자 한다. 성모대관을 주제로 한 그림에 성인들이 한 화면에 등장하는 것은 프랑스에서는 찾아보기 힘든 이탈리아만의 특징이다. 먼저 이탈리아에서 유행한 성인 공경에 대하여 알아보겠다.

성인(Saint)이란 지금은 죽고 없지만 교회가 공식으로 공경할 수 있도록 허락한 사람이다.[36] 이러한 성인에 대한 공경은 2세기부터, 초대 그리스도교인들이 순교를 당하자 그들의 장례식을 시작하면서부터이다. 즉 성인 공경은 로마 시대, 그리스도교가 박해받던 때에 순교자들의 무덤에서 시작되었다. 그리스도교 초기부터 성인 공경은 매우 열정적이었는데, 죽은 자의 시체를 만지고 입맞춤하는 것은 물론, 죽은 자의 유골을 파내고 옮기고 토막 내는 지경에 이르렀다. 산자들은 죽은 자의 유골을 '보석보다 더 귀하고 황금보다 더 훌륭한 것'으로 여겼다. 또 유골뿐 아니라 이 유골과 접촉했던 천 조각 같은 것도 진품 유골처럼 대했고, 보이지 않는 자가 현존한다고 믿었다. 유골을 사고파는 일은 물론, 종종 유골의 절도가 있었을 만큼 중세 서유럽 그리스도교 사회는 성인과 성 유물 공경에 열광하였고, 이러한 유물이 있는 곳은 유명한 순례지가 되었다. 로마 교회에서 성인 공경을 허락하는 시성(canonization)[37] 과정이 점차로 뚜렷해

36 자크 두에, 박도식 역, 『성인이란 무엇인가?』(서울: 가톨릭 출판사, 1994), p. 107.

37 시성이란 성인 공경을 허락하는 것을 말한다. 로마에서는 처음에는 성인시성에 통제를 가하지 않았으나, 993년에 주교나 수도원장의 유해를 거룩하게 추대하기 위해 증거를 교황청에 제출하였다. 로마에서 시성 과정이 점차로 뚜렷해진 것은 12세기부터였다. 1634년에 성인들의 시성을 법으로 제정한 것은 교황 우르바누스 8세(Urbanus VIII, 1623~1644 재위)로, 그는 순교자를 제외하고 성인으로 시성될 수 있는 세 가지 요건을 교리적 순수함(doctrinal purity), 영웅적인 덕(heroic virture), 살아 있는 자의 기도를 그리스도에게 전하는 신비한 중재(miraculous intercession)라고 정하였다. 자크 두에(1994), pp. 111~112.

진 것은 12세기부터였다.[38]

또 수도원이 교회의 중심이 되었던 시기에는 각 수도원에서 배출한 걸출한 성인들은 수도원의 얼굴과도 같은 역할을 하게 된다. 일부 귀족들의 종교 관습이었던 성인 공경이 13세기 후반에 이르면 탁발수도회의 영향으로 일반인들의 일상으로 들어오게 된다. 이때부터 부모는 특별히 본받고 싶은 성인의 이름을 따서 자녀의 영세명을 정하고, 그 성인에게 존경을 표하며 아이로 하여금 성인의 삶을 모범으로 좇게 하였다. 또 13세기에는 이 책 제2장에서 다룬 것처럼, 『황금전설』이라는 성인전이 유럽 각국어로 번역되어 널리 읽히게 되었다. 성인들의 일생을 엮은 이 책에는 성인이 고대 그리스의 영웅과 같은 신화적인 존재가 아니라 자신들을 위해 기도해주는 '친밀한 동반자'로 표현되었다. 특히 사람들은 성인들을 자신들이 죽음에 이르렀을 때 천국으로 이끌어줄 '보이지 않는 동반자'로 삼았다.

무엇보다 성인들은 천상과 지상의 결합에 주요한 역할을 하는 존재였다. 토마스 아퀴나스는 천상과 지상을 이어주는 성인의 전달에 대해 다음과 같이 쓰고 있다.

> 성인들의 사랑이 크면 클수록 아직도 나그네인 우리를 위해서 더 많이 전달하며 그들의 기도로서 더 많은 도움을 입는다. 성인들이 하느님과 가까우면 가까울수록 그들의 기도의 효과는 더욱 큰 것이다. 이것은 하느님께서 정하신 질서다. 마치 태양의 광명이 전 우주를 비추는 것과 같이 상급의 물질은 하급의 물질 위를 반영한다.[39]

---

38 Donald Weinstein & Rudolph M. Bell, *Saints & Society*(Chicago: Univ. of Chicago Press, 1982), p. 141.

39 Thomas Aquinas, *Summa Theologica*, II, II, Q, art. 2 재인용: 자크 두에(1994), p. 137.

즉 이승에서 거룩한 삶을 산 성인들은 기도를 모아두는 은행이며 그들이 선행으로 닦은 공덕은 다른 사람을 천국으로 이끌 힘이 있다고 여겨졌다.

「성모대관」에 성인들이 등장하는 것은 프랑스에서는 나타나지 않는 이탈리아의 특징이기에, 이 책이 최초의 「성모대관」으로 삼은 로마의 산타 마리아 인 트라스테베레의 앱스(그림 4)에 나타난다. 봉헌자와 함께 성모와 그리스도의 발아래 그려진 초기의 순교 성인들의 크기는 성모나 그리스도에 비해 상대적으로 작게 묘사되었다. 이는 인물의 크기로 중요도를 나타내는 중세적인 전통이다. 또 산타 마리아 마조레의 「성모대관」(그림 55)에서 성인들은 이제 성모와 그리스도와 나란히 그려진다. 그러나 대관식의 두 주인공이 조금 더 웅장하게 묘사되었다. 조토의 바론첼리 제단화(그림 65)에서도 가운데 두 주인공의 크기가 부각된다. 패널에 빼곡하게 그려진 성인들은 젠틸레 다 파브리아노의 제단화(그림 73)에 이르면 한 성인이 한 패널을 차지하여 주인공과 같은 크기를 갖게 된다. 그러나 성모와 성자가 있는 공간은 반원형 위의 공간으로 하늘에 떠 있는 듯하고, 성인들은 지상에 발을 딛고 있다. 즉 대관식이 일어나는 장소와 성인들이 있는 공간은 패널이라는 물리적인 매체에 의해서 뿐 아니라 의미적으로도 분리된 것이다. 그런데 이러한 경향은 로렌조 모나코(Lorenzo Monaco, c. 1370~1425)[40]의 제단화에서 변화를 보인다.

카말돌레제(Camaldolese) 수도원[41]의 수사였던 로렌조 모나코의 대표작

40 원래 이름은 Piero di Giovanni로 로렌조 모나코는 수사 로렌조라는 뜻이다.

41 카말돌레제 수도원은 11세기에 성 로물라드(St. Romuald)가 베네딕투스 수도원을 개혁할 목적으로 설립하였다. 그는 성 베네딕투스의 순수한 수도원 정신으로 돌아가고자 토스카나 지방과 로마냐 지방이 만나는 고지에 위치한 카센티노 언덕에 카말돌레제 수도원을 세워, 외부 세계로부터 떨어져 엄격한 고행의 삶을 사는 수도 공동체를 이루었다. 교회법의 아버지인 그라티아누스에 따르면, 카말돌레제 수도원의 초기 역사는 신비적이고 명상적인 규칙과 함

은 1414년에 완성된 산타 마리아 델 안젤리(Santa Maria del Angeli)의 제단화로 제작한 「성모대관」(그림 89)이다. 그의 작품 중에 유일하게 제작 연도가 기록된 이 제단화는 515×450cm의 거대한 규모로 현재는 피렌체 우피치 미술관(Galleria degli Uffizi)에 있다. 제단화의 프레임은 14세기에 즐겨 사용된 세 폭 제단화의 형태를 취하고 있지만, 화면의 공간은 단일성을 띠고 있다. 이런 공간에 대한 새로운 변화는 로렌조 이전의 성모대관에서는 찾아볼 수 없었던 새로움이다. 다시 말해 그 이전에는 성모대관을 제단화로 제작함에 있어서 가운데 패널에는 성모와 성자가 대관식을 거행하는 장면만을 단독으로 두고, 그 양 옆으로 성인들을 등장시키는 것이 일반적이었다. 특히 조토의 바론첼리 제단화 이후, 이러한 방식은 피렌체에서 하나의 양식처럼 제작되었다. 또 이 작품의 독특한 점은 프레임에 긴 명문이 씌어 있는 것인데, 중앙 패널에 다소 길고 장황하게 씌어진 명문은 약 18년간 수도원 밖에 살면서도 수도자로 남을 수 있었던 신앙의 여정과 이 거대한 작품을 함께 제작한 수도원 조수에 관하여 적고 있다.[42] 또 제단화의 맨 꼭대기에 있는 피나클(pinnacles)의 가운데 패널에는 구름 위에서 붉은 케루빔의 호위를 받으며 「복을 주는 그리스도」가, 좌우에는 천사와 마리아가 각각 묘사된 「성모영보」가 있다. 또 벽기둥(pilasters)에는

께 학문과 예술이 번성하였다고 한다. 1300년 경 피렌체에 세워진 산타 마리아 델리 안젤리는 14세기 중반 이후, 흑사병의 폐해에서 회복되기 시작한 토스카나 지방에서 가장 융성한 수도원 중 하나가 되었다. Marvin Eisenberg, *Lorenzo Monaco*(Princeton: Princeton Univ. Press, 1989), p. 6.

42 HEC. TABULA. FACTA. EST. PRO. ANIMA. ZENOBII. CECCHI. FRASCH. ET. SUŌ. IN. RECOMPENSATIONĒ. UNIUS. ALTERĪ. TABULE. PER. EUM. IN. HOC [TEMPLO POSITA EST PER OPERAM LA] URENTII. JOH̄IS. E. SUŌ. MONAC̄I. HUĪ. ORDINIS. QUI. EAM. DEPINXIT. ĀN̄O. D̄N̄Ī. M. CCCC. XIII. MĒSE . FEBRR̄. TP̄ORE. DŌNI. MATH̄I. PRIORIS. H̄. MONASTERR̄.

예언자와 함께 구약의 인물들이 그려졌다.[43] 또 아래 프레델라(predella)에는 6개의 4엽 장식에 「예수 탄생」, 「동방박사의 경배」를 가운데 두고 「베네딕투스 성인에 관한 전설」[44]이 연속해서 4점이 그려졌다. 이들은 섬세하고 화려한 국제 고딕의 궁정 양식으로 그려졌다.

이제 가운데 패널로 가면, 성모대관의 배경이 되는 고딕식 발다키노가 있는데, 이는 오르산미켈레에 있는 오르카냐(Orcagna)의 닫집에서 영향을 받은 것이다(그림 51). 옥좌 뒤에 세워진 이 발다키노는 새로운 솔로몬의 궁전, 즉 교회의 메타포인 마리아를 나타내는 것이다. 천사들은 세 무리로 나눠지는데, 발다키노 뒤에서 합창하는 천사들, 옥좌 좌우를 호위하는 천사들, 그리고 화면 전경에서 분향하는 천사들이 있다. 특히 발다키노 뒤쪽에서 무리지어 합창하는 천사들은 피렌체에서는 잘 나타나지 않는 표현으로, 파올로 베네치아노의 「성모대관」(그림 69)에 나타난 천사를 연상시킨다. 성모는 하얀색 겉옷을 입고 있는데, 이는 카말돌레제 수도원의 수도복과 동일하다. 그리스도는 두 손으로 성모에게 관을 씌워주고 있다.

이제 성모의 대관식을 경배하는 성인들을 살펴보면, 화면의 좌측에는 성서를 펼쳐들고 무릎을 꿇고 있는 베네딕투스, 천국의 열쇠를 들고 있는 베드로, 낙타털 옷을 입은 세례자 요한이 있고, 그 윗줄에는 스테파누스, 바오로, 대(大) 야고보, 마태오가, 세 번째 줄은 왕관을 쓴 순교자, 지팡이를 든 수도원장 안토니우스, 주교관을 쓴 성인이 있다. 화면 오른편의 성인들은 맨 앞줄 왼쪽부터 사도 요한, 안드레아, 로물라드, 두 번째 줄은

43 왼쪽 상단에는 예언자, 노아, 아브라함, 다윗왕, 예언자가, 오른쪽 상단에는 예언자, 모세, 예언자, 다니엘, 예언자가 있다.

44 베네딕투스 성인에 관한 전설은 차례로 「베네딕투스 성인의 죽음」, 「사크로 스페코(Sacro Speco)에 있는 베네딕투스와 기도 중에 유혹받는 어린 수도자」, 「성녀 스콜라 스티카를 방문한 베네딕투스」, 「어린 수도자를 기르는 베네딕투스」이다.

성 라우렌티우스, 바르톨로메우스, 제노비우스, 조반니 구알베르토, 세 번째 줄의 성인들은 터번을 쓴 성인, 수도자 성인, 전사였던 성인이 있다. 이 성인들의 배치에는 카말돌레제 수도회의 성격이 분명히 드러난다. 즉 이 수도회의 창설자인 로물라드 성인을 우측 끝에, 그리고 이 수도원이 지향하는 수도 이념과 규칙을 세운 베네딕투스 성인을 좌측 끝에 위치시켰다. 또 그들은 모두 하얀색의 카말돌레제 수도회의 수도복을 입고 있다.

앞서 언급했듯이 로렌조는 가운데 패널에 대관식을 단독으로 두는 표현 방식에서 벗어나 성자와 성모, 성인들과 천사 모두가 성모대관이 일어나는 단일한 화면에 참여하도록 표현하였는데, 시각적으로 이를 가능하게 한 장치는 별들이 그려진 푸른 색조의 호이다. 하늘을 나타내는 이 푸른색 호는 산타 마리아 마조레(그림 55)의 푸른색 천구를 연상케 하며, 조금 앞선 젠틸레 파브리아노의 발레 로미타 제단화의 「성모대관」(그림 73)에서도 나타난다. 파브리아노의 작품에서는 호 위에서 천사들이 연주하고 있는 데 반하여, 로렌조는 성모와 성자, 성인들의 발을 이 호 위에 놓았다. 또한 분향하는 천사들은 구름 위에서 떠 있는 듯하다. 세 폭 제단화 형식이라는 물리적인 한계에도 불구하고 성모대관을 단일한 공간에서 일어나는 사건으로 표현하려는 로렌조의 의도는 현재 런던 내셔널 갤러리에 있는 「산 베네데토(San Benedetto) 제단화」(그림 90)[45]에서도 시도되었다.

이 작품 역시 프레임은 세 폭 제단화로 각각의 패널은 분리되었고, 가운데에 성모와 성자 그리고 천사들이 옥좌를 둘러싸고 악기를 연주하고 있다. 또 좌측과 우측 패널에는 성인들이 등장한다. 젠틸레 파브리아노의

---

45 이 제단화는 피렌체 외곽 San Benedetto fuori della Porta a Pinti 카말돌레제 수도원의 제단화로, 산타 마리아 델리 안젤리 제단화가 제작된 직후에 카말돌레제 수도원의 주문으로 제작되었다. Marvin Eisenberg(1989), pp. 138~139.

발레 로미타 제단화(그림 73)과 비교해보면, 파브리아노의 작품은 성모대관이 일어나는 가운데 패널과 성인들이 있는 측면 패널의 공간이 서로 다르게 표현되었다. 즉 성모와 성자는 호 위에서 부유하는 모습으로, 성인들은 꽃밭에 발을 딛고 있는 모습이다. 그런데 로렌조의 작품에서 세 패널의 바닥은 동일한 무늬와 색의 타일로 덮여 있다. 요컨대 로렌조는 패널이 물리적으로 분리되었음에도 배경을 동일하게 처리하고 브이(V)자로 연결된 구도를 통하여 대관식이 일어나는 장면에 성인들을 동참케 하였다. 로렌조 모나코에서 시작된 이러한 공간 표현은 1444년에 프라 필리포 리피의 「마르수피니 제단화」(Marsuppini Altarpiece)(그림 91)을 비롯하여 성모대관을 주제로 한 '성스러운 대화'(Sacra Conversazione)[46]가 탄생하는 계기가 되었다.

리피가 1444년경에 제작한 「마르수피니 제단화」는 아레초(Arezzo)에 있는 산 베르나르 교회의 제단화이다. 산 베르나르 교회는 당대의 위대한 인문학자였던 마르수피니 가문의 가족 채플이었다. 리피가 이보다 조금 앞서 제작한 산 암브로시우스 제단화인 「성모대관」(그림 78)에서는 후원자와 주문자가 서로 다른 까닭에 이들의 요구에 부응하기 위해 여러 성인들이 등장한다. 그러나 마르수피니 제단화는 매우 단순하고 간결한 구성을 택하고 있다. 이 작품이 처음 제작될 당시의 프레임은 소실되었지만, 원작이 세 폭 제단화의 양식을 취했음은 확실하다. 그러나 피렌체에는 이미 팔라와 같은 단일한 공간에 제단화를 그리는 방식이 알려졌고, 이 작품은

---

46 '성스러운 대화'는 일반적으로 성모자를 두고, 성인들이 양쪽으로 나란히 늘어선 구도의 작품이다. 그러나 성스러운 대화는 성모자만을 중심에 두는 것이 아니라 그리스도, 성모승천, 성모대관, 때로는 제단화의 주인공이 되는 성인을 중심에 두기도 하며, 그 구도의 완벽성으로 인해 동방박사의 경배나 이집트로의 피신과 같은 이야기 속으로 뛰어들기도 한다. 정은진, 「성스러운 대화」 도상 연구, 『미술사학보』 20(2003), pp. 95~96.

프라 안젤리코의 「안날레나 제단화」(Annalena Altarpiece)(그림 92)와 도메니코 베네치아노(Domenico Veneziano, c. 1400~1461)의 「성 루치아 제단화」(Santa Lucia dei Magnoli Altarpiece)(그림 93)의 영향을 받은 것으로 알려졌다.

작품의 배경으로는 앞서 언급한 제단화는 물론 동시대에 제단화에 자주 등장하는 조가비가 있는 궁륭과 코린트식 기둥 등 화면에 원근법을 강조하는 건축적인 구조물이 등장한다. 그리스도 앞에 무릎을 꿇고 있는 마리아는 에스테르를 전형으로 삼은 표현으로, 하늘의 여왕이기도 하지만 그녀의 육체적인 구원을 강조하였다. 이러한 자세는 신학적 논의의 결과라기보다는 14세기 중엽 북부 이탈리아에서 즐겨 나타나는 것으로, 산 암브로시우스 제단화에서도 동일한 자세를 찾아볼 수 있다. 그러나 산 암브로시우스에서는 성모에게 관을 수여하는 자가 성자가 아닌 성부의 모습으로 그려졌다(그림 78). 악기를 연주하는 천사들을 뒤로 한, 네 성인들은 모두 베네딕투스 수도원의 올리베타노 회원들이 입는 흰색의 수도복을 입고 있다. 화면 왼쪽의 인물만이 흰색의 수도복 위에 진홍의 겉옷을 입었는데, 그는 귓가에 비둘기가 그려진 점으로 보아 베네딕투스 수도원 출신의 최초의 교황인 그레고리우스이다. 봉헌자를 소개하는 두 명의 턱수염이 난 성인은 베네딕투스와 베르나르이며, 아레초의 이 성당은 베르나르에게 봉헌되었다. 화면 맨 오른쪽의 인물은 올리베타노 수도원을 세운 베르나르도 톨로메이(Bernardo Tolomei)이다. 붉은 옷을 입은 화면 왼쪽의 나이 많은 봉헌자는 그레고리우스 마르수피니로, 피렌체의 유명한 인물학자인 카를로 마르수피니의 아버지이다. 카를로는 그레고리우스와 대를 이루어 검을 옷을 입고 있다. 이들이 입고 있는 모자가 달린 의상은 이들의 지위가 박사임을 나타내준다. 특히 그레고리우스 마르수피니가 입고 있는 붉은 후두의 소매단에 달린 에그 앤 다트(Egg and Dart) 문양으로 된 두 가지 색의 모피는 바이오(vaio)라고 불린다. 마르수피니가는 산 암브로시우스 제단화를 주문하고 후원한 마린기 가문이나 바르두치 가문보다 훨씬 부유했고, 정치적으로 영향력이 있었다고 전해지며, 카를로는 1444년에 아렌티네(Aretine), 브루니(Leornado Bruni) 등과 함께 피렌체 공화국의 서기관이 되었다.[47]

로렌조 모나코의 제단화와 이 제단화를 비교해 마르수피니 제단화에서 눈에 띄는 점은 마르수피니 가문의 부자를 소개하는 베네딕투스와 베르나르이다. 이들은 한 손은 봉헌자의 어깨에, 한 손은 소개하는 듯한 제스처를 취하고 있다. 바로 이러한 표현이 앞서 언급한 성인들의 역할, 즉 인간을 천국으로 이끌어주는 친밀하고, 보이지 않는 동반자임을 나타내는 것이다. 또한 이 네 명의 성인들이 바라보는 시선에 주목하면, 그들은 생전에 서로가 다른 시공간에 살았던 것처럼 각자 다른 곳을 쳐다보고 있다. 또 제단화를 바라보는 관람자의 입장에서 보면, 교회라는 공간 안에서 자신이 앉아 있는 위치에 따라 각 성인들과 직접 눈을 맞출 수 있다. 시간과 공간을 초월하여 한 공간에 모여든 성인들은 제단 앞에 모여든 이를 천국으로 초대하는 역할을 한다. 바로 이것이 제단화에서 성스러운 대화가 지니는 구도적인 효과이며, 성인들의 역할을 명확히 드러낸 것이다.

4. 천국의 풍경

이제까지 15세기 성모대관에 등장한 새로운 모티프들과 성인이라는 모티프가 제단화의 발전과 맞물려 새로운 구도와 의미를 획득하는 과정

47 J. Ruda(1993), p. 420; J. Ruda, "Style And Patronage in the 1440s: Two Altarpieces of the Coronation of the Virgin By Filippo Lippi", *Mitteilungen Des Kunsthistorischen Institutes In Florenz*, 28: 3(1984), p. 376.

을 살펴보았다. 이제 성모대관이 이러한 모티프들을 통해 궁극적으로 표현하고자 한, 천국의 풍경에 대하여 논하고자 한다. 천국이란 하느님, 신 또는 다른 영적인 존재들이 거주하는 장소 또는 사후나 최후의 심판 이후에 구원받은 자, 선택된 자, 축복받은 자들의 거처나 그 존재 상태이다. 인간들이 거주하는 지상이나 저주받은 자들이 거주하는 지하세계와 대조되는 천상의 영역을 의미한다.[48] 천국의 개념은 종교에 따라 다양한데, 그리스도교에서는 신앙의 핵심으로 부활을 이야기하며, 이 부활은 사람이 죽은 후에 천국으로 올라가는 것을 의미한다. 그리스도교가 전하는 천국관은 먼저 신약성서에 의하면, 신의 약속으로서 그리스도인이 신성을 체험하는 곳이다. 즉 천국은 육체적인 것들이 모두 소멸되고, 하느님과 함께 사는 곳이다.

그러나 유대교의 소(小) 종파였던 그리스도교가 후기 로마제국의 국교로 성장하면서, 교회는 외부로부터 도전해오는 사회적 상황들에 대응하기 위해서 신학 이론을 체계적으로 발전시켜나갔다. 이렇게 그리스도교가 새롭게 형성되어감에 따라, 신약성서에 나타났던 하느님 중심의 천국관도 중요한 변화를 맞이하게 된다. 이레네우스(Irenaeus, 140~202)와 아우구스티누스와 같은 교부들의 저술에 나타난 천국관은 세 가지로 요약된다. 도시의 순교자를 대표했던 이레네우스는 천국을 영화로운 물질세계가 회복되는 곳으로 보았다. 이 땅 위에 이루어질 천국은 인류의 번성과 축복이 약속된 물질세계이자, 그리스도가 다스리게 될 메시아 왕국이었다. 그는 의로운 사람들이 풍요로운 물질세계에서 완벽한 육체를 가지고 수많은 자녀들을 낳으며 천 년 동안 행복한 삶을 살게 된다는 천년 왕국 사상을 주장하였다. 젊은 아우구스티누스가 기대한 천국은 완전한 영의

---

48 Encyclopedia Britannica.

세계로 '육체를 갖지 않은'(fleshless) 영혼들이 휴식을 취하며 '하느님을 보는 즐거움'(beatific vision)[49]을 누리는 곳이었다. 그러나 시간이 흐른 뒤, 아우구스티누스는 자신의 초기 사상을 수정하여 성도들의 공동체라는 개념을 자신의 천국관에 받아들였다.

아우구스티누스 이후 700년 동안은 신학에 있어서 어떤 창조적인 작업도 이루어지지 않은 채 이전의 신학 형태를 답습하고 있는 실정이었다. 그러나 12, 13세기에 이르러 굳건한 경제를 바탕으로 문화가 발달하는 등 환경이 바뀜에 따라 새로운 형태의 신학이 생겨났다. 또 당시 교회는 성찬을 베풀고 성자들의 유물을 간직하고, 하느님의 축복을 전달하는 장소로 인정되었다. 하느님은 이 세상과 멀리 떨어져 있으면서 인간에게 무관심한 존재가 결코 아니었다. 아우구스티누스와 같은 신학자들이 생각했던 것과는 달리, 중세 사람들은 천국을 추상적이거나 관념적으로 생각하지 않았고 보다 구체적이고 다양한 모습으로 설명하였다. 수도회들은 천국을 각자가 처한 환경에 맞게 설명하였다. 수도원에서 농경 생활을 했던 수도사들은 천국을 초목으로 뒤덮인 땅과 온화한 기후, 향기로운 꽃들로 가득한 에덴(Eden)이라고 설명하였다. 이 회복된 낙원에서는 여성과 남성이 모두 발가벗고 순수할 수 있었다. 그러나 이러한 천국관은 중세 초기에는 중요한 의미가 있었지만 그리 오래 지속되지는 못했다. 또 도시의 발달은 천국을 성서에 나오는 예루살렘과 같은 도시로 상상케 했다.

한편 중세 신학자들은 자신이 지식층이며 특권적 엘리트라고 생각했다. 따라서 이들은 수도사들이 도시나 정원으로 설명한 천국관을 단지 사

49 아우구스투스는 『신국』에서 인간이 누릴 수 있는 영원한 지복(bliss)은 바로 하느님을 보는 것이며, 이때 인간은 최대의 기쁨을 맛볼 수 있다고 기록하였다. 이것을 후대 교리에서는 '지복직관'이라고 부른다. 콜린 맥다넬 · 베른하르트 랑, 고진옥 역, 『천국의 역사 I』(서울: 동연, 1988), p. 128.

람들을 즐겁게 해주는 이론으로만 여겼을 뿐 공감하지 않았다. 지식을 최우선에 두었던 스콜라 신학자들은 천국을 빛과 지성의 장소로 여겼다. 아퀴나스는 천국의 성도들이 오로지 명상만을 할 뿐 어떤 행동도 하지 않을 것이라고 생각했다. 이처럼 스콜라 신학자들이 지식을 통해 하느님 나라를 설명하려 했다면, 신비주의자들은 육체적인 욕망까지도 순수한 천국의 열정으로 받아들임으로써 하느님과의 궁극적인 결합을 소망했다. 중세의 신비주의는 천국의 모습을 개인적이고 인간적인 특성을 갖게 했다.

폐쇄적이고 귀족적인 수도원 전통이 유럽 전역에서 지배적이었던 반면, 15세기 이탈리아의 여러 도시에서는 수도원에서 명상하는 것보다 '이 세상에서'(in the world) 활동적인 삶을 사는 것이 더 좋다는 생각이 팽배해진다. 르네상스라는 새로운 문화 풍토에서 천국에 대한 이상도 재형성되었다. 신학자들은 물론, 특히 시인과 예술가들은 이제 하느님만이 인간에게 축복을 줄 수 있는 유일한 원천이라고 생각하지 않았다. 친구라는 존재도 낙원의 중요한 구성 요소가 되었다. 즉 이들은 낙원에서 친구를 만날 수 있다는 고전 시대 이교 사상을 그대로 받아들였는데, 친구라는 인물이 천국에 등장함으로써 천국의 모습에는 인간적인 특성이 훨씬 더 많이 가미되었다. 그리고 천국에 등장하는 친구들은 바로 성인들이다. 또, 가장 대담하게는 천국을 에로틱한 인간적 사랑의 장소로 보거나 쾌적한 자연 경관에 둘러싸인 목가적인 장소로 상상하기도 하였다. 그리고 낙원의 내부나 위쪽에 거룩한 도시가 따로 있어서 그곳에서 천사들이 하느님을 영원히 찬양하고 있다고 주장하였다.

르네상스 시대의 천국은 회복된 낙원, 거룩한 도시 새 예루살렘, 천국에서의 사랑과 같이 중세의 천국관에 이미 나타났던 개념들이 보다 정교해진다. 중세의 천국이 하느님을 정점으로 하는 원추 모양이라면, 르네상스 시대의 천국은 위쪽에는 하느님을 예배하고, 아래쪽에는 낙원이 있는 상자 모양과 같았다. 두 장소는 고립된 것이 아니었고 신성을 가진 성도들은 이 두 곳을 왕래할 수 있었다. 아름다운 자연에서 사랑하는 연인과 함께 살고 싶어 하는 인간적인 소망을 충족시키면서 동시에 신학적인 요구에도 부합하기 위해 하느님이 거하는 거룩한 도시와 성도들이 서로 사랑하고 교제를 나누는 낙원으로 천국은 분리되었다. 그러나 여기서 낙원은 더 이상 에덴동산만을 의미하는 것은 아니었다. 그리스 · 로마 시대 이미지들을 재발견하거나 조용한 시골 풍경에 관심을 가지게 되면서 사람들은 천국을 점점 더 전원적인 곳으로 생각하였다. 특히 아퀴나스의 교리를 따르는 도미니쿠스회에 속했지만, 스콜라 신학자이기를 거부한 사보나롤라가 생각한 천국은 순수한 빛을 발하는 이성적인 세계가 아니라, 식물과 동물이 살고 있는 하나의 정원이었다.[50] 이 낙원 위에는 아홉 계층의 천사들이 있었고, 마리아의 옥좌와 삼위일체의 하느님이 있었다. 마리아가 존재함으로써 천국은 심판자 그리스도의 것만이 아니라 인간적인 곳이 되는 것이다. 바로 천국을 인간적인 곳으로 만드는 데에 「성모대관」에 등장하는 마리아의 또 다른 역할이 있다.

초월적 천국: 프라 안젤리코의 「피에졸레 제단화」

앞서 밝힌 바, 중세의 계서적인 천국의 모습과 달리 르네상스 시기의 천국은 거룩한 성도들이 교제하는 낙원과 하느님이 계시는 천국으로 나뉜 이중적이고 분리된 양상을 보이게 된다. 이렇게 볼 때, 프라 안젤리코의 「피에졸레 제단화」(그림 79)에는 르네상스 시대의 이중적인 천국관이 잘 대변되어 있다.

---

50 Savonarola(trans), Bernard McGinn, *The Compendium of Revelation in Apocalyptic Spirituality*(New York: Paulist Press, 1979), p. 247 재인용: *Ibid.*

이 작품은 1440년경에 주교 베네초 페데리기(Benezzo Federigi)의 주문으로 제작되었다. 특히 작품이 그려진 패널의 형태가 매우 독특한데, 1501년의 로렌조 디 크레디(Lorenzo di Credi)의 말에 따르면 고딕 양식의 제단화를 르네상스기에 유행한 형태로 바꾼 것이라고 한다. 즉 이 제단화는 고딕 양식 제단화가 피렌체의 산 마르코 제단화와 같은 거대한 팔라로 변화하는 과도기의 모습을 보여주는 것으로, 원래 세 폭 제단화였던 것을 움베르토 발디니(Umberto Baldini)가 현재의 모습으로 재구성한 것이다.[51] 또 프레델라에는 일곱 개의 에피소드가 있는데, 왼쪽에서부터 「교황 인노켄티우스 3세의 꿈에 나타난 성 도미니쿠스」, 「성 베드로와 바오로가 성 도미니쿠스에게 나타남」, 「나폴레옹 오르시니를 치료함」, 「피에타」, 「이단과 논쟁하는 성 도미니쿠스와 기적의 책」, 「천사들에게서 음식을 받는 성 도미니쿠스의 동료들」, 「성 도미니쿠스의 죽음」이다. 가운데의 「피에타」 이외의 모든 에피소드가 도미니쿠스 성인의 일생과 관련된 작품의 내용으로 1290년경에 아폴디아의 테오도릭(Theodoric of Appoldia)이 완성한 『성 도미니쿠스의 삶과 기적들』(*De Vita et miraculis S. Dominici*)에서 가져온 것이다. 도미니쿠스 성인과 연관된 프레델라의 주제는 이 제단화가 산 도미니쿠스 수도원의 주제단화라는 성격을 명확히 드러낸다. 또한 도미니쿠스 성인의 생애에서 무시할 수 없는 또 하나의 중요한 영성이 성모 신심[52]이었음으로 천국에 든 성인이 성모를 만났음을 상기시킨다.

---

51 폰 토이펠(Christa Gardner von Teuffel)은 런던 내셔널 갤러리에 있는 성 로물루스(St. Romulus) 반신상과 메트로폴리탄에 있는 성 알렉산데르(St. Alexander)의 반신상이 산 도미니쿠스 제단화의 필라스터의 일부분임을 밝혔다. 즉 세폭 제단화가 움베르토 발디에 의해 재구성되는 과정에서 이 작품들이 분리된 것이다. Christa Gardner von Teuffel, "Fra Angelico's Bishop Saints from the High Altar of S. Dominico, Fiesole", *The Burlington Magazine*, 139(1132), pp. 463~465.

52 도미니쿠스 성인의 성모 신심 중 가장 대표적인 것이 로사리오 기도이다. 로사리오 기도의 기원은 일반적으로 성 도미니쿠스가 시작한 것으로 일반적으로 알려져 있다. 전설에 의하면

프라 안젤리코는 로렌조 모나코의 제자로 그의 공방에서 도제 수업을 받았다. 앞서 언급했듯이 로렌조 모나코는 카말돌레제 수도원의 수사로 카말돌레제 수도원의 후원을 받고 있는 그의 공방은 당시 피렌체에서 매우 인기 있는 곳이었다. 안젤리코는 카말돌레제 수도회의 본산인 산타 마리아 델 안젤리 교회 근처에 살았기에 도미니쿠스 수도회에 입회하기 전에 로렌조의 화가와 필사가를 위한 공방에서 도제로 지냈다.[53] 프라 안젤리코의 작품이 갖는 구도의 완결성, 즉 대관식을 둘러싼 성인과 천사들이 이루는 원형 구도는 세 폭의 제단화라는 물리적 한계에도 불구하고 통합된 구도를 만들고자 한 로렌조의 시도가 발전된 것으로 보인다. 뿐만 아니라 무릎을 꿇은 성인들의 자세와 여러 방향으로 시선이 분산되는 성인들의 개성이 넘치는 표정도 로렌조와 연장선에 있다.

이제 중앙에 그려진 「성모대관」을 살펴보면, 고딕 장식이 있는 닫집을 등받이로 한 옥좌에서 일어나는 대관식과 이를 원형으로 둘러싼 성인들과 천사들이 새로운 공간감을 창조한다. 무엇보다 이전의 성모대관들이 황금색 배경에 그려진 것과 비교할 때, 안젤리코의 작품의 배경을 이루는 푸른색은 새롭게 등장한 요소이고, 그가 제작한 다른 세 작품과도 차별된다. 심연과도 같은 이 푸른색은 대관식이 일어나는 장소가 지극히 높은 하늘의 한가운데임을 암시한다. 또 성인들이 깊게 무릎을 꿇은 바닥의 타일과 화려한 색의 대리석 계단은 화면의 깊이감을 창출하는 동시에 현실

성인이 알비파 이단자들 가운데서 일하고 있을 때 성모님이 발현하시어 로사리오를 주시면서 이를 전하라고 말씀하시면서 로사리오 기도를 열심히 하면 사도직에서 성공할 수 있다고 약속하셨다고 한다. Jacobus de Voragine(1941), p. 417; 그러나 로사리오의 실제 기원은 11세기, 어느 수도원에서 문맹의 수도자들을 위해서 시편 150편 대신에 주님의 기도와 성모송을 150번 암송하는 것으로 대신한 것이다. 이 기도가 급속도로 전파되기 시작한 것은 15세기가 끝나갈 무렵이었다. 조규만(1998), pp. 434~435.

53 John T. Spike(1997), p. 19.

의 궁전을 연상케 한다. 즉 대관식이 일어나는 장소인 천상의 궁전은 대관식을 통한 그리스도와 성모의 영적인 결합뿐 아니라 지상과 천상의 결합을 의미하기도 한다.

로렌조의 작품에 등장하는 발다키노처럼 새로운 솔로몬의 궁전인 교회의 메타포로 표현된 닫집 안의 루네트(lunette)에 표현된 볏 모양의 불꽃은 신적인 사랑을 상징하는 것이다. 다시 말해 닫집 안에 붉은색으로 그려진 불꽃은 프란체스코 디 조르조의 작품(그림 77)에서 나타났듯이 교회 안에 머무는 하느님의 사랑을 표현한 것이다. 닫집 아랫부분 옥좌에는 황금색 방석이 놓여 있으며, 성자는 비잔틴 스타일의 방석 위에 앉아 두 손으로 왕관을 씌워주고 있다. 한편 마리아는 옥좌 아래에 무릎을 꿇고 있다. 길게 늘어진 망토를 입고 있는 마리아의 모습은 황후의 대관식을 연상시킨다. 도미니쿠스 수도원의 수도자가 순명을 약속하는 자세와 유사한 이러한 자세는 겸손의 마리아 도상이 출현하기 시작한 14세기 이탈리아에서 유래한 것으로, 일드프랑스에서는 찾아볼 수 없다.

대관식을 가운데 두고 좌우를 둘러싼 성인들 중, 화면 왼쪽은 신적인 지혜, 그리고 화면 오른쪽은 신적인 사랑을 보여주는 성인들로 이루어졌다.[54] 즉 왼쪽에는 도미니쿠스 수도회 출신의 성인들이 수적으로 우세할 뿐만 아니라 책과 펜을 들고 있는 성인들이 다수를 이루며, 오른쪽의 성인 중에는 순교자가 많다. 특히 화면의 전경인 하단 부분에는 이러한 특징이 더욱 두드러져, 화면 오른쪽에는 그리스도에 대한 사랑을 대표하는 성녀들이 무리를 이루고 있다. 우리는 이 작품에 그려진 성인들 중 특징적인 외모와 지물을 지닌 성인만을 식별할 수 있다. 화면 왼쪽 맨 위에는 구약의 인물인 모세와 세례 요한이 있다. 천국의 열쇠를 들고 있는 베드

54 Mary Tuck Echols(1976), p. 146.

로와 그 아래, 펜과 책을 들고 있는 파도바의 안토니우스, 성 프란체스코, 백합과 책을 들고 있는 도미니쿠스 수도회를 설립한 도미니쿠스 성인이 있다. 도미니쿠스 성인 아래로는 히포(Hippo)의 주교 아우구스티누스가 있다. 이와 대를 이루는 화면 오른편의 성인들을 맨 위에서부터 살펴보면, 왕관을 쓰고 있는 다윗 왕과 그리스도의 족보를 언급한 마태오가 나란히 있다. 그 아랫단에는 옆의 베드로와 대를 이루는 바오로 성인이 있으며, 지팡이를 짚고 있는 성인은 사도인 시몬(Simon)이다. 네 번째 단에는 머리에 피를 흘리며 순교한 도미니쿠스 수도회의 순교자 베드로, 그 아래에는 로마의 부제로 순교한 라우렌티우스가 있다. 라우렌티우스 아래에는 최초의 순교자인 스테파누스가 있다.

화면 전경에서 무릎을 꿇고 있는 성녀들을 살펴보면, 붉은색 옷을 입고 긴 머리를 풀어 헤치고 있고 팔을 뻗어 단지를 들고 있는 마리아 막달레나, 그 뒤에는 화관으로 머리를 장식한 '신의 선물'이라는 뜻의 이름을 가진 도로테아(Dorothea), 베일을 쓰고 있는 글라라, 창이 박힌 바퀴에 치어 순교한 알렉산드리아의 카타리나(Catherine of Alexandria), 양을 안고 있는 아그네스(Agnes), 그리고 화살촉을 들고 있는 세실리아(Cecilia)가 있다. 이 성녀들과 대를 이루는 성인들로는 화면 한가운데서부터 클레르보의 베르나르, 바리(Bari)의 주교 니콜라스(Nicholas)와 관객을 향해 고개를 돌리고 책을 들고 있는 도미니쿠스 수도회 출신의 대학자 토마스 아퀴나스가 있다. 그 옆에서 왕관을 쓴 성인은 툴루즈의 루이(St. Louis of Toulouse)이다. 여러 성인들이 지닌 지혜와 사랑이라는 덕목은 대관식의 주인공인 마리아의 덕목이기도 하다. 설교의 보조 수단으로 이용된 도미니쿠스 수도회의 제단화에는 천국에 든 마리아와 성인들이 지상에서 보여준 지혜와 사랑이 다시금 나타난다. 이제 성인들과 대관식이 거행되는 공간을 분리시키는 대리석 계단을 살펴보면, 마리아의 결혼식과 대관식이 거행되는 장소에 등장한 마치 벌집 문양이 그려진 것과 같은 다양한 색채의 대리석[55]은 그리스도의 석관을 연상시킨다. 또 아홉 개의 계단은 단테의 신곡에 등장하는 천국의 아홉 개의 하늘로 해석할 수 있다.

프라 안젤리코는 이 피에졸레의 거대한 대관식을 제작하기에 앞서 1434년경에 피렌체의 산타 마리아 노벨라 교회를 위해 도미니쿠스 수도회의 수사 조반니 마시(Giovanni Masi)가 주문한 네 개의 성유물함 패널 중 한 점으로 「성모대관」(그림 94)를 제작했다. 고딕 양식의 첨두아치 패널에 제작된 이 작품은 많은 점에서 피에졸레 「성모대관」의 축소판처럼 보인다. 이 작품을 가로로 이등분하면, 위쪽에는 성모와 성자의 대관식이 거행되고, 아래쪽에는 성인들이 모여 있다. 계단 위에서 분향을 하는 두 명의 천사는 화면을 이어주는 동시에 분리된 두 공간에 통일감을 부여하는 역할을 한다. 무엇보다 앞쪽에 무리지어 있는 19명의 성인은 피에졸레의 제단화에도 고스란히 나타난다. 또한 아홉 개의 계단이 있는 층계 역시 그 표현 방식이 앞서 살펴본 피에졸레의 것과 유사하다. 모두 뒷모습을 보이며 대관식을 올려보는 성인들 중, 유일하게 몸을 돌려 관객을 바라보는 앞줄의 베네딕투스 성인은 관람자를 대관식이 거행되는 장소로 안내한다. 또 맨 윗줄, 세례자 요한 옆에서 고개를 살짝 돌린 베드로의 모습에 프라 안젤리코는 자신의 초상을 그려 넣었다.[56] 이 작품과 피에졸레의

---

55 화면 한가운데 이처럼 섬세하고 미묘한 안료 파편을 사용한 듯한 표현에 대하여, 후버만(Georges Didi-Huberman)은 안젤리코가 원근법으로부터 자유로워진 색채 표현과 오래된 유적지 혹은 폐허를 표현하는 당시의 경향에 힘입은 것으로 보았다. 그는 이 계단을 '전면 이동'(moving to the fore)이라고 일컬으며, 이 '전면 이동'을 통하여 공간 구성상 존재할 법한 계단 표현, 즉 원근법적인 공간이 타파되었다고 설명한다. Georges Didi-Huberman, Jane Marie Todd(trans), *Fra Angelico: Dissemblance & Figuration*(Chicago: Univ. of Chicago Press, 1995), p. 34.

56 왜냐하면 프라 안젤리코의 원래 이름이 귀도 디 피에트로(Guido di Pietro), 즉 베드로이기 때문이다.

「성모대관」(그림 79)를 비교할 때 무엇보다 눈에 띄는 것은 피에졸레의 「성모대관」에 재현된 공간감이다. 바닥 장식과 깊이감을 보여주는 발다키노는 물론, 1434년에 제작된 성유물함의 「성모대관」(그림 94)에서는 뒷모습만을 보여주는 성인들이 원형의 구도를 만들어낸다. 결국 프라 안젤리코의 「피에졸레 제단화」는 하나의 통일된 공간감을 유지하면서도, 성인들의 공간과 대관식이 일어나는 공간을 분리한 당시의 천국관을 시각화시켰다. 대리석 궁전으로 이루어진 안젤리코의 성모대관이 초월적인 모습을 담고 있다면, 이어지는 조반니 벨리니의 작품에는 보다 현실적인 모습이 나타난다.

현실 풍경으로서의 천국: 조반니 벨리니의 「페사로 제단화」

페사로에 있는 프란체스코 수도회 교회의 주제단화에 그려진 「성모대관」(그림 95)는 1471~1473년에 제작되었다. 이 작품은 당시 베네치아 제단화의 주된 흐름과도 차별되었을 뿐 아니라, 유화라는 새로운 매체로 그려진 최초의 제단화라는 점에서도 특별하다.[57] 이 작품의 주문자에 관하여 프란체스코 수도회라는 견해와 알레산드로 스포르차(Alessandro Sforza)라는 견해가 있다. 알레산드로 스포르차가 이 그림을 주문했으리라고 추측하는 것은 배경에 그려진 풍경이 그가 1463년에 점령한 로카디그라다라(Rocca di Gradara)의 풍경과 유사하기 때문이다. 그러나 후원자의 명문(inscription)이 나타나지 않았을 뿐더러 주문자의 수호성인이 그려지지 않았기에 프란체스코 수도회가 이를 주문했으리라고 보는 견해가 우세하다.[58]

---

57 Peter Humfrey, *The Altarpiece in Renaissance Venice*(New Haven: Yale Univ. Press, 1993), p. 189.

58 Carolyn C. Wilson, *Bellini's Pesaro Altarpiece: A Study in Context and Meaning*, Ph. D. diss. New York Univ. 1977, pp. 164~165.

베네치아에서는 1450년경부터 고딕 양식 교회 대신 르네상스 양식의 교회 건축이 지어지면서 제단화도 이에 알맞게 바뀌었다.[59] 페사로 제단화를 본격적으로 분석하기 이전에 베네치아에서 성모대관을 주제로 그려진 다른 제단화를 자코벨로 델 피오레(Jacobello dell Fiore, 1370~1439)의 작품(그림 96)을 통해 살펴보겠다. 1438년 제작된 그의 성모대관은 비잔틴 전통과 고딕의 영향에 머물러 있다. 피오레의 제단화는 고딕 장식이 있는 옥좌와 그 양옆을 호위하는 많은 케루빔과 세라핌과 층층이 쌓인 성인들의 모습은 건축물을 연상시킨다. 오른쪽에는 구약의 장로들과 사도들이, 왼쪽에는 예언자들과 순교자들이, 또 맨 아랫단의 좌우에는 성인들과 성녀들이 있다. 마치 천상 궁전의 대들보처럼 탑처럼 쌓인 옥좌의 아랫부분에는 4복음사가와 마리아가 관을 수여하는 예식을 천상의 음악으로 찬미하는 천사들이 있다.[60] 또 악기를 연주하는 천사들 양 가장자리에는 향로를 분향하는 천사들이 있다.

화면 맨 아래, 우측에 무릎을 꿇고 두 손을 모으고 있는 봉헌자는 체네다(Ceneda)의 주교인 안토니오 코르네(Antonio Correr)이다. 그는 주교좌 성당의 주제단을 위해 이 제단화를 노장인 자코벨로 델 피오레에게 주문하였다. 이 제단화에서 가장 주목할 부분은 바로 제단화 중앙의 맨 아래에 그려진 꽃들이다. 나란히 늘어선 이 꽃들은 대관식이 일어나는 이곳이 에덴의 정원임을 상징한다. 이러한 표현은 산타 마리아 마조레 앱스 하단에 그려진 생명수가 흘러나오는 파라다이스, 즉 에덴동산을 연상시킨다(그림 55). 이와 같이 에덴의 정원이라는 장소를 표현하는 성모대관의 전통이 벨리니의 페사로 제단화에서는 매우 새롭게 나타나고 있다.

59 베네치아에서는 1450년경부터 고딕식 교회 건축 대신 르네상스 양식의 교회 건축이 지어지면서 제단화도 이에 알맞게 바뀌었다. Peter Humfrey(1993), p. 32.

60 천사들이 연주하는 악기는 비올라, 간이 오르간, 하프, 탬버린과 류트 등이다.

약간 아래에서 위를 바라본 시점으로 그려진 이 제단화(그림 1)에서 마리아는 두 손을 가슴에 모은 순명의 자세를 보인다. 그리스도는 수염이 있는 전형적인 모습으로 백색의 옷과 갈색의 망토를 입고 있다. 하얀 옷은 그리스도의 거룩한 변모(Transfiguration)이나 승천(Ascension) 장면에서 주로 그려지는 옷 색으로, 성모대관에서 그리스도는 몇몇의 예외를 제외하고는 피오레의 작품에서처럼 푸른 옷과 붉은 망토를 입고 있다. 즉 흰 옷을 입은 그리스도는 환영적(visionary)인 모습을 그린 것으로, 부활한 그리스도를 상징한다. 또 흰 옷 위에 걸친 갈색 망토는 프란체스코 수도복에서 유래한 것으로, 그리스도 뒤쪽의 프란체스코 성인도 이 갈색의 수도복을 입고 있다. 이는 이 제단화가 놓여 있는 곳이 프란체스코 수도회 교회인 점과 연결된다.

그리스도와 성모를 중심에 두고 늘어선 성인들은 화면 좌측에서부터 칼을 들고 있는 바오로, 베드로, 교회의 박사인 예로니모, 그리고 프란체스코이다. 바오로와 베드로와 예로니모는 성인들의 위계(hagiographic hierarchy)에서 중요한 위치를 차지하고 있으며, 프란체스코는 당시에 매우 인기 있는 성인이었다. 특히 추기경 복장을 한 예로니모는 페사로의 주보성인으로 페사로 사람들은 예로니모 성인에 대한 특별한 신심이 있었다고 한다. 예로니모는 교회의 왕자인 베드로와 바오로와 마찬가지로 교회의 중심인물(anchorite)로 교황의 권위를 암시한다. 따라서 프란체스코 수도회를 대표하는 프란체스코 성인과 이 세 성인을 함께 그린 것은 교황청과 프란체스코 수도회 간의 긴밀한 결합을 암시할 뿐 아니라 페사로를 교황의 영향 아래 두려는 의도를 드러내는 것으로 보기에도 충분하다.[61]

61 Carolyn C. Wilson(1997), p. 129.

화면의 상단 1/4을 점하는 케루빔들은 얼굴 모습과 표정이 매우 사실적으로 묘사되었고, 케루빔을 상징하는 붉은색과 푸른색을 사용한 표현은 자코벨로 델 피오레의 천사들을 떠올리기에 충분하며, 이러한 전통은 벨리니 이후에도 계속된다. 또 광택이 나는 노란색과 녹색으로 그려진 케루빔은 벨리니의 뛰어난 색채 감각이 만들어낸 새로움이다. 또 벨리니 이전에 성령을 상징하는 비둘기를 둘러싼 것으로는 황금색의 후광, 금빛 광선, 구름의 소용돌이, 또는 태양이 그려지는 것이 일반적이었다. 그러나 벨리니는 성령을 상징하는 비둘기를 둘러싼 붉은색의 케루빔을 창조하였고, 주황색과 노란색으로 빛나는 태양을 함께 그렸다. 이 태양은 전통적으로 영광(gloria)을 상징한다.

이제 벨리니 「성모대관」에서 가장 주목되는 사각 프레임이 있는 옥좌로 시선을 옮겨보자. 알베르티의 건축물과 같은 사각 프레임은 제단화의 프레임과 유사한 형태를 띠어 원근법적인 공간을 창출하는 것처럼 보이나, 바닥에 그려진 원근감을 강조한 타일과 단절되어 있다. 이는 마치 프라 안젤리코가 「피에졸레 제단화」(그림 79)에서 가운데 계단을 이용해 원근법을 단절한 것과 비교될 수 있겠다. 또 하늘은 위는 진하게 아래는 점차적으로 연하게 함으로써 매우 자연주의적으로 표현했다. 이는 프라 안젤리코가 「피에졸레 제단화」에서 하늘을 마치 한 가지 색 물감을 뿌려놓은 것처럼 표현한 것과 큰 대조가 된다. 프레임 상단 프리즈에는 누드의 인물들이 싸우고 있는 부조가 알 안티카 스타일로 장식이 되어 있다. 로마 군사의 이미지가 그려진 이 부조는 영원한 구원이라는 승리를 얻기 위한 선과 악의 투쟁을 암시한다[62]. 반원형 엑세드라(exedra) 벤치로 그려진 이 옥좌는 전통적으로 「성모대관」에 그려져왔던 왕권을 상징하는 옥좌

62 *Ibid.*, p. 159.

이상의 의미를 지니는 것이다. 바로 그 의미는 프레임 뒤쪽에 그려진 풍경과 연결된다.

이 프레임 뒤로 그려진 풍경은 중세 이래로 교회가 전하는 천국의 모습인 거룩한 도시 새 예루살렘을 상징한다. 언덕과 함께 세 개의 탑이 있는 망루는 '다윗의 탑'이며 또 이 세 개의 탑은 삼위일체를 상징한다. 특히 중앙의 견고한 요새는 마리아-교회이며 하느님의 도시(Civitas Dei)를 의미한다. 따라서 이 프레임은 권력을 상징하는 옥좌라기보다는 천상 예루살렘으로 들어가기 위한 '천국의 문'(Gate of Paradise)을 상징하는 것이다. 또한 이는 천국의 문과 가장 가깝게 서 있는 성인이 천국의 문을 지키는 베드로라는 점과 자연스럽게 연결되면서, 결국 이 로지아(loggia)는 천국의 경계가 된다.

'다윗의 탑'[63]이나 '천국의 문'[64]은 모두 성모를 일컫는 호칭으로 마리아의 중재성을 드러낸다. 결국 이 프레임과 프레임 뒤로 펼쳐진 풍경은 화면에 원근감을 부여하는 형식적인 요소일 뿐만 아니라, 마리아의 중재적 성격을 드러내는 동시에 창 너머로 천국의 모습을 엿볼 수 있게 해주는 것이다. 따라서 이 제단화 앞에 선 이들은 구원의 길로 이끄는 마리아를 통하여 모든 복이 있는 천국으로 들어가게 되는 것이다.

---

63 마리아를 다윗의 탑이라고 일컫게 된 것은 유대의 왕이었던 다윗이 견고하고 높은 탑을 쌓아 적을 가까이 오지 못하게 한 것처럼, 하느님께서는 성모를 선택하여 모든 사악한 마귀를 성모께 복종하게 하였다. 이는 하느님께서 우리를 위하여 탑을 쌓아 육신 · 세속 · 마귀라는 인간 영혼의 세 가지 원수의 해를 입히지 못하게 하신 것이다. 이탁(1998), p. 113.

64 성모를 하늘의 문이라 일컫게 된 것은 성 베르나르에 의해서이다. 그는 "국왕이 상을 내리는 은혜는 반드시 대궐문을 통해 이루어지고, 하느님께서 상을 내리시는 은혜는 반드시 당신 손을 통해 하시니, 그러므로 당신을 하늘의 문이라 일컫나이다"라고 말하였다. 이 하늘의 문은 갖가지 진복의 문으로, 문 안에는 온갖 복이 온전히 갖추어져 있으나, 이 진복을 누리고자 한다면 반드시 진복의 문을 통해 들어가야만 할 것이다. 이는 곧 성모님을 의탁하여야 쉽게 하늘나라에 이를 수 있다는 말이다. *Ibid.*, pp. 121~122.

덧붙여 이 제단화를 「성모대관」 위에 「피에타」가 그려진 전체적인 구도에서 파악하면 그 의미가 더욱 명확해지고 풍부해진다. 주제단화 위에 놓인 이러한 패널은 여러 패널을 이어 만든 고딕식 다폭 제단화의 영향이 르네상스식 제단화에도 이어진 것이다. 제단화의 맨 꼭대기에 위치하는 「피에타」에는 성모 마리아 대신 아리마태아의 요셉(Joseph of Arimathea)과 니코데모(Nicodemus), 그리고 막달라 마리아가 죽은 그리스도와 함께 있다. 이 「피에타」와 「성모대관」을 연결해서 수직적으로 읽으면, 그리스도의 희생을 통한 구원과 죽음에서 부활로, 고통에서 영광으로 이어지는 그리스도교의 핵심적인 교리와 일치함을 알 수 있다(그림 97). 그런데 여기서 「성모대관」이 그 처음에 마리아의 죽음과 승천과 함께 나타난 도상이었음을 상기해보면, 「피에타」와 함께 그려진 「성모대관」은 마리아의 일생이라는 서사적인 문맥에서 분리되어 천국의 모습을 재현하는 데 초점을 두고 있다는 것을 알 수 있다. 즉 벨리니는 로카디그라다라라는 현실의 풍경을 「성모대관」 속에 프레임을 통해 삽입함으로써 지상의 풍경과 천국의 풍경을 함께 보여준다. 그리하여 이 로지아는 천상의 궁정이자 현실의 정원이라는 이중적이고 경계적인 의미를 지닌다. 현실 풍경을 천국의 모습 속에 삽입한 벨리니의 작품은 천국이 꼭 죽은 후에만 가는 비가시적인 곳이 아니라, 현실의 모습에서도 찾을 수 있는 곳임을 말해준다. 이는 흔히 교회가 지상의 천국임이라고 말하는 것과도 서로 통한다. 그런 의미에서 벨리니의 작품은 르네상스가 지닌 현실주의, 특히 상인들이 많은 베네치아의 현실 감각을 드러내는 한 예로 볼 수 있다. 현실적인 베네치아에서 발전한 풍경화가 성모대관의 배경에 들어와 종교적인 주제의 그림이 세속화되는 과정이라고 볼 수도 있다.[65] 그리고 이 작품을 바라보는 수

65 종교화 속에 삽입된 사실주의 풍경에 대한 연구는 박성은, 「열린 창을 통해 보이는 도시 풍

용자에게는 마리아가 영광의 상징(signum glorie)인 왕관을 받는 장면이 그들이 살고 있는 현실 풍경을 배경으로 일어났다는 사실은 천국이 사후 세계에 있는 것이 아니라, 지금 여기에 있음을 새롭게 환기시킬 것이다.

경: 15세기 플랑드르 회화를 중심으로」, 『공간』(1993. 5), pp. 52~57; 박성은, 「15세기 플랑드르 사실주의 풍경화의 태동과 전개: 성모상을 중심으로」, 『서양미술사학회 논문집』 5(1993), pp. 101~125; 박성은, 「15세기 서구 사실주의 풍경화의 태동과 화가 얀 반 아이크」, 『미술사 논단』 창간호(1995), pp. 167~189; Sung-Eun PARK, *Le Paysage dans la Peinture Flamande du XV ème Siecle: A Travers les Aspects de la Vierge à l'Enfant*, Doctorat du Univ. de Provence, 1989 참조.

제6장

해체: 다시 지상으로

그림 84 라파엘로, 「성모대관」, 1502~1503, 캔버스에 유채, 267×163cm, 피나코테카, 바티칸.

15세기 이탈리아에서 제작된 성모대관은 소재가 파악되어 남아 있는 것들은 166점에 이른다(부록 참조). 그런데, 16세기에 접어들면서, 그 수가 급격히 줄어든다. 이 장에서는 쇠퇴와 해체의 모습을 보이는 성모대관의 양상을 살펴보겠다. 16세기는 종교'개혁'의 시대이다. 프로테스탄트의 종교'개혁'[1]과 이에 따르는 가톨릭 '개혁'[2]은 이미지에도 영향을 미쳤다. 먼

1 1505년에 엄격한 아우구스티누스 수도회에서 사제서품을 받은 루터는 성베드로 대성당을 재건하는 기금 마련을 위한 특별대사(大赦) 판매에 대해, 1517년 대사에 관한 95개조의 논제들을 열거해 비텐베르크 성당 정문에 붙였다. 루터는 그리스도는 믿음만으로 충분히 천국에 들어갈 수 있다고 확신했으며, 모든 사람은 교황과 같은 현세의 권위에서 자유롭고, 오직 하느님에게만 예속된다고 주장했다. 결국 로마 교회에 의해 이단자로 선고받고 1520년에 파문당한 그는 독일의 작센후의 비호를 받고 숨어 지내며 종교개혁이라는 자신의 목표를 알리는 수많은 글을 집필해 발행하였다. 그 결과 독일의 여러 지방에 프로테스탄티즘이 퍼져나갔다. P. G. Maxwell-Stuart(1997), p. 174.

2 반종교개혁 Counter Reformation은 가톨릭 개혁 Catholic Reformation으로 불리며, 15세기 말에서 16세기 초까지 개혁과 영적 쇄신을 외친 가톨릭 내부의 운동으로 프로테스탄트의 종교개혁의 충격을 완화하고 오랫동안 도마 위에 올랐던 심각한 교회 부패들을 척결하기 위한 조치를 마련하였고, 이는 트리엔트 공의회의 개최로 결실을 맺게 되었다. *Ibid.*, p. 188.

저 이러한 개혁의 시대에 변화한 마리아론을 알아보겠다.

1. 개혁 그리고 마리아

'성서만으로'(sola Scriptura)를 개혁의 기치로 내세운 개혁자들은 성서적 근거가 충분치 않은 '성모승천'이나 '성모의 무죄한 잉태'에 관한 교리를 공개적으로 인정하기 어려웠지만, 루터(Martin Luther), 츠빙글리(Ulrich Zwingli), 칼뱅(Jean Calvin) 등의 종교개혁자들은 그들이 개혁 이전 가톨릭 신자로 마리아를 공경하는 환경에서 성장했기에 마리아 공경 자체를 부정하지는 않았다. 그러나 마리아에 관한 과도한 찬양이 그녀를 우상으로 만들 수 있다는 점은 경계하였다. 실제로 루터는 가톨릭교회를 떠나기 전에 마리아의 원죄 없는 잉태와 승천을 강론을 통해 가르쳤으며, 1522년의 강론에서는 마리아가 지닌 큰 은총이 마리아 자신의 공로가 아닌 만큼 우리 역시 마리아와 같이 거룩하다고 설명한다. 물론 우리가 하느님의 어머니가 될 수 있는 것은 아니지만, 마리아는 바로 우리와 다르지 않다는 주장이다. 그는 성모송은 반대했지만, 마리아가 은총으로 충만하다는 것을 받아들였다. 또 마리아의 중재기도를 허용하였고 1523년에 자신의 교회에서 '마리아 정결례 축일'과 '예수탄생예고축일'을 지내기 원했다. 1543년까지 마리아의 완전한 동정성, 신적 모성을 강력하게 언급하였으며, 죽기 2년 전인 1544년까지 마리아의 원죄 없는 잉태를 받아들였다. 츠빙글리 역시 마리아에 관해 루터와 비슷한 노선을 취했다. 1522년에 발간된 그의 저서 『마리아에 관한 설교』(*Marienprdigt*)에는 마리아의 지속적인 동정성과 그녀의 가난과 겸손이 강조되고 있다. 또한 자신의 주도하에 개혁이 이루어진 취리히 시에서 '성모 승천 축일'을 성대하게 거행했다는 사실로 미루어 성모승천을 긍정한 것으로 여겨진다. 그러나 그는 성모를 중재자로 보는 것을 단호히 거부하고 유일한 중재자는 그리스도 한 분뿐이라고 강조한다. 츠빙글리의 마리아에 대한 신심은 그리스도 경배를 지향하고 있으며, 마리아의 영광은 예수님으로 말미암은 것이라는 점을 강조하였다.

칼뱅의 신학은 오직 하느님의 위엄성과 영광에 집중되어 있으며, 하느님 이외에 어느 것도 중요시하지 않았다. 그러나 그는 마리아의 신적 모성에 대한 권위를 인정하여 "마리아가 하느님 아들의 어머니가 되도록 선택되었고 예정되었으며, 하느님께서 그녀에게 최고의 높은 영예를 주셨다는 것을 거부할 수 없다"고 밝혔다. 또한 마리아의 동정을 인정하였으나 마리아 신심행사는 거부하였다.[3] 즉 초기에 가톨릭 출신의 종교개혁자들은 마리아 공경을 부정하기보다, 미신적으로 변질된 마리아 신심을 비판하였다. 특히 마리아의 신적 모성과 동정성 그리고 성모승천 등에 관하여 관대한 입장을 취한 것으로 보인다. 그러나 종교개혁 이후 가톨릭교회와 논쟁을 벌이면서 점점 반(反)마리아적으로 경직되어갔다. 한편, 교회의 분열이라는 비극적인 상황에 처한 가톨릭은 쇄신과 혁신을 부르짖는 가톨릭교회 내부의 목소리를 한데 모아 트리엔트 공의회를 소집하였다. 18년 동안 진행된 이 공의회는 정치적 위기로 여러 차례 중단되는 수난을 겪으면서도 가톨릭 신앙을 부흥시킴으로써 프로테스탄트 교회의 가르침과 팽창을 저지하는 데 성공하였다. 1545년 5월에 시작된 공의회 5회기에서는 원죄 문제와 함께 마리아의 무죄한 잉태에 관한 문제를 다루고자 했으나 찬성 11표, 반대 13표, 기권(다음으로 연기) 5표로 부결되었다. 찬성의 이유는 마리아의 무죄한 잉태 신앙이 상당히 널리 퍼져 있었다는 확신

---

3 조규만(1998), pp. 270~273 참조.

때문이었고, 반대의 이유는 프로테스탄트를 더 자극시킬 필요가 없다는 것이었다. 같은 해 6월 17일에 공의회는 원죄이론은 선언하였지만 마리아의 무죄한 잉태에 관해 다루지는 않았다. 즉 매우 광범위한 문제를 다루었던 트리엔트 공의회는 실상 마리아론에 관해 상세하게 다루지 않았다.

가톨릭 개혁의 전위부대라고 불리는 예수회의 창립자인 성 이냐시오 로욜라(St. Ignatius of Loyola, 1491~1556)는 나바라의 스페인 부왕 군대의 장교로 황제 카를 5세를 위해 근무하다가 1521년에 프랑스의 프랑소와 1세의 군대에 대항한 팜플로나 전투에서 두 다리에 심한 부상을 입었다. 오랜 병상 생활에서 그는 마음의 변화를 일으키게 되었고, 1522년에 몽세라(Monserrat)로 순례 여행을 떠났는데, 이곳의 유명한 성모 유적지에서 자신의 검을 성모의 성소에 바치고, 자신을 영적인 기사도에 바칠 것을 서약하였다. 그날은 마침 수태고지 축일이었다고 한다.[4] 이 단적인 일화만으로도 이냐시오와 예수회가 마리아에 대해 어떤 신심을 가졌는지 알 수 있다. 베리(Pere Barry)는 그의 저서 『천주의 모친께 드리는 신심으로 천국에 이르는 백 가지 실천』(*Paradise Opend to Philagie by Hundred Easily Practised Devotions to Mother of God*)에서 몇 가지 실천적 행위가 천국의 문을 열어주는 열쇠 역할을 한다고 밝혔다. 가령 마리아 상본을 볼 때마다 인사하는 일, 마리아의 이름을 자주 부르는 일, 우리를 대신하여 마리아에게 인사하도록 천사들을 임명하는 일, 단순히 그분의 상본이나 묵주를 몸에 지니고 다니는 일 등이 제시되었다. 특히 어느 대죄 중에 죽은 여인이 날마다 마리아의 성화에 인사를 하였기 때문에 그리스도께서 그를 구원하시어 속죄할 필요가 없었다는 이야기를 전하고 있다.[5]

4 신준형, 『천상의 미술과 지상의 투쟁: 가톨릭 개혁의 시각문화』(서울: 사회평론, 2007), p. 99.

또 예수회 소속의 마지막 스콜라 철학자로 일컬어지는 프란시스 수아레즈(Francis Suarez, 1548~1617)는 그리스도론과 밀접한 관련 속에서 마리아 문제를 다루고 있다. 특히 둔스 스코투스(Duns Scotus, 1266~1308) 의 노선을 따르면서 마리아가 그리스도에 의해 구원되셨고, 그리스도가 태어나시는 순간부터 거룩하게 되셨으며, 원죄로부터 보호되었음을 주장한다. 수아레즈는 모든 인간과 천사보다 뛰어난 은총을 받으신 분으로 마리아는 무죄한 삶을 사셨고 마침내 그리스도와 마찬가지로 사흘 만에 죽음에서 일어나 육체적으로 승천하셨다는 점을 강조한다.[6]

결국 프로테스탄트 개혁자들이나 전통을 고수하는 가톨릭이나 마리아 공경에는 큰 이견을 보이지 않았다. 다만 지나치게 미신적인 행위와 마리아에 관한 찬양이 그녀를 우상을 만들 수 있다는 점을 경계하였다. 그러나 시간이 흐르면서 프로테스탄트 측에서는 루터를 비롯한 종교개혁자들에게서 발견할 수 있었던 마리아 공경이 사라지고, 성모의 원죄 없는 잉태와 성모 승천도 보편적으로 거부되었다. 한편 반종교개혁기에 가톨릭의 대중 신심은 더욱더 마리아 신심으로 향하였다. 특히 이 시기에는 대중적으로 널리 퍼져 있었던 마리아의 무죄한 잉태에 대한 교의를 확립하려는 노력이 있었기에 성모대관보다는 성모의 무죄한 잉태를 다루는 주제가 제단화로 선호되기 시작했다. 변화하는 시대는 주제의 변화를 가져왔다. 이제 성모대관은 이미지의 쇠퇴를 맞게 되었다. 여기서는 성모대관이 성모승천이 결합(combination)됨을 해체의 징후로 보고, 라파엘의 「성모대관」을 예로 살펴보겠다.

---

5 조규만(1998), p. 279.

6 *Ibid.*, p. 276.

2. 남겨진 이과 숨겨진 이

라파엘로 「성모대관」

오디(Oddi) 제단화로 알려진 라파엘로의 초기 페루자(Perugia) 시절의 작품인 「성모대관」[7](그림 84)은 페루자의 산 프란치스코 알 프라토(S. Francesco al Prato) 교회에 있는 오디가문의 채플에 1502년부터 그려지기 시작했으며, 그가 페루지아에서 최초로 주문받은 제단화로 알려졌다.[8] 이 작품의 주문자는 시모네 델리 오디(Simone degli Oddi)의 부인인 레안드라 델리 오디(Leandra degli Oddi)로, 그녀는 1498년에 사망한 남편을 기리기 위해 의뢰하였다. 이 작품은 화면 상단과 하단이 분명히 나뉘는데, 1488년에 보티첼리의 「성모대관」(그림 83)이 영향을 미친 것으로 제5장에서 언급한 바 있다. 그러나 보티첼리의 작품과의 차이점을 살펴보면 보티첼리의 작품에서는 성모에게 관을 수여하는 주체가 교황의 삼중관을 쓴 성부의 모습으로 그려진 반면, 라파엘로의 작품에서는 성자가 등장한다.(그림 98) 상단과 분리된 하단을 살펴보면 보티첼리의 「성모대관」에는 사도요한, 아우구스티누스, 예로니모, 멜리기우스 성인들이 등장하는데, 서로 다른 시대를 살았던 이들이 있는 곳은 지상의 풍경을 배경으로 하지만 성인들의 대화가 일어나는 천국을 그리고 있다. 반면 오디 제단화에서는 마리아의 빈 무덤을 둘러싸고 열두 제자가 함께 등장한다. 이들은 마리아의 임종을 지켰고, 그녀의 승천을 본 목격자들로 이들이 머문 곳은 지상이

---

7 오디 제단화는 세 부분으로 이루어진 프레델라를 포함하고 있는데, 「수태고지」, 「동방박사의 경배」, 「성전에 봉헌함」으로 이 역시 바티칸에 있다.

8 이 작품은 1797년까지 산 프란체스코 알 프라토 교회에 있다가 1797년에 프랑스군에 의해 파리로 옮겨졌다. 그곳에서 캔버스로 옮겨졌고 1815년에 이탈리아에서 반환되자마자 바티칸의 소장품이 되었다. Jean-Pierre Cuzin, *Raphael: His Life and Works*(Secaucus: Chartwell, 1983), p. 30.

다. 즉 오디 제단화는 마리아의 승천과 대관식을 함께 그리고 있는 매우 특별한 구성[9]이다. 앞서 제4장에서 다룬 성모의 죽음-승천-대관이라는 15세기 이전, 내러티브 속에 그려진 성모대관에서도 이렇게 한 화면에 빈 무덤과 대관을 연결시킨 주제는 자주 등장하지 않는다. 전통적으로 마리아의 죽음은 그녀의 임종을 지키며 침대를 둘러싸고 있는 사도들, 마리아의 영혼을 하늘로 거두어가는 그리스도로 표현된다. 또 마리아의 승천은 마리아가 만돌라에 쌓여, 혹은 구름에 감싸여 천사들과 함께 하늘로 올라가는 장면으로 묘사된다. 그런데, 간혹 이탈리아 토스카나 지방에서는 마리아의 승천 장면에 성모가 승천하는 순간 그 자리 없었던 토마가 의심을 품자 의심 많은 이 사도에게 그녀의 승천을 증명하기 위해 마리아의 '성스러운 허리띠'를 주었다는 외경의 이야기가 그려지곤 했다. 그런데 라파엘로가 그린 「성모대관」에도 화면 하단의 빈 무덤에 모여 있는 사도들 한가운데, '성스러운 허리띠'를 쥐고 있는 토마의 모습이 나타난다. 토마의 좌우에는 칼을 들고 있는 바오로, 열쇠를 들고 있는 베드로가 있다. 라파엘로는 마리아의 승천을 전통적인 방식으로 그리는 대신 백합과 장미가 가득한 빈 무덤과 성스러운 허리띠를 들고 고개를 들어 하늘을 바라보는 토마를 비롯한 사도들의 모습으로 대체하였다. 그리고 구름 위에서 벌어지는 대관의 모습을 실제로 마치 승천의 모습처럼 사도들이 바라보는 것으로 표현하였다. 무덤과 함께 지상에 발을 딛고 있는 사도들의 시선을 따라 제단화를 바라보는 우리의 시선도 자연스럽게 천상의 대관식을 향한다. 관람자의 시선은 이제 마리아 대관식의 목격자가 되는 것이며, 마리아의 승천이나 대관은 대중들에게 단순히 외경과 같은 문학 작품이 전

9 Roger Jones and Nicholas Penny, *Raphael*(New Haven: Yale University Press, 1983), p. 16.

하는 이야기가 아니라 신자들이 직접 확인한 사실처럼 그려졌다.

배경에 등장하는 현실 풍경이라는 점에서 로카디그라다라라는 현실의 풍경을 프레임을 통해 성모대관 속에 삽입함으로써 천국의 모습을 현실 풍경으로 그린 조반니 벨리니의 「성모대관」과 라파엘로의 작품을 비교해 보면, 라파엘로의 작품은 화가와 관람자의 시점이 모두 지상에서 천상을 향한다. 조반니 벨리니의 작품이 천국의 모습을 현실처럼 그림으로써 수용자를 천국으로 이끈다면, 라파엘로의 것은 지상에서 바라본 천국의 모습이다. 즉 벨리니의 「성모대관」은 천국을 풍경화 속에 성모대관을 재현하였고, 라파엘로는 지상의 풍경과 천상의 대관을 팔라라는 한 화면에 담고 있다.

결국 라파엘로의 「성모대관」은 성모의 죽음에 등장하는 사도들이라는 모티브, 성모승천에 등장하는 빈 무덤 모티브, 그리고 천상에서의 성모대관을 한 화면 속에 구성함으로써 두초의 「마리아의 생애」(그림 59)나 가디의 「마리아의 생애」(그림 61)과 같은 전통적인 내러티브로 새롭게 구성하였다. 그러면 두초나 가디의 내러티브 속의 「성모대관」과 그 내러티브를 새로운 방식으로 표현한 라파엘로의 「성모대관」과의 차이점은 무엇일까? 그것은 라파엘로의 작품은 전통적인 내러티브를 주요 모티브로 압축하여 표현함으로써 그 현장감을 극대화하였다. 우리는 마치 사도들의 시선을 따라 빈 무덤에서 하늘로 그 시선을 옮겨 대관식을 바라보는 것이다. '관람자의 시선을 이끎.' 이것이 이 그림에서 지상에 남겨진 사도들의 역할인 것이다. 라파엘로는 빈 무덤에 남겨진 사도를 통해 우리의 시선을 천상으로 이끌고자 한 것이다.

한편 라파엘로 이후에 매우 간헐적으로 나타나는 성모대관은 큰 변화를 보이지 않는다. 오히려 여왕의 이미지가 부각된 성모대관의 형식은 서유럽의 새로운 전통이 되어 세속의 여왕, 황후에게 관을 수여하는 역사화로 이어지게 된다. 그 예로 나폴레옹이 자신의 대관식에서 조세핀에게 왕관을 수여하는 장면을 살펴보겠다.

자크-루이 다비드, 「황제 나폴레옹 1세와 황후 조세핀의 대관」

나폴레옹(Napoléon Bonaparte, 1769~1821)은 대관식에 앞서 다비드(Jacques-Louis David)에게 그날의 장면을 네 개의 캔버스에 그리기를 요청했고, 다비드는 두 점만을 완성했다.[10] 대관식이 끝난 후 1804년 12월 18일, 다비드는 '황제 최고의 화가'(Frist Painter to the Emperor)에 선임되었다. 이는 과거 왕의 '최고 화가'(First Painter)와 같은 직위였다. 다비드는 1년 동안의 준비 끝에 세로 6.3m, 가로 9.8m 크기의 캔버스에 「황제 나폴레옹 1세와 황후 조세핀의 대관식」(Consecration of the Emperor Napoleon I and Coronation of the Empress Josephine) (그림 99)을 그렸다. 다비드는 이 작품을 소르본 광장의 클루니 교회 내부의 큰 공간에서 그렸는데, 교회 내부를 노트르담 내부처럼 꾸미고 인형들을 배치해 전체적인 구성을 고안했다. 대관식 후 1년 동안 드로잉으로 준비를 마친 다비드는 1805년 12월 21일에 커다란 캔버스를 걸고 작업에 들어갔으며, 조수 조르주 루제(Georges Rouget, 1784~1869)가 도왔다. 작품이 완성된 것은 1807년 11월이지만 다비드는 이듬해 1월에 부분적으로 수정을 한 것으로 전한다.[11]

나폴레옹은 종교를 정치적인 요인으로만 간주하였고, 종교적으로 완전

---

10 그가 나폴레옹에게 제시한 네 점은 다음과 같다. ① 「황제와 황후의 대관식」, ② 「즉위」, ③ 「독수리기의 분배」, ④ 「호텔 드 빌에 도착한 황제와 황후」. 이 가운데 「황제와 황후의 대관식」, 「독수리기의 분배」는 완성되었고, 「호텔 드 빌에 도착한 황제와 황후」는 드로잉만 한 후 그리지 않았으며 「즉위」는 아예 그릴 준비도 하지 않았다. 이유는 다비드가 네 점을 그리는 데 대한 비용을 알려주었을 때, 나폴레옹은 그런 큰돈을 공식적으로 지불할 형편이 못되었다고 한다. 다비드는 이를 알고 네 점을 그리겠다고 말로만 약속하고 문서로는 작성을 하지 않았다. 김광우, 『다비드의 야심과 나폴레옹의 꿈』(서울: 미술문화, 2003), p. 292.

11 *Ibid.*, pp. 303~305.

히 무관심했다. 그는 1801년 7월 15일에 교황과 정교 조약을 맺는데, 그 이유는 프랑스에서 질서를 회복시키기 위한 것이었다. 조약의 결과로 교회는 몰수된 재산을 단념하고, 그 대신 국가는 사제의 급여를 떠맡았다. 교구들은 새로 구역이 나뉘어졌다. 나폴레옹은 정교 조항에 77개의 기초 조항을 몰래 첨가하였는데, 그 조항들은 정교 조약의 성과를 다시 취소하는 것이었다. 교황은 이에 항의하였으나 소용이 없었다. 비오 7세(Pius VII, 1800~1823 재위)는 나폴레옹으로부터 더 많은 수모를 겪었다.[12] 1804년 7월의 국민투표에서 압도적인 지지로 나폴레옹은 자신을 프랑스의 황제로 선출하게 하였다. 루이 14세(Louis XIV, 1643~1715 재위)가 외쳤던 "짐은 곧 국가" 대신 "나는 프랑스 국민의 대표자"를 자처하였고, 랭스 대성당 대신 파리 노트르담을 대관식의 장소로 택하였다. 또 로마 교황을 찾아가는 대신 교황을 직접 파리로 초청하는 등 기존 왕정과는 다르다는 것을 부각시키며, 자신의 우월함을 강조하였다.

교황과 일행이 대관식을 위해 1804년 11월 25일 퐁텐블로(Fontainebleau)에 도착했다. 교황은 대관식에서 나폴레옹의 머리에 기름을 붓는 의식을 베푼 후 나폴레옹 자신이 직접 황제관을 쓰는 것까지 동의해주었고, 대관식에 앞서 나폴레옹과 조세핀이 공공의식을 통해 교회에서 결혼식을 치러야 한다고 주장하자 나폴레옹은 이를 받아들여, 대관식 전날 증인들을 참석시키지 않은 가운데 조용히 결혼식을 올렸다.[13] 1804년 12월 2일에 파리의 노트르담에서 나폴레옹의 황제 대관식은 성대하게 거행되었다. 그의 대관식은 과거 프랑스 왕들의 대관식과 크게 달랐다. 교황은 도유식을 집전하였고, 대관은 나폴레옹 스스로 행하였다. 나

---

12 A. 프란츠(2001), p. 385.

13 김광우(2003), p. 291.

폴레옹이 교황과 합의한 내용과 달리 자신의 손으로 왕관을 쓴 것은 교회의 권위 아래 있는 것을 거부하는 행위였다. 그는 자신의 권력이 자신의 힘에 의한 것이지, 타인으로부터 수여하는 것이 아님을 강력히 주장하였다. 그는 무릎을 꿇은 조세핀의 머리에도 관을 씌워주었다. 나폴레옹 뒤쪽에 그녀의 대관을 축복하는 비오 7세의 모습이 보인다. 교황은 대관식에 일개 참석자로 전락한 것이다. 12세기 카페 왕조의 프랑스 왕들이 그리스도의 대리자인 교황들에게 신임을 얻는 일환으로 교황으로부터 관을 수여하던 것과는 사뭇 다른 양상이다. 황제에 즉위한 뒤부터 나폴레옹이 유럽에서 세력을 팽창해감에 따라 교황과 황제의 관계는 악화되었고, 1808년에 나폴레옹이 프랑스 장군을 보내 로마를 정복하고 이어서 1809년에는 교황령을 다시 합병하려 하자 교황은 그에게 황제 파문을 선언했다. 여기에 맞서 나폴레옹은 교황을 체포하여 사보나(Savona)에 감금했다. 1812년에 교황은 퐁텐블로로 옮겨졌고, 1814년에 나폴레옹이 처음으로 권좌에서 물러날 때까지 거기서 머물렀다.[14]

5세기 이후 프랑스 왕들의 도유식과 대관식이 거행되었던 랭스 대성당 게이블의 「성모대관」(그림 50)은 교황권이 절정을 이루었던 13세기 후반에 제작되었고, 이때 그리스도로부터 두 손을 모으고 왕관을 받는 마리아의 자세는 조세핀의 자세(그림 100)과 크게 다르지 않다. 우리는 이때 랭스에서 관을 수여하는 그리스도를 '베드로의 대리자'에서 '그리스도의 대리자'가 된 교황권으로, 마리아를 카페 왕조의 왕권을 상징하는 것으로 보았고, 이 대관의 장면을 강력한 교황군주제의 시각적 재현으로 보았다. 한편 조세핀에게 관을 씌워주는 나폴레옹은 전통적으로 프랑스 왕들이

---

14 나폴레옹은 1815년에 다시 유배되었고, 1821년에 사망하였다. 비오 7세는 지난 일에 대한 원한을 품지 않고, 나폴레옹이 죽을 때 신부를 보내주었다. 일찍이 프랑스에서 교회를 재건한 일에 대한 보답으로 여겨진다. P. G. Maxwell-Stuart(1997), p. 213.

썼던 샤를마뉴의 왕관이 아니라 월계관을 쓰고 있는데, 이는 나폴레옹이 스스로를 로마 황제와 동일시했음을 보여준다. 로마의 황제처럼 월계관을 쓴 나폴레옹은 조세핀에게 수여할 관을 높이 쳐들고 있다. 다비드는 대관식의 최고 절정을 바로 이 순간으로 선택한 것이다. 자신이 교황을 대신해서 왕관을 수여하는 것으로 권력의 주체라는 것을 만천하에 들어낸 것이다. 반면 많은 인물이 등장하는 다비드의 화면에서 교황의 모습을 찾기는 쉽지 않다. 이제 교황은 이 화면 속에서 마치 숨겨진 이처럼 그 존재가 희미하게 표현되었다.

12세기 성모대관의 출현에는 교황권력이라는 정치적인 힘이 크게 작용했기에 교황과 세속군주의 힘겨루기가 작품을 해석하는 실마리가 되었다. 13세기 후반에서 14세기의 위기와 불안의 혹독한 시기는 중재자로서 마리아를 강조하게 되었고, 많은 죽음을 목격한 이들은 천국의 모습을 원했다. 이제 정치적인 의도가 탈색된 성모대관은 신학적으로 보다 정교해졌다. 때론 천사와 섬광으로 묘사되며, 성부와 성령과 성자, 성인들이 함께 하는 대관식의 장면은 인간이 꿈꾸는 가장 영예롭고, 아름다운 장면이며 낙원으로 묘사되었다. 그리스도교는 내세를 지향하는 종교이다. 성모뿐만 아니라 인간은 누구나 죽음을 맞으며 죽음 이후의 삶은 알 수 없기에 늘 불안하다. 교회는 불안한 현실에 대한 보상으로 죽음 이후에 대한 삶을 보여줄 강력한 비전이 필요했고, 당시 가장 공적인 장소인 교회의 가장 중요한 위치에 그려진 성모대관은 이러한 목적에 합당하게 천국이라는 비전을 제시했다. 이는 교황의 권력과는 또 다른 의미의 신자 대중을 향한 권력인 것이다. 그러나 19세기 역사화 속에서는 마리아는 사라지고 교황은 숨겨졌고, 권력만이 남겨졌다.

3. 에필로그

지금까지 교회라는 가장 공적인 공간에 나타난 성모대관이 시간의 흐름에 따라 형식적으로 변화하는 국면들과 그 변화를 에워싼 여러 배경과 요소들을 살펴보았다. 이 책의 목적을 다시금 요약하면, 성모대관의 시작점과 그 출현 의도, 변화의 요인들, 그리고 여러 변화와 발전 양상을 통해 이미지가 궁극적으로 전달하고자 한 다양한 의미를 밝히는 것이다. 이 책에서 우선적으로 밝히고자 한 것은 '왜 12세기에 성모대관이 나타났는가?'라는 점으로, 필자는 이를 강력한 교황의 힘과 이단으로 흡수되는 대중의 신앙을 곧추 세우기 위해 수사적으로 내세운 마리아 공경으로 보았다. 그러나 13세기 후반부터 교황의 세력은 약해지고 성모대관 이미지는 위기와 불안을 겪는 사회 속에서 형식과 내용이 다채롭게 변화하였다. 이러한 변화는 곧 이미지의 발전으로 이어져 성모대관은 15세기에 절정을 구가하면서 천국의 모습을 아름답고 풍요롭게 재현하였다.

제1장에서 필자는 연구의 대상과 범위를 정하고 기존 연구가 명확히 하지 못했던 성모대관의 시작점에 관한 새로운 시각을 제안하였다. 즉 이미 관을 쓰고 있는 성모의 경우는 아가의 신랑–신부 이미지와의 혼란을 피하기 위해 성모의 죽음과 승천이라는 서사 구조에서 성모대관을 보아야 하며, 따라서 최초의 작품을 로마의 산타 마리아 트라스테베레의 앱스에 그려진 「성모대관」(그림 4)으로 제안했다. 제2장에서는 성모대관의 유래를 다루었다. 크게 내용의 단초가 된 문헌적 유래와 형식적인 근간이 된 성모대관 이전의 여러 대관의 양상, 그리고 성모대관의 주인공인 마리아에 대한 신학적인 견해를 살펴보았다. 마리아의 예표론적인 인물로 여겨지는 에스테르 왕후의 대관식은 왕후의 대관이 곧 왕이 가진 권력의 분배를 의미함을 보여주는 일화이다. 신정 정치를 의미하는 황제의 대관식

과 마찬가지로 대관식이 내포하는 의미는 바로 강력한 권력이며, 따라서 성모대관을 다루는 데 있어서 권력이라는 시각은 필수적인 것이다.

또한 『황금전설』과 같은 문헌은 마리아를 천상신부이자 아들의 왕좌에 앉게 될 여왕이라고 쓰고 있고, 비잔틴 미술에서 나타나는 황제와 황후의 대관은 결혼의 축복을 상징하는 것이었다. 황제와 황후의 결혼식 작품들은 형식적인 면에서 성모대관의 직접적인 원형으로 볼 수 있겠다. 한편 인류의 태동과 함께 시작된 대지모신에 대한 숭배는 여러 문명에서 어머니 신을 만들어냈고, 비너스를 로마의 어머니로 여기는 대관의 풍습으로 이어진다. 로마가 그리스도교화 되면서 이교의 풍습은 제거되기도 하고, 그리스도교 문화로 수용되기도 한다. 바로 마리아는 고대인들이 어머니 신을 섬겼던 자리에 '하느님의 어머니'로 공경을 받았고, '성모 탄생', '성모영보', '성모승천'과 같은 대중적인 축제가 치러졌다. 특히 교회는 '성모승천'을 대중적인 축제로서 뿐만 아니라 그리스도인이 미래에 맞이할 영광의 표징이라는 신학적 입장을 밝혔다. 요컨대 마리아는 교회가 신자를 다루고 신앙을 고취하는 수사적인 도구로 사용된 측면이 역력하며, 이 같은 현상이 가장 두드러지는 시기가 바로 12~13세기 전반이다.

1140~1143년 제작된 산타 마리아 인 트라스테베레의 거대한 앱스 모자이크 「성모대관」(그림 4)을 주문한 인노켄티우스 2세는 교회 안팎으로 어려움에 직면해 있었다. 밖으로는 세속 군주의 틈바구니에서 이들의 힘을 활용해 교황의 권력을 견고히 해야 했고, 안으로는 자라나는 이단의 세력을 저지해야 했다. 따라서 성모대관은 그리스도의 대리자인 교황의 권력을 나타내는 동시에 확산되는 이단에 대응하여 신자들의 신심을 응집하는 수사적 장치로 제작된 것이다. 이러한 의도는 당시 교황과 가장 친밀한 관계를 유지했던 카페 왕조의 프랑스 왕들이 다스렸던 일드프랑스에 성모대관이 속속 나타난다는 점에서 더욱 분명해진다. 일드프랑스

에 세워진 대성당들은 주교 혹은 교황에 의해 계획되었고, 왕실의 재정적인 후원을 받았다. 따라서 상리스와 샤르트르 등에 나타난 성모대관을 당시의 정치와 연결하면 프랑스 왕과 교황과의 결혼과도 같은 견고한 동맹으로 읽을 수 있다.

한편 12세기에는 사랑과 결혼이라는 새로운 분위기가 사회를 감싸며, 그리스도의 영적인 신부인 마리아의 이미지가 부각된 성모대관을 통해 결혼이 성사로 교회의 제도 안으로 들어왔음을 신자들에게 시사한다. 그리스도와 이미 관을 쓴 성모가 나란히 앉은 모습으로 나타난 성모대관은 13세기 중엽으로 접어들면서 새로운 변화를 맞이하는데, 성모의 머리 위에 관이 수여되는 순간, 즉 대관식이 진행되는 장면이 나타난다. 파리와 아미앵 대성당의 경우는 천사가 관을 씌워주는 프랑스만의 독특한 모티프가 등장하며, 왕들의 대관식이 거행되는 랭스에서는 그리스도가 직접 관을 얹어준다. 마치 콘스탄티누스 황제의 머리 위에 하늘에서 내려온 손이 왕관을 수여하는 장면에서처럼 위로부터 내려오는 관은 절정에 달한 교황의 권력을 상징한다. 여왕이미지로 재현된 성모대관은 교황의 권위가 위로부터 아래로 흐르는 사회 구조를 지향한 하향적 정치의식을 엿보게 해준다. 그러나 13세기 후반부터 교황의 힘을 얻어 왕조의 정당성과 입지를 굳힌 프랑스 왕들의 재정과 세력이 막강해지자, 교황이 프랑스 왕에게 종속되는 상황으로 역전되었다.

교황의 힘이 쇠퇴해지는 13세기 후반에서 14세기에 왕의 도시 일드프랑스에서 이탈리아의 마리아의 도시들로 확산된 성모대관은 변화의 물결에 휩싸였다. 시에나와 피렌체, 그리고 베네치아와 같은 도시들은 모두 마리아에게 봉헌된 도시였고, 당시 이탈리아는 흑사병과 각 도시들 간의 끊이지 않는 전쟁으로 혼란과 분열이 점철된 어두운 상황이었다. 아비뇽의 유수와 대립교황이라는 정쟁에 휩싸인 교회를 대신해 신자들의 신앙을 이끌어간 것은 프란체스코회와 도미니쿠스회와 같은 탁발수도회였다. 또 당시 유럽 인구 1/3 이상의 목숨을 앗아간 흑사병과 같은 대재앙 앞에서 사람들은 신의 개입과 구원을 열망하게 되었고, 신과 인간을 이어주는 힘 있는 중개자로서의 마리아의 모습이 부각되었다.

이 같은 종교적 위기와 사회 불안은 사회적 변화는 물론 「성모대관」에도 새로운 변화를 가져왔다. 당시 「성모대관」은 로마의 산타 마리아 마조레, 시에나 두오모, 또한 프라토 대성당과 같은 큰 교회 건축의 일부로 모자이크나 프레스코, 혹은 스테인드글라스로 제작되었을 뿐 아니라 형식적으로도 큰 변화를 맞게 된다. 바로 교회를 장식하는 제단화에 성모대관이 그려지면서 교회 건축의 일부에 속한 입지와 성모의 죽음과 승천이라는 서술적인 구조에서 탈피해 대관식이 일어나는 장면이 단독으로 나타나게 되었다. 그러면서 마리아의 일생이라는 일화적인 이야기보다 대관식이 일어나는 천국이라는 장소에 더 큰 관심을 두게 된다. 주인공보다 배경에 관심을 둠으로써 「성모대관」은 12~13세기 전반기에 나타난 정치적인 수사에서 천국에 대한 의미를 구체화시키는 종교적 수사로 변화되는 면면을 보인다. 이에 이어지는 제5장에서 다룬 15세기의 성모대관들은 천국이라는 장소를 보다 다채롭게 전달한다.

12세기의 강력한 교황권과 대비되어 15세기에는 교황권이 쇠락해갔고, 이를 대신하여 교회 내의 당면 과제를 해결한 것은 공의회였다. 바야흐로 공의회의 시대였다. 특히 초대 교회부터 동·서 교회 분열의 한 원인을 제공한 필리오퀘 논쟁이 "성령은 성부와 성자로부터 발한다"는 결론으로 종식된다. 논쟁의 분위기를 반영하듯 성모대관에는 그간에 등장하지 않았던 성령이 등장한다. 뿐만 아니라 마리아에게 관을 수여하는 이가 그녀의 젊은 아들인 그리스도가 아니라 수염이 난 성부의 모습으로 그려진다. 성부에게 관을 받는 마리아는 신부이미지보다 여왕이미지를 부각시킨 것이다. 여왕이미지가 부각된 성모대관의 형식은 서유럽의 전통이 되어 19세기에는 나폴레옹이 대관식에서 조세핀에게 왕관을 수여하는 역사화로 이어지게 된다(그림 100). 또한 당시 유행한 단테의 『신곡』은 많은 이에게 죽음 이후의 세계에 대한 풍부한 상상을 가능케 했고, 도미니쿠스 수도회의 신부였던 프라 안젤리코는 성삼위일체의 신비를 전하는 섬광을 새로운 모티프로 가져왔다. 이 같은 새로운 모티프와 함께 특별히 이탈리아에서는 지상과 천상의 연결자이며, 거룩한 친구로 마리아와 함께 공경을 받았던 성인들이 집단적인 모습뿐 아니라 개별적인 모습으로 성모대관에 그려진다. 각 성인들의 등장은 분리된 제단화의 각 패널을 연결하며 단일한 공간감을 창조한다.

거룩한 친구로 불리는 성인을 비롯해 새롭게 등장한 모티프들은 궁극적으로 성모대관이 전하고자 하는바, 즉 천국의 모습을 설명하고 강조하는 표현들이다. 흔히 르네상스라고 일컫는 15세기에 교회가 말하는 천국관은 낙원과 천국으로 나뉘는 이중적인 천국관이며 프라 안젤리코는 계단이라는 장치를 통해 성모와 성자가 있는 천국과 성도들이 교제하는 낙원을 분리한다. 그러나 이 천국을 이어주는 것이 바로 성인들이다. 장엄한 대관식의 모습을 그린 프라 안젤리코의 천국이 현실에서 찾아볼 수 없는 초월적인 천국의 모습이라면, 조반니 벨리니가 「페사로 제단화」(그림 1)에서 그린 천국은 로카 디 그라나다라는 현실 풍경을 거룩한 도시 새 예루살렘으로 그리고 있다. 그리고 성모는 천국의 문 앞에서 이 제단 앞에 선 이들을 천국으로 들게 하는 천국의 문이다. 요컨대, 성모대관이 재현하는 실재는 인간이 살아서는 경험할 없는 천국의 모습이다. 이러한 천국의 모습을 교회라는 건축적 공간에 재현함으로써 당시 교회는 신자들에게 천국을 바라보고 상상할 수 있게 했으며, 교회가 땅 위에 세워진 하느님 나라임을 설교하는 수단이 되었다. 바로크를 예견한 라파엘로는 오디 제단화(그림 84)에서 빈 무덤에 남겨진 사도를 통해 우리의 시선을 보다 적극적으로 천상으로 이끈다. 지금까지 다룬 대부분의 성모대관이 현재는 미술관에 놓여 예배자가 아닌 관광객을 맞고 있지만, 그 당시 교회의 가장 중요한 위치를 점했던 성모대관은 마리아라는 여성이미지를 통해 시성(詩聖) 단테도 언어로 묘사할 수 없었던 아련한 상상 속의 천국을 바라볼 수 있는 곳, 경험할 수 있는 실재로 만들었다.

부록: 성모대관 목록

작가	장소	비고 및 제작 연도
12~13세기 프랑스		
	Senlis Cathedral, Notre-Dame	Marble relief
	Laon Cathedral, Notre-Dame	Marble relief
	Sens Cathedral, Notre-Dame	Marble relief
	Abbatiale de Corbie	Marble relief
	Chartres Cathdral, Notre-Dame	Marble relief
	Paris Cathdral, Notre-Dame	Marble relief
	Strasburg Cathedral, Notre-Dame	Marble relief
	Saint-Servais, Maastricht	Marble relief
	Saint-Jean de Bruges	Marble relief
	Mouzon, Notre-Dame Abby	Marble relief
	Eglise de Longpre-les-Corps-Saints, Somme	Marble relief
	Moutiers-Saint-Jean(The Cloisters Collection)	Marble relief
	Cathedral de Pampelune	Marble relief
	Amiens Cathedral, Notre-Dame	Marble relief
	Reims Cathedral, Notre-Dame	Marble relief
	La basilique Saint Julien de Brioude	Fresco
	Cathedrale d'Angers	Stainted glass
12~13세기 이탈리아		
	Santa Maria in Trastevere, Rome	Mosaic

19	Jacopo Torriti	Santa Maria Maggiore, Rome	Mosaic
20	Duccio	Siena Cathedral	Stainted glass
21	Turone	Museo di Castelvecchio, Verone	Fresco
22	Meo da Siena	Subiaco	Fresco
23	Guido da Siena	Courtauld Institute of Art, London	Pinnacle
	14세기 이탈리아		
24	Abruzzi, School of	San Pietro, Albi,	Fresco
25	Abruzzi, School of	Santa Maria in Pianto, Loreto Aprutino(near)	Fresco, above empty t Virgin
26	Altichiero	S. Stefano, Verona	Fresco
27	Altichiero	Dotto Chapel, Church of the Eremitani, Padua	Fresco
28	Altichiero and Jacopo Avanzo	Alter wall, Oratory of St. George, Sant' Antonio, Padua	Fresco, 1380~1384
29	Altichero, School of	Museo, Padua	Fresco for Sant' Anto Padua. 1382~1390
30	Ammanti da Siena, Giovanni	Museo dell'Opera del Duomo, Orviero	tympanum over pc door, Cathedral, Orviet
31	Andrea da Firenze	Santa Maria Novella, Florece	Stainted glass
32	Antonio Veneziano, attrib.	Hurd Collection, New York	Panel
33	Avanzi da Bologna, Pseudo	Pinacoteca, Bologna	Panel, from Convent, Domenico, Bologna
34	Avanzi da Bologna, Pseudo	Pinacoteca, Bologna	Panel
35	Barnaba da Modena	National Gallery, London	Predella, 1374
36	Barnaba da Modena	Hurd Collection, New York	Panel
37	Bartolo di Fredi	Pinacoteca, Palazzo Municipale, Montalcino	Panel(from San France Montalcino), 1388
38	Follower of Bartolo	Pinacoteca, Siena	Panel(from Convent Sant' Egidio, Siena)
39	Bologna School	Pinacoteca, Bologna	Panel

Bologna School	Musee Hyacinthe Regaud, Perpignan	Gable
Caterino Veneziano	Accademia, Venice	Panel, 1375
Caterino Veneziano	Accademia, Venice	Panel(Central Panel, Triptych)
Caterino Veneziano, School of	Narodni Galerie, Prague	Panel
Daddi, Bernardo, Scholol of	Staatliches Lindenau Kunst-Museum, Altenburg	Panel
Daddi, Bernardo, Scholol of	Kaiser-Friedrich Museum, Berlin	Panel
Daddi, Bernardo, Scholol of	Pinacoteca, Turin	Panel
Daddi, Bernardo, followers of	Accademia, Florece	Panel, from Convent(Santa Maria Novella)
Daddi, Bernardo, followers of	Uffizi, Florence	Central part of tabernacle
Daddi, Bernardo, followers of	National Gallery, London	Panel
Donato Veneziano	Hermitage, Leningrad	Panel
Duccio, School of	Blumenthal Collection, New York	Top register of side panel
Emilian School	Baptistery, Parma	Fresco, 1398/1399
Florentine School	Santa Maria Novella, Florece	Fresco(over small door to left of Strozzi Chapel)
Francesco di Michele	Sesto Fiorentino	Fresco, 1385
Gaddi, Agnolo, attrib.	Kress Collection, National Gallery of Art, Washington, D. C.	Panel
Gaddi, Agnolo, attrib.	National Gallery, London	Panel
Gaddi, Agnolo, School of	Art Museum, Bern	Panel
Gaddi, Gaddo	Cathedral, Florence	Mosaic, lunette over inner face enterance, 1300
Giotto, follower of	Arena Chapel, Padua	Fresco, Lunette
Giotto and assistants	Baroncelli Chapel, Santa Croce	Panel, after 1328
Giovanni Baronzio	Metropolitan Museum of Art, New York	Panel
Giovanni del Biondo	San Donato in Poggio	Panel, 1375
Giovanni del Biondo	Formerly Cook Collection, Richmond	Panel, 1372

64	Giovanni del Biondo	S. Ansano(near Florence)	Panel, 1373
65	Giovanni del Biondo	Cathedral, Fiesole	Panel, 1373
66	Giovanni del Biondo	Bandini Museum, Fiesole	Altarpeice
67	Giovanni del Biondo	Formerly Lucas Gallery, Vienna	Panel
68	Giovanni del Biondo	Oratorio of San Giovanni Valdarno	Panel
69	Giovanni del Biondo	Walker Art Gallery, Liverpool	Panel
70	Giovanni da Bologna	Pinacoteca, Bologna	Panel
71	Giovanni da Bologna	Kress Collection, Denver	Panel
72	Giovanni da Gaeta	Present location unknown	Panel
73	Giovanni da Gaeta	Musee Municipal, Nice	Panel
74	Giovanni da Gaeta	San Francesco Minori(near Ravello)	Panel
75	Giovanni da Rimini	Alnwick Castle, Duck of Northumberland	Panel
76	Giusto dei Menabuoi	National Gallery, London	Panel, 1367
77	Giusto dei Menabuoi	Sant' Antonio	Fresco, 1380
78	Guariento	Czernin Collection, Vienna	Panel, 1344
79	Guariento	Church of the Eremitani, Padua	Fresco, 1351
80	Guariento	Palazzo Ducale, Venice	Fresco, 1365~1368
81	Jacobello di Bononomo	San Michele Arcangelo, Fermo	Panel
82	Jacobello di Bononomo	Czartoryski Gallery, National Museum, Cracow	Panel
83	Jacopino di Francesco	Pinacoteca Nazionale, Bologna	Panel
84	Jacopo del Casentino	Art Museum, Bern	Panel
85	Jacopo del Casentino, shop of	Yale University, New Haven, Conn.	
86	Jacopo di Cione,	Academia, Florence	Panel, 1373
87	Jacopo di Cione	San Lucchese, Poggibonsi(destroyed 1944)	Panel
88	Jacopo di Cione and Studio	National Gallery, London	Panel, 1370
89	Jacopo di Cione	Museo di Palazzo, Rome	Panel
90	Jacopo di Cione	Hampton Court	Panel
91	Jacopo di Cione	Parry Collection, Gloucester	Pinnacle
92	Jacopo di Cione, Shop of	Yale University, New Haven, Conn.	Panel

Jacopo di Cione, follower of	Vatican Gallery	Panel
Jacopo di Cione, School of	Musee des Arts Decoratif, Paris	Panel
Jacopo di Paolo	Pinacoteca, Bologna	Panel
Lippo di Dalmasio	Pinacoteca, Bologna	Panel with gable, 1394
Lombard School	Lentate sul Seveso, Lombardy	Fresco, after1368
Lombard School	Sant' Andrea, Vercelli	
Lombard School	San Giovanni Battista, Vertemate	Fresco
Lombard School	Santa Lucia, Cremone	Fresco
Lorenzo Ambrogio	Sant' Agostino, Montefalco	Fresco
Lorenzetti, Ugolino	Formerly Kaiser Friedrich Museum, Berlin	Octagonal pinnacle, altarpiece
Lorenzo Veneziano	Brera, Milan	Panel
Lorenzo Veneziano	Private Collection, Paris	Panel
Martini, Simone, follower of	Alte Pinakotha, Munich	Gable
Maso di Banco	Museum of Fine Arts, Budapest	Panel
Maso di Banco	Lower Church, San Francesco, Assisi	Fresco, Lunette
Maso di Banco	Santa Croce, Florence	Fresco, Lunette
Master of the Baptism	Cathedral, Prato	Fresco, Lunette
Master of the Bellpung Coronation	Annunziata, Urbino	Fresco, fragmentary
Master of the Fabriano altarpiece	Musee Valence	Panel
Master of the Fabriano altarpiece	Collection Count Cenami-Spada, Lucca	Panel
Master of the Urbino Coronation	Galleria Nazionale delle Marche, Urbino	Panel
Master of the Poldi Pezzoli Diptych	Christian Museum, Esztergom	Panel
Master of the Risen Christ	Accademia, Venice	Panel
Master of S. Elsino	Pinacoteca Comunale, Fermo	Panel
Master St. George Codex	Bargello, Florence	Panel
Master of S. Maria in Porto Fuori	S. Maria in Porto Fuori, Ravenna	Fresco, lunette(destoryed w. w. II)
Matteo di Ser Cambio	Collegio del Cambio, Perugia	Miniature

120	Meo da Siena, School of	Sacro Speco, Subiaco	Frecso
121	Nardo di Cione, attrib.	Victoria and Albert Museum	Panel
122	Nelli, Pietro and Tommaso del Mazza	Pieve, Impruneta	Pinnacle
123	Niccolo di Buonaccorso	Lehman Collection, New York	Panel
124	Niccolo di Pietro Gerini	Museum of Fine Arts, Montreal	Panel
125	Niccolo di Pietro Gerini, Pupil of	Palazzo Arte della Lana, Florence	Lunette
126	Niccolo di Segna di Bonaventura	Museum of Fine Art, Budapest	Fragment
127	Niccolo di Tommaso	Accademia, Florece	Altarpeice(from S Domenico, Fiesole)
128	Niccolo di Tommaso	Walter Gallery, Baltimore	Panel
129	Niccolo di Tommaso	Narondni Galerie, Prague	Panel
130	Nuzi, Allegretto	San Domenico, Fabriano	Fresco
131	Nuzi, Allegretto	Art Gallery, Southampton	Panel
132	Nuzi, Allegretto, follower	Santa Maria delle Grazie, Offida	Fresco
133	Orcagna, School of	Barberini Palace, Rome	Panel
134	Orcagna, School of	Collection, Locko Park, Derbyshire	Panel
135	Orcagna, Follower of	Kress Collection, Tulsa, Oklahoma	Panel
136	Pacini, Matteo	Formerly Stroganoff Collection	Panel, 1360
137	Pacino di Buonaguida	Accademia, Florence	Medallion in Panel
138	Paolo Veneziano	National Gallery of Art, Washington D. C.	Panel, 1324
139	Paolo Veneziano	Accademia, Venice	Panel
140	Paolo Veneziano, Workshop of	National Gallery, Prague	Panel
141	Paolo Veneziano, Workshop of	Victotoria and Albert Museum	Antependium
142	Paolo Veneziano, Workshop of	Parish Church of St. Stephen, Dobriny	Antependium
143	Paolo and Giovanni Veneziano	Frick Collection, New York	Panel, 1358
144	Petrucciolo, Cola	Santa Maria Maggiore, Spello	Panel, 1385
145	Piero di Puccio	Camposanto	Fresco, 1391
146	Pietro da Rimini	Museo Civico, Padua	Fresco(from Cloist Convent of the Eremitan

7	School of Rimini	Yale University, New Haven, Conn.	Panel
8	Roberto d'Odorisio da Napoli	Private Collection	Gable of Panel
9	Roberto d'Odorisio da Napoli	Private Collection, Milan	Fragment
0	Semitecolo, Niccolò	Thyssen or Rohoncz Collection, Lugano	1355
1	Serafini, Serafino	Pinacoteca, Modena	Panel
2	Sienese School	Cathedral, Orvieto	Tympanum, choir
3	Sienese School	Lucignano	Medallion, center of processional cross
4	Simone dei Crocifissi	Museum, Troyes	Panel
5	Simone dei Crocifissi	Pinacoteca, Bologna	Panel
6	Simone dei Crocifissi	Fogg Art Museum, Cambridge, Mass	Panel
7	Simone dei Crocifissi	Museum, Pesaro	Canvas
8	Simone dei Crocifissi	Yale University, New Haven, Conn.	Panel
9	Spinello Aretino	Monteoliveto, Siena	Pinnacle, 1385
0	Stefano di San'Agnese	Accademia, Venice	Panel, 1381
1	Terenzano Master	Accademia, Florence	Panel
2	Turone, Jacopo	Musei di Castelvecchio, Verona	Pinnacle, 1360
3	Venetian School	Van Marle Collection, Perugia	Panel
4	Veronese School	San Fermo Maggiore, Verona	Fresco
5	Vitale da Bologna	Church of San Salvatore, Bologna	Panel, 1353
6	Vitale da Bologna	Adolphe Stocle Collection, Brussesls	Panel
7	Vitale da Bologna, apprentice	Cathedral, Udine	Panel
8	Vitale da Bologna	Pinacotecca, Bologna	Panel
	15세기 이탈리아		
9	Abruzzi School	Museo Aquila	Right panel, Triptych of Madonna and Child
0	Abruzzi School	Sta. Maria delle Grotte, near Fosca	Fresco
1	Agabiti, Pietro Paola da Sassaferrata	Pinacoteca, Bologna	Fresco
2	Amadeo Giovanni Antonio	Sta. Maria delle Carmine, Pavia	Marble relief, 1490~1500

173	Ambrogio di Baldese, Pseudo	Loyola Univ. Chicago	Panel
174	Ambrogio di Baldese, Pseudo	Collection Lord Hardinge of Penhurst	Center pinnacle
175	Andrea di Bartolo	Brera, Milan	Panel
176	Andrea di Bartolo	Pinacoteca, Bologna	Panel
177	Andrea di Bartolo & Bartolomeo di Pietri	Faòde, Cathedral Orvieto	Mosaic, 1417
178	Fra Angelico	Louvre	Altarpiece(from San Domenico, Fiesole), c. 1430~1440
179	Fra Angelico	Uffizi	Altarpiece(from Sta. Ma Nuova), c. 1430
180	Fra Angelico	Convent of San Marco, Florence	Fresco, Cell No. 9
181	Fra Angelico	Museo di San Marco, Florence	Reliquary panel
182	Antoniazzo Romano	Apse, San Antonio, Nazzano	Fresco
183	Antonio da Imola	Bob Jones Univ., Greenville, North Carolina	Panel, 1470
184	Baldi, Bernadino	Sta. Cristina, Bologna	Panel
185	Bartolomeo di Tommaso da Foligno	Pinacoteca, Vatican	Panel(from S. Venanz Camerino)
186	Bastiani, Lazzaro di Jacopo	Accademia Carrara, Bergmo	Altarpiece, 1490
187	Bellini, Giovanni	Museo Civico, Pesaro	Altarpiece(from Church San Francesco)
188	Bembo, Bonifacio	Pinacoteca, Cremona	Panel, 1450
189	Bergognone, Ambrogio	Church of the Certosa, Pavia	Fresco, 1492~1494
190	Bergognone, Ambrogio	Brera, Milan	Gable(Altarpiece of Assumtion)
191	Boccati da Camerio, Giovanni	Church, Castle Santa Maria, Marches	Altarpiece, 1463
192	Boccati, Compagno del	Staedel Institut, Frankfort	Altarpiece
193	Bocchi, Bartolommeo di Andrea	Collection Mrs. Langton Douglas, London	Panel
194	Bolognese School	Collegiata, Castell' Arquato	Fresco
195	Bolognese School	Pinacoteca, Bologna	Altarpiece

96	Bolognese School	Museo Sto.Stefano, Bologna	Panel
97	Bolognese School	Pinacoteca, Bologna	Panel
98	Botticelli, Sandro	Uffizi	Altarpiece(from Chapel of St. Eligius, San Marco)
99	Botticelli, Follower of, attrib.	Metropolitan Museum of Art	Altarpiece
00	Botticelli, School of, attrib.	Uffizi	Drawing
01	Botticelli, School of, attrib.	University Collection, Gòtingen	Drawing
02	Botticelli, School of, attrib.	Museo Poldi Pezzoli, Milan	Embroidered dossal
03	Botticini, Francesco	Pinacoteca, Turin	Altarpiece
04	Botticini, Francesco	Pinacoteca, Pistoia	Altarpiece
05	Botticini, Francesco	Berlin Museum	Altarpiece, destroed 1945
06	Carlo da Camerino, attrib.	National Museum, Stockholm	Panel
07	Cenni di Franceco di Ser Cenni	Collection Princess Maria Teresa Droutzkoy, New York	Panel
08	Coleberti da Piperno, Pietro	Sta Caterina, Roccantina	Fresco, 1430
09	Crivelli, Carlo	Brera, Milan	Altarpiece(from San Francesco Fabriano), 1493
10	Crivelli, Vittore, attrib.	Palazzo Communale, Sant' Elpidio a Mare	Panel
11	Crivelli, Vittore, attrib.	Indiana University, Bloomington	Panel
12	Delitio, Andrea the Younger	Cathedral, Arti	Fresco
13	Delli, Dello	Sant' Egideo, Florence	Teracotta relief, lunette
14	Domenico di Bartolo & Sano di Pietro	Palazo Pubblico, Siena	Fresco, c.1445
15	Domenico di Michelino	Formerly Matthieson Gallery, London	Panel
16	Donatello, after	Cathedral, Florence	Staind glass window, 1444
17	Erri, Agnolo degli & Erri, Bartolomeo degli	Galleria Estense, Modena	Panel(from Oratory, Ospedale della Morte, Modena), 1462~1466
18	Ferrarese School	Pinacoteca, Ferrara	Fresco, Fragment, detached, from S. Andrea, Ferrara

219	Florentine School	S. Trinita, Florence	Altarpiece
220	Florentine School	S. Guiliano, Florence	Fresco
221	Florentine School	Metropolitan Museum of Art	Panel
222	Francesco d'Antonio	Figline, Valdarno	Fresco
223	Francesco d'Arezzo	Sta. Caterina, Galatina	Fresco(over Dormitior 1435
224	Francesco di Giorgio Martini	Pinacoteca, Siena	Altarpiece(from Monaste Monteolivieto Maggior 1471
225	Fungai, Bernardino	Formerly Otto Lang, Amsterdam	Altarpiece
226	Gagliardi, Pietro	Sant' Agostino, Rome	Altarpiece
227	Gaspare da Pesaro	Monastery, Montecassino	Panel
228	Gentile da Fabriano	Brera, Milan	Panel
229	Gentile da Fabriano	Heugel Collection, Paris	Panel
230	Gentile da Fabriano, shop of	Accademy of Fine Arts, Vienna	Panel
231	Ghirlandio, Domenico, shop of	Pinacoteca, Cittòdi Castello	Altarpiece(from Conve Sta. Cecilia)
232	Ghirlandio, Domenico del	Municipio, Narni	Altarpiece(from Monaste S. Gerolamo, Narni), 148
233	Ghirlandio, Domenico del	Sta. Maria Novella, Florence	Fresco, 1486~1490
234	Ghirlandio, Domenico del	Uffizi	sketches
235	Ghirlandaio, School of	Christian Museum, Esztergom	Altarpiece
236	Ghirlandaio, studio of,	Kress Collection, Denver, Colorado	Panel
237	Giacomo & Pier Paolo da Venezia	S.Francesco, Bologna	Marble relief
238	Giovanni Battista da Offida	Sant'Agostino, Norcia	Fresco, 1497
239	Giovanni da Gaeta	Municipial Museum, Nice	Panel
240	Giovanni di Francesco	Bargello, Florence	Pinnacle
241	Giovanni di Paola	Sant'Andrea, Siena	Panel, c. 1445
242	Giovanni di Paola	Philip Lehman Collection, New York	Panel, c. 1450

43	Giovanni Pietro da Cemmo	Chiesa dell' Assunta, Esine, north of Brescia	Fresco, 1491~1494
44	Giovanni dal Ponte	Museum, Chantilly	Panel, 1410
45	Giovanni dal Ponte	Accademia, Florence	Panel
46	Girolamo da Cremona	Cathedral, Chiusi	Miniature
47	Gozzoli, School of Benozzo	Sant' Antonio, Beroide, near Spoleto	Fresco
48	Gozzoli, School of Benozzo	Loyola Univ. Chicago	Panel
49	Jacobello del Fiore	Accademia, Venice	Altarpiece(from Cathedral of Ceneda), 1438
50	Jacobello del Fiore	Palazzo Municipale, Teramo	Panel(from Church of Sant'Agostino, Teramo)
51	Jacopo del Sellaio	Monastery, La Quiete, near Florence	Altarpiece
52	Leonardo da Besozzo	S. Giovanni a Carbonara, Naples	Fresco, 1428
53	Lippi, Filippino	National Gallery of Art, Washington, D. C.	Panel
54	Lippi, Filippo	Uffizi, Florence	Altarpiece(from San Ambrogio), 1441~1447
55	Lippi, Filippo	Vatican Gallery, Rome	Altarpiece(from Marsupini)
56	Lippi, Filippo	Cathedral, Spoleto	Fresco, 1468
57	Lombard School	Santa Maria in Selva, Locarno	Fresco, 1400
58	Lorenzo Monaco	Uffizi, Florence	Panel(from Sta. Maria degli Angeli), 1413~1414
59	Lorenzo Monaco	National Gallery of Art, London	Panel
60	Lorenzo Monaco	Pinacoteca Capitolina, Palazzo dei Conservaori, Rome	Panel
61	Lorenzo di Niccolò	S. Domenico, Cortona	Panel, 1402
62	Lorenzo di Niccolò	Sta. Croce, Florence	Panel, 1408
63	Luigi Giani di Portogallo	Pinacoteca, Pisa	Panel
64	Machiavelli, Zanobi	Gallery, Dijon	Panal, 1474
65	Mansueti, Giovanni	Formerly Crespi Collection, Milan	Altarpiece
66	Mariotto di Nardo	Formerly Hatton Garden Church, London	Panel, 1408

267	Mariotto di Nardo	Acton Collection	Altarpiece 1431
268	Martino di Bartolomeo da Siena	Los Angeles, California	Panel
269	Maso Finiguerra	National Museum, Florence	Niello
270	Masolino	Collegiata, Castiglione d'Olona	Fresco
271	Master of the Bambino Vispo	Pinacoteca, Parma	Panel
272	Master of the Innocenti Coronation	Ospedale degli Innocenti, Florence	Panel
273	Master of the Terni Dormition	Johnson Collection, Philadelpia	Panel
274	Matteo de Perruchio	Monastero del Carmine, Palermo	Panel
275	Mazzucchi, Giovanni	S.Fiorenzo, Bastia Mondivi, Piedmont	Fresco
276	Michele di Matteo da Panzano	Collection Duck Massari-Zavaglia, Ferrara	Panel
277	Miretto, Niccolò	Palazzo della Ragione, Padua	Fresco, after 1420
278	Neapolitan School	Sta. Chiara, Naples	Panel
279	Neapolitan School	New Church of Sta. Maria di Donna Regina, Naples	Panel
280	Nelli, Ottaviano	S. Francesco, Gubbio	Fresco
281	Neri di Bicci	Accademia, Florence	Panel(from Convent S.Barnaba)
282	Neri di Bicci	Accademia, Florence	Altarpiece(from S.Felice 1459~1460
283	Neri di Bicci	Museo Civico, Pisa	Panel(from S. Zeno, Pisa)
284	Neri di Bicci	Walters Art Gallery, Baltimore	Panel
285	Neri di Bicci	Church of S. Giovanni dei Cavalieri, Florence	Altarpiece
286	Neri di Bicci	Ospedale degli Innocenti, Pinacoteca, Florence	Panel
287	Niccolòda Foligno	Cathedral, Nocera Umbra	Pinnacle, 1483
288	Niccolòda Foligno	Church of S. Niccolò	Panel
289	Niccolòdi Pietro(Veneziano)	Brera Gallery, Milan	Altarpiece
290	Niccolòdi Pietro(Veneziano)	Accademia dei Concordi, Rovigo	Altarpiece
291	Niccolòdi Pietro(Veneziano)	Dunn Collection, New York	Altarpiece
292	Niccolòdi Pietro(Veneziano)	Palazzo Barberini, Rome	Altarpiece(from Monte di Pie

3	Orvieto, School of	Pinacoteca, Trevi	Pinnacle
4	Palmezzano, Marco	Brera Gallery, Milan	Panel
5	Pietro Alamanno	Lazzaroni Collection, Paris	Panel
6	Pierto di Domenico da Montepulciano	Kress Collection, Howard Univ. Washington D. C.	Panel, 1420
7	Pierto di Miniato	Prato	Panel(from Convent of S.Matteo), 1412
8	Pinturicchio	Formerly Palazzo Graziani, Perugia	Miniature, 1486
9	Pollaiuolo, Pietro del	Collegiata, San Gimignano	Panel(from Church of Sant'Agostino, San Gimignano), 1483
0	Quartararo, Riccardo	Pinacoteca, Palermo	Panel
1	Robbia, Andrea della	Palazzo Bianco, Genoa	Marble relief
2	Robbia, Andrea della	Santa Maria degli Angeli, Assisi	Relief panel on altarpiece
3	Robbia, Andrea della	Osservanza, Florence	Marble relief
4	Robbia, Luca della	Ognissanti, Florence	Marble relief
5	Roman	Church of A. Giusto, Kosec(near Rome)	Fresco
6	Rossello di Jacopo Franchi	Accademia, Florence	Panel, 1420
7	Rossello di Jacopo Franchi	Pinacoteca	Panel, 1439
8	Sano di Pietro & Domenico di Bartolo	Palazzo Pubblico, Siena	Panel, 1439
9	Sano di Pietro	Pinacoteca, Siena	Panel
0	Sano di Pietro	Pinacoteca, Gualdo Tadino, Province of Perugia	Panel, 1437
1	Sano di Pietro	Jarves Collection, Yale Univ. New Haven, Conn.	Panel
2	Scacco, Cristoforo(da Verona)	Pinacoteca, Naples	Panel
3	Sicilian School	Museo diocesano, Palermo	Panel(from S. NiccolòReale)
4	Sicilian School	Pinacoteca, Palermo	Panel(from S. Pietro la Bagnara)
5	Sicilian School	Museo Nazionale, Palermo(No. 79)	Panel(from S. Pietro la Bagnara)
6	Sicilian School	Museo Nazionale, Palermo	Panel(from San Michele Arcangelo)

317	Sienese School	Museo Provincial de Pintures, Valencia	Panel
318	Sienese School	Franchetti Collection Ca d'oro, Venice	Panel
319	Sienese School	San Francesco, Lucignano in Val di Chiara	Central rondel of processional cross
320	Spinello Aretino, Niccolòdi Pietro Gerini	Accademia, Florence	Panel(from Sta. Felicit Florence), 1401
321	Spinello Aretino	SS. Raniero e Leonardo, Pisa	Panel
322	Taddeo di Bartolo	Cathedral, Montepulciano	Pinnacle, 1401
323	Taddeo di Bartolo	Kress Collection, Univ.of Arizona, Tucson	Panel
324	Umbrian School	Seminario, Castiglione del Lago	Fresco
325	Umbrian School	S. Giuliano, Spoleto	Fresco, 1442
326	Umbro-Roman School	Sant' Antimo, Nazzano, Latium	Fresco
327	Venetian School	Accademia, Venice	Copy of S. Pantaleo altarpiece
328	Veneto-Byzantine School	Vatican Gallery, Rome	Panel
329	Vigilia, Tommaso di	Museo Nazionale, Palermo	Panel
330	Vivarini, Antonio & Giovanni d'Alemagna	S. Pantaleone, Venice	Altarpiece, 1444
331	Vivarini, Antonio(or Venetian School)	Neues Museum, Wiesbaden	Altarpiece
332	Vivarini, Antonio & Bartolomeo	Museo Civico, Turni	Panel
333	Vivarini Bartolomeo, School of	Palazzo Communale, Osimo	Panel
334	Vivarini Bartolomeo	Kress Collection, New Orleans	Panel

참고문헌

단행본

A. 프란츤, 최석우 역, 『세계 교회사』, 왜관읍: 분도출판사, 2001.

강치원 편저, 『중세의 정치적 갈등』, 춘천: 강원대학교 출판부, 1989.

국제가톨릭성서공회 편, 『해설판 공동번역 성서』, 서울: 일과놀이, 1995.

김광우, 『다비드의 야심과 나폴레옹의 꿈』, 서울: 미술문화, 2003.

마르크 블로크, 정남기 역, 『역사를 위한 변명』, 서울: 한길사, 2000.

박영옥 역, 『아가/애가/에스델/룻기』, 서울: 한국신학연구소, 1992.

서양중세사학회 편, 『서양 중세사 강의』, 서울: 느티나무, 2003.

신준형, 『천상의 미술과 지상의 투쟁: 가톨릭개혁의 시각문화』, 서울: 사회평론, 2007.

아우구스티누스, 성염 역, 『신국론』, 왜관읍: 분도출판사, 2004.

원종천, 『중세 영성의 진수』, 서울: 대한기독서회, 2004.

이경구, 『중세의 정치 이데올로기』, 서울: 느티나무, 2000.

이동진 역, 『제2의 성서 아포크리파: 신약시대』, 서울: 해누리, 2001.

이탁, 김보록 역, 『성모 성월』, 서울: 한국교회사연구소, 1998.

자크 두에, 박도식 역, 『성인이란 무엇인가?』, 서울: 가톨릭출판사, 1994.

자크 르 고프, 최애리 역, 『연옥의 탄생』, 서울: 문학과지성사, 1995.

장 보테로 외, 이선희 역, 『사랑과 결혼 그리고 섹슈얼리티의 역사』, 서울: 새로운 사람들, 1996.

전달수 엮음, 『교황사』, 서울: 가톨릭출판사, 1996.

조규만, 『마리아, 은총의 어머니: 마리아 교의의 공경과 역사』, 서울: 가톨릭대학교 출판부, 1998.

———, 『하느님 나라』, 서울: 가톨릭대학교 출판부, 2005.

조르주 뒤비, 강일휴 역, 『천년: 그 세기말의 징후』, 서울: 교보문고, 1999.

조르주 뒤비, 최애리 역, 『중세의 결혼: 기사, 여성, 성직자』, 서울: 새물결, 1999.

주교회의 성서위원회, 편, 『성경』, 서울: 한국천주교중앙협의회, 2005.

최정오 역편, 『마리아 사전』, 서울: 계성출판사, 1989.

최형걸, 『수도원의 역사』, 서울: 살림, 2004.

클라우스 샤츠, 이종한 역, 『보편 공의회사』, 왜관읍: 분도출판사, 2005.

폴벤느 편, 주명철 · 전수연 역, 『사생활의 역사』, 서울: 새물결, 2002.

프리츠 하이켈하임, 김덕수 역, 『로마사』, 서울: 현대지성사, 1999.

한형곤, 『풀어쓴 단테의 신곡』, 서울: 한국외국어대학교 출판부, 2003.

호이징가, 최홍숙 역, 『중세의 가을』, 서울: 문학과지성사, 1999.

홍성표, 『서양 중세사회와 여성』, 서울: 느티나무, 1999.

Abbot Suger, Erwin Panofsky(ed & trans), *Abbot Suger on the Abbey Church of "St.-Denis" and Its Art Treasures*, Princeton: Princeton Univ. Press, 1979.

Alain Erlande-Brandenburg, John Goodman(trans), *Notre-Dame de Paris*, New York: Harry N. Abrams, 1998.

Alister E. Mcgrath, *A Brief History of Heaven*, Malden: Blackwell Publishing, 2003.

Allan Temko, *Notre-Dame of Paris*, New York: Time, 1952.

André Grabar, *Les Voies de la Création en Iconographie Chrétienne: Antiquité et Moyen Âge*, Paris: Flammarion, 1979.

Anne Baring & Jules Cashford, *The Myth of the Goddess*, London: ARKANA, 1991.

Anne Derbes & Mark Sandona(ed), *The Cambridge Companion to Giotto*, New York: Cambridge Univ. Press, 2004.

Barbara J. MacHaffie, *Readings in Her Story: Women in Christian Tradition*, Minneapolis: Fortress Press, 1992.

Brenda Bolton, *The Medieval Reformation*, New York: Holmes & Meier, 1983.

Bruce Cole, *Agnolo Gaddi*, Oxford: Clarendon Press, 1977.

Caroline H. Ebertshäuser et al., Peter Heinegg(ed), *Mary: Art, Culture and Religion through the Ages*, New York: Crossroad Publishing, 1998.

Caroline Walker Bynum et al.(ed), *Gender and Religion: On the Complexity of Symbols*, Boston: Beacon Press, 1986.

Caterina Limentani Virdis & Mari Pietrogiovanna, *Great Altarpieces: Gothic and Renaissance*, New York: Vendome Press, 2002.

Christopher Duggan, *A Concise History of Italy*, New York: Cambridge Univ. Press, 1994.

Colin Jones, *The Cambridge Illustrated History of France*, London: Cambridge Univ. Press, 1999.

Dante, John Ciardi(trans), *The Divine Comedy*, New York: Norton, 1970.

———, Pietro Fraticelli(trans), *La Divina Commedia*, Firenze: G. Barbèra, 1877.

Denis Cailleaux, *La Cathédrale de Sens*, Rennes: Édition Ouest-France, 1996.

Dennis E. Tamburello, *Bernardo of Clairvaux: Essential Writings*, New York: Crossroad, 2000.

Diana Norman(ed), *Siena, Florence, and Padua: Art, Society, and Religion 1280~1400*, New Haven: Yale Univ. Press, 1995.

———, *Siena and the Virgin: Art and Politics in a Late Medieval City State*, New Haven: Yale Univ. Press, 1999.

Dominique Iogna-Prat, *Marie: Le Culte de la Vierge dans la Société Médiévale*, Paris: Beauchesne, 1996.

Donald Weinstein & Rudolph M. Bell, *Saints & Society*, Chicago: Univ. of Chicago Press, 1982.

Elizabeth Miller Walsh, *Woman in Western Civilization*, Cambridge: Schenkman, 1981.

Elizabeth Sears & Thelma K. Thomas(ed), *Reading Medieval Images*, Ann Arbor, MIT: Univ. of Michigan Press. 2002.

Emile Mâle, *L'art religueux du XIII siècle en France*, Paris: Librairie Armand Colin, 1958.

———, *Religious Art: From the Twelfth to the Eighteenth Century*, Princeton: Princeton Univ. Press, 1982(1949).

Eve Borsook, *Italian Altarpiece 1250~1550: Function and Design*, Oxford: Clarendon Press, 1994.

Frederic C. Lane, *Venice: A Maritime Republic*, Baltimore: Johns Hopkins Univ. Press, 1973.

Frederick Hartt, *History of Italian Renaissance Art: Painting, Sculpture, Architecture*(3ed edition), New York: Harry N. Abrams, 1987.

G. R. Evans, *Bernard of Clairvaux*, New York: Oxford Univ. Press, 2000.

Georges Didi-Huberman, Jane Marie Todd(trans), *Fra Angelico: Dissemblance & Figuration*, Chicago: Univ. of Chicago Press, 1995.

Georges Duby, Juliet Vale(trans), *France in the Middle Ages 987~1460: From Hugh Capet to Joan of Arc*, Oxford: B. Blackwell, 1991.

Gérard de Frachet, *Lives of the Brethren of the Ordre of Preachers, 1206~1259*, London: Washbourne, 1924.

Gerard P. Luttikhuizen(ed), *Paradise Interpreted*, Leiden: Brill, 1999.

Gertrud Schiller, *Iconography of Christian Art*, Greenwich: New York Graphic Society, 1972.

Giorgio Vasari, Julia Conaway Bondanella and Peter Bondanella(trans), *The Lives of the Artists*, Oxford: Oxford University Press, 1998.

Giulietta Chelazzi Dini, Alessandro Angelini, Bernardo Sani, *Five Centuries of Sienese Painting*, New York: Thames & Hudson, 1998.

Greg Woolf(ed), *Roman World*, New York: Cambridge Univ. Press, 2003.

Hans Belting(trans), Edmund Jephcott, *Likeness and Presence: A History of the Image before the Era of Art*, Chicago: Univ. of Chicago Press, 1994.

Hans Jantzen, James Palmes(trans), *High Gothic: The Classic Cathedral of Charters, Reims, Amiens*, Princeton: Princeton Univ. Press, 1984.

Hayden B. J. Maginnis, *The World of the Early Sienese Painter*, University Park, Pa.: Pennsylvania State Univ. Press, 2001.

Henri Focillon, *Moyen-Age roman et gothique*, Paris: LGF, 1988.

Herbert L. Kessler & Johanna Zacharias, *Rome 1300: On the Path of the Pilgrim*, New Haven: Yale University Press, 2000.

Herbert P. Horne, *Botticelli*, Princeton: Princeton Univ. Press, 1980.

Jacobus de Voragine, Granger Ryan & Helmut Ripperger(trans), *The Golden Legend*, London: Longmans, Green & co. 1941.

James J. Preston(ed), *Mother Worship: Theme and Variations*, Chapel Hill: Univ. of North Carolina Press, 1982.

Jaroslav Pelican, *Eternal Feminines: Three Theological Allegories in Dante's Paradiso*, London: Rutgers Univ. Press, 1990.

———, *Mary: Through the Centuries*, New Haven: Yale Univ, Press, 1996.

Jean & Yann le Pichon, *Le Mystère du Couronnement de la Vierge*, [S. I.] Robert Laffont & le Centurion, 1982.

Jean Birrell(trans), *Women of the Twelfth Century*, Cambridge: Polity, 1998.

Jean Dunbabin, *France in the Making*, Oxford: Oxford Press, 2000.

Jean-Charles Cappronnier & Pierre-Marie Pontroué, *Amiens Cathedral*, Amiens: A. G. I. R,-Pie, 1998.

Jean-Pierre Bayard, *Sacres et Couronnements Royaux*, Paris: Guy Trédaniel, 1984.

Jean-Pierre Cuzin, *Raphael: His Life and Works*, Secaucus: Chartwell, 1983.

Jeffrey Ruda, *Fra Fillipo Lippi: Life and Work with a Complete Catalogue*, London: Phaidon Press, 1993.

Joanna Cannon & Beth Williamson, *Art, Politics, and Civic Religion in Central Italy 1261~1352*, Brookfield: Ashgate, 2000.

Jocob Burckhardt, Edited & translation by Peter Humfrey, *The Altarpiece in Renaissance Italy*, New York: Phaidon, 1988.

John Boardman et. al.(ed), *The Roman World*, Oxford: Oxford Univ. Press, 1993.

John F. Benton, *Culture, Power and Personality in Medieval France*, London: Hambledon Press, 1991.

John Lowden, *Early Christian & Byzantine Art*, London: Phaidon, 1997.

John T. Spike, *Fra Angelico*, New York: Abbeville, 1997.

Jordan Aumann, *Christian Spirituality in the Catholic Church*, London: Sheed & Ward, 1985.

Julian Gardner, *Patrons, Painters and Saint: Studies in Medieval Italian Painting*,

Brookfield: Variorum, 1993.

Lewis Thorpe, *Two Lives of Charlemagne*, Harmondsworth: Penguin, 1997.

Linda Safran, *Heaven on Earth: Art and the Church in Byzantium*, Pennsylvania: Pennsylvania State Univ. Press, 1998.

Louis Réau, *Iconographie de L'Art Chrétien*, Paris: Presses Universitaires de France, 1957.

Luciano Bellosi, *Giotto: Complete Works*, Firenze: Scala, 1981.

Luck Syson & Dora Thornton, *Objects of Virtue: Art in Renaissance Italy*, Los Angeles: J. Paul Getty Museum, 2001.

M. F. Hearn, *Romanesque Sculpture*, Ithaca: Cornell University Press, 1981.

Malcolm Miller, *Chartres Cathedral*, New York: Jarrold Publishing, 2003.

Margaret Wertheim, *The Pearly Gates of Cyberspace: A History of Space from Dante to the Internet*, New York: W. W. Norton, 1999.

Maria Vassilaki, *Mother of God: Representation of the Virgin in Byzantine Art*, Milano: Skira, 2000.

Marie-Louise Thérel, *Le Triomphe de la Vierge-Église*, Paris: Éditions du CNRS, 1984.

Marilyn Stokstad, *Medieval Art*, Boulder: Westview Press, 1988.

Marina Warner, *Alone of All Her Sex: The Myth and the Cult of the Virgin Mary*, New York: Vintage Books,1976.

Martha G. Newman, *The Boundaries of Charity: Cistercian Culture and Ecclesiastical Reform, 1098~1180*, Stanford: Stanford Univ. Press, 1996.

Marvin Eisenberg, *Lorenzo Monaco*, Princeton: Princeton Univ. Press, 1989.

Maryse BIDEAULT, Claudine LAUTIER, *Ile-de-France Gothique*, Paris: Picard, 1987.

Maurice Crampon, *La Cathédrale d'Amiens*, Amiens: CNDP, 2002.

Megan Holmes, *Fra Filippo Lippi: The Carmelite Painter*, New Haven: Yale University Press, 1999.

Memmo Caporilli, *Santa Maria Maggiore: Basilica Patriarcale*, Trenco: Euroedit[n,d.].

Michael Grillo, *Symbolic Structures: The Role of Composition in Signaling Meaning in Italian Medieval Art*, New York: Peter Lang, 1997.

Millard Meiss, *Painting in Florence and Siena after the Black Death*, Princeton: Princeton Univ. Press, 1951.

Moshe Barasch, *Giotto and the Language of Gesture*, New York: Cambridge Univ. Press, 1987.

Mrs Jameson, *Legends of the Madonna*, London: Longmans, Green, 1890.

Nacy H. Ramage & Andrew Ramage, *Roman Art: Romulus to Constantine*, New Jersey: Prentice Hall, 1991.

Nicholas Perry & Loreto Echeverria, *Under the Heel of Mary*, London: Routledge, 1988.

P. G. Maxwell-Stuart, *Chronicle of the Popes: The Reign-by-reign Record of the Papacy from St. Peter to the Present*, New York: Thames and Hudson, 1997.

Patricia Fortini Brown, *Private Lives in Renaissance Venice: Art, Architecture, and the Family*, New Haven: Yale University Press, 2004.

Patricia Fortini Brown, *Venice & Antiquity: The Venetian Sense of the Past*, New Haven: Yale Univ. Press, 1996.

Patrick Demouy, *Rheims Cathedral*, Saint Ouen: La Goélette, 1999.

Patrick J. Geary(ed), *Readings in Medieval History*, Ontario: Broddview Press, 1997.

Paul Williamson, Gothic Sculpture: 1140~1300, New Haven: Yale Univ. Press, 1995.

Pauline Schmitt Pantel(ed), Arthur Goldhammer(trans), *A History of Women in the West 1: From Ancient Goddesses to Christian Saints*, Cambridge[U. S. A]: Harvard Univ. Press, 1992.

Penny Schine Gold, *The Lady & The Virgin: Image, Attitude and Experience in Twelfth-Century France*, Chicago: University of Chicago Press, 1985.

Peter Burke, *The Italian Renaissance: Culture and Society in Italy*, Cambridge: Polity Press, 1986.

Peter Humfrey, *The Altarpiece in Renaissance Venice*, New Haven: Yale Univ. Press, 1993.

Philip Sherrard, *Byzantium*, New Yok: Time-Life Books, 1966.

Philip Ziegler, *The Black Death*, Middlesex: Penguin Books, 1982.

Philippe Borgeaud, Lysa Hochroth(trans.), *Mother of the Gods: From Cybele to the Virgin Mary*, Baltimore: Johns Hopkins Univ. Press, 2004.

Philippe Verdier, *Le Couronnement de la Vierge: Les origines et les premier développements d'un thème iconographique*, Montréal: Publication de l'Institut d'études médiévals Albert-le-Grand, 1980.

R. W. Southern, *The Making of the Middle Ages*, New Haven: Yale Univ. Press, 1953.

———, *Western Society and the Church in the Middle Ages*, London: Pelican Books, 1970.

Renate Bridenthal and Claudia Koonz(ed), *Becoming Visible Woman in European History*, Boston: Houghton Mipplin, 1977.

René Gilles, *Le Symbolisme dans l'Art religieux*, Paris: Mercvre de France, 1979(1942).

Richard Turner, *Renaissance Florence: The Invention of a New Art*, New York: H. N. Abrams, 1997.

Robert Branner(ed), *Chartres Cathedral*, New York: W. W. NORTON, 1996.

Roger Jones and Nicholas Penny, *Raphael*, New Haven: Yale University Press, 1983.

Rolf Toman(ed), *The art of Gothic: Architecture*, Sculpture, Painting, Cologn: Köenemann, 1999.

Rona Goffen, *Piety and Patronage in Renaissance Venice*, New Haven: Yale Univ. Press, 1986.

Ronard Lightbown, *Sandro Botticelli: Life and Work*, New York: Abbeville Press, 1989.

Rosalind and Christopher Brooke, *Popular Religion in the Middle Ages: Western Europe 1000~1300*, New York: Thames & Hudson, 1984.

Scott Hahn, *Hail, Holy Queen: The Mother of God in the Word of God*, New York: Doubleday, 2001.

Sraale Sinding-Larsen, *Iconography and Ritural*, Oslo: Universitetsforlaget As, 1984.

Stephen Murray, *Notre-Dame Cathedral of Amiens*, New York: Cambridge Univ. Press, 1996.

Suzanne Martinet, *Laon Cathedral*, [S. I.]: I'Imprimerie du Courrier de l'aisne à

Laon, 1991.

Thomas F. Mathews, *Byzantium: From Antiquity to the Renaissance*, New York: Harry N. Abrams, 1988.

Thomas, Bulfinch, *Legends of Charlemagne*, London: J. M. Dent & Sons, 1911.

Time-Life Books(ed), *At the Dawn of Democracy: Classical Athens 525~322 BC*, New York: Time-Life Books, 1997.

———, *The Roman Empire 100 BC~AD 200*, New York: Time-Life Books, 1997.

Timothy Verdon & John Henderson(ed), *Christianity and the Renaissance: Image and Religious Imagenation in the Quattrocento*, New York: Syracuse Univ. Press, 1990.

Walter Ullmann, *The Groth of Papal Government in the Middle Ages*, London: Methune, 1970.

Warren Treadgold, *A History of the Byzantine State and Society*, Stanford: Stanford Univ. Press, 1997.

William Hood, *Fra Angelico at San Marco*, New Haven: Yale Univ. Press, 1993.

Willibald Sauerländer, *Le siècle des cathèdrales 1140~1260*, Paris: Gallimard, 1989.

학위논문

Carolyn C. Wilson, *Bellini's Pesaro Altarpiece: A Study in Context and Meaning*, Ph. D. diss., New York Univ., 1977.

Diane Cynthia Brouillette, *The Early Sculpture of Senlis Cathedral*, Ph. D. diss., U. C. Berkeley, 1981.

Dianne Helen Diez Goode, *The Marian Narrative Altarpiece in Trecento Italy*, Ph. D. diss., University of Texas at Dallas, 1994.

Lois Heidmann Shelton, *Gold in Altarpieces of the Early Italian Renaissance: A Theological and Art Historical Analysis of Its Meaning and of the Reason for Its Disappearance*, Ph. D. diss., Yale Univ., 1987.

Mary Tuck Echols, *The Coronation of the Virgin in 15th Century Italian Art*, Ph. D. diss., University of Virgin, 1976.

Norman Earl Land, Jr., *Michele Giambono: A Catalogue Reisonne*, Ph. D. diss., University of Virginia, 1974.

Sung-Eun PARK, *Le Paysage dans la Peinture Flamande du XV ème Siecle: A Travers les Aspects de la Vierge a l'Enfant*, Doctorat du Univ. de Provence, 1989.

정기간행물

김동순, 「이단과 악마숭배」, 『서양 중세사연구』 5(1999), pp. 19~42.

———, 「중세 이단의 성격에 관한 소고: 1000~1150」, 『서양중세사연구』 7(2000), pp. 119~144.

김우민, 「필립 2세 期 프랑스 왕권의 강화」, 『서양 중세사연구』 9(2002), pp. 77~106.

김정자, 「서양 중세 여성의 역할과 지위」, 『여성과 사회』 1(1990), pp. 242~281.

김정하, 「이탈리아의 성인숭배 문화」, 『서유럽 연구』 4(1998), pp. 168~200.

박성은, 「열린 창을 통해 보이는 도시 풍경: 15세기 플랑드르 회화를 중심으로」, 『공간』 (1993. 5), pp. 52~57.

———, 「15세기 서구 사실주의 풍경화의 태동과 화가 얀 반 아이크」, 『미술사 논단』 창간호(1995), pp. 167~189.

———, 「15세기 플랑드르 사실주의 풍경화의 태동과 전개: 성모상을 중심으로」, 『서양미술사학회 논문집』 5(1993), pp. 101~125.

이경구, 「콘스탄츠 협약(1153)의 의미: 교황권과 황제권의 관계를 중심으로」, 『서양중세사연구』 4(1999), pp. 19~40.

이은기, 「마리아 도상 변천과 종교상의 역할 변천: 이탈리아 13~14세기를 중심으로」, 『서양미술사학회 논문집』 4(1992), pp. 93~124.

장준철, 「교령 〈Unam sanctam〉에 나타난 교황의 보편적 지배권론」, 『서양 중세사연구』 5(1999), pp. 43~64.

———, 「교황 이노첸시우스 4세의 교권정치론」, 『서양 중세사연구』 2(1997), pp. 109~121.

정은진, 「'성스러운 대화' 도상 연구」, 『미술사학보』 20(2003), pp. 95~116.

홍재범, 「12세기 '궁정식 사랑'의 사회문화적 의미」, 『서양중세사 연구』 6(2000), pp. 43~70.

Anabel Thomas, "A New Date for Neri di Bicci's S. Giovannino dei Cavalieri 'Coronation of the Virgin'", *Burlington Magazine*, 139: 1127(Feb., 1997), pp. 103~106.

Christa Gardner von Teuffel, "Fra Angelico's Bishop from the High Altar of S. Domenico, Fiesola", *Burlington Magazine*, 139: 1132(Jul., 1997), pp. 463~465.

Don Denny, "The Trinity in Enguerrand Quarton's Coronation of the Virgin", *Art Bulletin*, 45: 1(Mar., 1963), pp. 48~52.

Donald L. Ehresmann, "Some Observation on the Role of Liturgy in the Early Winged Altarpiece", *Art Bulletin*, 64: 3(Sep., 1982), pp. 359~369.

Gaposchkin, M. Cecilia, "The King of France and the Queen of Heaven: The Iconography of the Porte Rouge of Notre-Dame of Paris", *Gesta*, 39: 1(2000), pp. 58~72.

George R. Bent, "A Patron for Lorenzo Monaco's Uffizi Coronation of the Virgin", *Art Bulletin*, 82: 2(Jun., 2000), pp. 348~354.

George Zarnecki, "The Coronation of the Virgin on a Capital from Reading Abbey", *Journal of the Warburg and Courtauld Institutes*, 13:1/2(1950), pp. 1~12.

Gertude Coor-Achenbach, "The Earliest Italian Representation of the Virgin", *Burlington Magazine*, 99: 655(Oct., 1957), pp. 328~332.

J. Ruda, "Style And Patronage in the 1440s: Two Altarpieces of the Coronation of the Virgin By Filippo Lippi", *Mitteilungen Des Kunsthistorischen Institutes In Florenz*, 28: 3(1984).

James H. Stubblebine, "Cimabue's Fresco of the Virgin at Assisi", *Art Bulletin*, 49: 4(Dec., 1967), pp. 330~333.

Keith Christiansen, "The Coronation of the Virgin by Gentile da Fabriano", *J. Paul Getty Museum Journal*, 6-7(1978~1979), pp. 1~12.

Norman E. Land, "Michel Giambono's 'Coronation of the Virgin' for S. Agnese in Venice: A New Proposal", *Burlington Magazine*, 119: 888(Mar., 1977), pp. 167~175.

Rona Goffen, "Nostra Conversation in Caelis Est: Observation on the Sacra Conversazione in the Trecento", *Art Bulletin*, 61: 2(Jun., 1979), pp. 198~222.

Victor Lasareff, "Studies in the Iconography of the Virgin", *Art Bulletin*, 20: 1(Mar., 1938), pp. 26~65.

사전 및 기타

M 그랜트 & J. 헤이즐, 김진욱 역, 『그리스 · 로마 신화사전』, 서울: 범우사, 1993.

『매일미사 고유 기도문』, 한국천주교중앙협의회, 2005(미간행).

『브리태니커 백과사전 CD EX』, 서울: 한국브리태니커회사, 2004.

『한국가톨릭대사전』, 서울: 한국교회사연구소, 2006.

George Ferguson, *Signs & Symbols in Christian Art*, New York: Oxford Univ. Press, 1961.

Günter Bandmann et al., *Lexikon der christlichen Ikonographie*, Freiburg: Herder, 1994(1968).

Catholic University of America(ed), *New Catholic Encyclopedia*, New York: McGraw-Hill, 1967.

Gaston Duchet-Suchaux et al., David Radzinowicz Howell(tran), *The Bible and the Saints*, Paris: Flammarion, 1994.

Jane Turner(ed), *The Dictionary of Art*, New Yok: Grove, 1996.

Joseph R. Strayer, *Dictionary of the Middle Ages*, New York: Charles Scribner's Sons, 1986.

Jovian Lang, *Dictionary of the Liturgy*, New York: Catholic Book Publishing, 1989.

The Columbia Encyclopedia, Sixth Edition, 2001.

Peter & Linda Murray, *Christian Art & Architecture*, Oxford: Oxford Univ. Press, 1996.

http://newadvent.org

http://www.catholic-forum.com

http://en.wikipedia.org

그림 1: 조반니 벨리니(Giovanni Bellini), 「성모대관」, 1471~1473, 패널에 유채, 262×240cm, 시립미술관, 페사로.

그림 2: 두초 디 부오니세냐(Duccio di Buoninsegna), 「루첼라이 마돈나」(Rucellai Madonna), 1285, 나무에 템페라, 450×290cm, 우피치 미술관, 피렌체.

그림 3: 「성모대관의 문」, 1160년대 말, 상리스 대성당, 상리스.

그림 4: 「성모대관」, 1140~1143, 산타 마리아 인 트라스테베레, 로마.

그림 5: 「성모대관」, 리딩 수도원, 서리, 영국.

그림 6: 「성모대관」, 퀘닝턴 대성당, 글로스터, 영국.

그림 7: 「마리아의 승리」(The Triumph of the Virgin), 파리 대성당, 파리.

그림 8: 얀 반 아이크(Jan van Eyck), 「롤랭 수상과 함께 있는 성모자」(The Virgin of Chancellor Rolin), 1435, 나무에 유채, 66×62cm, 루브르 박물관, 파리.

그림 9: 「에스테르의 일화」 샤르트르 대성당, 북측 출입문.

그림 10: 「비너스-아리아드네의 대관식」(Coronation of Venus-Ariadne), 6세기, 모자이크, 카르타고.

그림 11: 「폼페이의 비너스」(Venus Pompeiana), 프레스코, 폼페이.

그림 12: 「월계관을 받는 승리자」(Winner with Wreath), 기원전 5세기, 적색상(Red Figure) 도기화 파편.

그림 13: 「은잔」(Silver Cup), BC. 42~AD. 37. 은.

그림 14: 「젬마 아우구스테아」(Gemma Augustea), c. 14 A.D, 마노 카메오, 19×23cm, 미술사 박물관, 비엔나.

그림 15: 「클라우디우스의 신격화」(Apotheosis of Claudius).

그림 16: 「황제대관」(The Coronation of the Emperor), 136~137, 금화(Gold Coin), 지름 3.6cm.

그림 17: 「콘스탄티누스 7세 푸르피로게네투스의 대관식」(Coronation of Constantine VII Prophyrogenitus), 945, 상아, 18.6×9.5cm, 푸쉬킨 박물관, 모스크바.

그림 18: 「유스티니아누스의 승리」(Triumph of Justinian, the "Barberini Ivory"), 6세기 후반, 상아, 34.2×26.8cm, 루브르, 파리.

그림 19: 「로마누스와 에우도키아에게 관을 수여하는 그리스도」(Christ Crowns Romanus and Eudokia, the "Romanus Ivory"), 944~949, 상아, 24.6×15.5cm, 국립도서관, 파리.

그림 20: 「오토 2세와 테오파니에게 복을 주는 그리스도」(Christ Blessing Emperor Otto II and Theophano), 982~983, 상아, 18.6×10.8cm, 클뤼니 국립 중세 박물관, 파리.

그림 21: 「결혼식」, 1세기, 대리석.

그림 22: 「결혼 축복」, 6~7세기, 비잔틴 주화.

그림 23: 「콘스탄티누스 7세와 로마누스 1세의 딸 헬레나의 결혼」, 10세기, 필사본, 국립도서관, 마드리드.

그림 24: 「황후 아리아도나」(Emperor Ariadona), 5세기, 상아.

그림 25: 「바실리우스 대제의 일대기」, 14세기.

그림 26: '그림 4'의 세부: 「성모대관」.

그림 27: 「호노리우스 아우구스토두넨시스의 아가 주석」, 12세기말, 바이에른 국립도서관, 뮌헨.

그림 28: '그림 4'의 세부: 「성모의 죽음과 승천」.

그림 29: 쉬제(Suger), 마리아 채플의 북측 창, 생-드니 대성당, 프랑스.

그림 30: '그림 3'의 세부: 「성모대관」.

그림 31: 「라옹 대성당 서측 파사드」, 1200년경, 라옹, 프랑스.

그림 32: 「성모대관」, 서측 파사드 중앙 문, 라옹 대성당.

그림 33: 「최후의 심판」(Last Judgement), 라옹 대성당, 서측 파사드 북문.

그림 34: 「예수 탄생과 동방박사의 경배」(Birth of Jesus and Adoration of Magi), 라옹 대성당, 서측 파사드 남문.

그림 35: 「성모대관」, 1204~1205, 샤르트르 대성당, 북측 익랑 중앙 문.

그림 36: '그림 35'의 세부.

그림 37: 「예수 탄생과 동방박사의 경배」(Birth of Jesus and Adoration of Magi), 샤르트르 대성당 북측 동문.

그림 38: 「욥의 고난」(Suffering Job), 샤르트르 대성당 북측 서문.

그림 39: 「베데의 아가 주석」, 킹스 칼리지, 캠브리지.

그림 40: 「성 안나의 문」, 파리 대성당 서측 파사드 북측 문.

그림 41: 「최후의 심판」, 파리 대성당 서측 파사드 중앙 문.

그림 42: 「성모대관」, 파리 대성당 서측 파사드 남측 문.

그림 43: 「붉은 문」, 1270, 파리 대성당 남측 콰이어.

그림 44: '그림 43'의 세부: 「성모대관」.

그림 45: 얀 반 아이크(Jan van Eyck), 「겐트 제단화」(The Ghent Altarpiece: Wings Closed), 1432, 나무에 유채, 350×223cm, 성 바봉 대성당, 겐트.

그림 46: 「아미앵 대성당 서측 파사드」, 1220~1240, 아미앵, 프랑스.

그림 47: '그림 46'의 세부: 「성모의 죽음과 승천」.

그림 48: '그림 46'의 세부: 「성모대관」.

그림 49: 「랭스 대성당 서측 파사드」, 1245~1255, 랭스, 프랑스.

그림 50: 「성모대관」, 랭스 대성당 서측 파사드 게이블.

그림 51: 안드레아 디 오르카냐(Andrea di Orcagna) 「벽감」(Tabernacle), 1359, 대리석, 오르산미켈레, 피렌체.

그림 52: 코포 디 마르코발도(Copo di Marcovaldo) 「보르도네 마돈나」(Bordone Madonna)」, 1261, 나무에 템페라, 225×125cm, 산타 마리아 데이 세르비, 시에나.

그림 53: 「니코포이아」(Nicopoia), 산 마르코 성당, 베네치아.

그림 54: 칼렌다리오(Calendario), 「베네치아」(Venezia), 1355, 도제궁, 베네치아.

그림 55: 자코포 토리티(Jacopo Torriti), 「산타 마리아 마조레 앱스 모자이크」, 1295, 산타 마리아 마조레 성당, 로마.

그림 56: 「성모자」(Virgin and Child), 산타 마리아 마조레, 로마.

그림 57: 「그리스도 이콘」, 라테란 교회, 로마.

그림 58: 「성모대관」, 1310 이후, 서측 파사드 상단 게이블, 두오모, 시에나.

그림 59: 두초 디 부오니세나(Duccio di Buoninsegna), 「마리아의 생애」(Life of

Virgin), 1288, 앱스 장미창, 두오모, 시에나.

그림 60: 두초 디 부오니세나(Duccio di Buoninsegna), 「마에스타」(Maesta), 1308~1311, 나무에 템페라, 214×412cm, 뮤제오 델 두오모 박물관, 시에나.

그림 61: 아놀로 가디(Agnolo Gaddi), 「마리아의 생애」(Life of Virgin), 1392~1395, 프레스코, 산토 스페타노 대성당, 프라토.

그림 62: '그림 61'의 세부: 「성모대관」.

그림 63: '그림 61'의 세부: 「성모의 죽음과 승천」

그림 64: 아놀로 가디(Agnolo Gaddi), 「성모대관」, 1380~1388, 패널에 템페라, 182.2×94cm, 내셔널 갤러리, 런던.

그림 65: 조토 디 본도네(Giotto di Bondone), 「바론첼리 제단화」(Baroncelli Polyptych)」, c. 1334, 나무에 템페라, 185×323cm, 바론첼리 채플, 산타 크로체, 피렌체.

그림 66: '그림 65'의 세부: 「성모대관」.

그림 67: 아놀로 가디(Agnolo Gaddi), 「옥좌에 앉은 성모」(Madonna Enthroned with Saints and Angels).

그림 68: 아놀로 가디(Agnolo Gaddi), 「성모대관」 1388~1393, 패널에 템페라, 162.6×79.4cm, 내셔널 갤러리, 워싱턴.

그림 69: 파올로 베네치아노(Paolo Veneziano), 「성모대관」, c. 1324, 패널에 템페라, 99.1×77.5cm, 내셔널 갤러리, 워싱턴.

그림 70: 파올로 베네치아노(Paolo Veneziano), 「성 글라라 성당 제단화」, 1350, 패널에 템페라, 167×285cm, 아카데미아 갤러리, 베네치아.

그림 71: '그림 70'의 세부: 「성모대관」.

그림 72: 파올로 베네치아노(Paolo Veneziano), 「성모대관」, 1358, 패널에 템페라, 109.86×68.58cm, 프릭 컬렉션, 뉴욕.

그림 73: 젠틸레 다 파브라아노(Gentile da Fabriano), 「발레 로미타 제단화」(Valle Romita Polytych), 1410 이전, 패널에 템페라, 브레라 미술관, 밀라노.

그림 74: '그림 73'의 세부: 「성모대관」.

그림 75: 젠틸레 다 파브리아노(Gentile da Fabriano), 「성모대관」, c. 1420, 패널에 템페라, 게티 미술관, 말리부.

그림 76: 프란체스코 디 조르조(Francesco di Giorgio Martini), 「성모대관」, 1471, 나무에 템페라, 337×200cm, 국립 미술관, 시에나.

그림 77: '그림 76'의 세부.

그림 78: 프라 필리포 리피(Fra Filippo Lippi), 「성모대관」, 1441, 나무에 템페라, 200×287cm, 우피치, 피렌체.

그림 79: 프라 안젤리코(Fra Angelico), 「피에졸레 제단화」(Fiesole Altarpiece), c. 1440, 패널에 탬페라, 240×211cm, 루브르, 파리.

그림 80: 프라 필리포 리피(Fra Filippo Lippi), 「성모의 죽음과 대관」, c. 1468, 프레스코, 산타 마리아 아순타, 스폴레토.

그림 81: '그림 80'의 세부: 「성모대관」.

그림 82: '그림 80'의 세부: 「성모의 죽음」.

그림 83: 산드로 보티첼리(Sandro Botticelli), 「성모대관」, c. 1488, 패널에 템페라, 우피치, 피렌체.

그림 84: 라파엘로(Raffaello Sanzio), 「성모대관」, 1502~1503, 캔버스에 유채, 267×163cm, 피나코테카, 바티칸.

그림 85: 프라 안젤리코(Fra Angelico), 「최후의 심판 세부: 낙원」(Last Judgement: Left View)」, 1432~1435, 나무에 템페라, 105×210cm(full painting), 산 마르코 미술관, 피렌체.

그림 86: 프라 안젤리코(Fra Angelico), 「산 에지디오 제단화」(Saint' Egidio Altarpiece), 1430~1435, 나무에 템페라, 112×114cm, 우피치, 피렌체.

그림 87: '그림 86'의 세부: 「섬광」.

그림 88: 프라 안젤리코(Fra Angelico), 「성모대관」, 1438~1452, 프레스코, 산 마르코 수도원, 피렌체.

그림 89: 로렌조 모나코(Lorenzo Monaco), 「성모대관」, 1414, 나무에 템페라, 450×350cm, 우피치 미술관, 피렌체.

그림 90: 로렌조 모나코(Lorenzo Monaco), 「산 베네데토 제단화」(San Benedetto Altarpiece), c. 1414, 나무에 템페라, 182×105cm(left), 217×115cm(central), 179×102cm(right), 내셔널 갤러리, 런던.

그림 91: 프라 필리포 리피(Fra Filippo Lippi), 「마르수피니 제단화」(Marsuppini

Altarpiece)」, 1444, 패널, 167×69cm, 172×93cm, 167×82cm, 피나코테카, 바티칸.

그림 92: 프라 안젤리코(Fra Angelico), 「안날레나 제단화」(Annalena Altarpiece), c. 1445, 나무에 템페라, 180×202cm, 산 마르코 미술관, 피렌체.

그림 93: 도메니코 베네치아노(Domenico Veneziano), 「성 루치아 제단화」(Santa Lucia dei Magnoli Altarpiece), c. 1445, 나무에 템페라, 209×216cm, 우피치, 피렌체.

그림 94: 프라 안젤리코(Fra Angelico), 「성모대관」, c. 1434, 패널에 템페라, 42×25cm, 산 마르코 수도원, 피렌체.

그림 95: 조반니 벨리니(Giovanni Bellini), 「페사로 제단화」(Pesaro Altarpiece), 1471~1473, 패널에 유채, 시립미술관, 페사로.

그림 96: 자코벨로 델 피오레(Jacobello del Fiore), 「성모대관」, 1438, 패널에 템페라, 283×303cm, 아카데미아 미술관, 베네치아.

그림 97: '그림 95'의 세부: 「피에타」.

그림 98: '그림 84'의 세부: 「성모대관」.

그림 99: 자크-루이 다비드(Jacques-Louis David), 「황제 나폴레옹 1세와 황후 조세핀의 대관식」(Consecration of the Emperor Napoleon I and Coronation of the Empress Josephine), 1805~1807, 캔버스에 유채, 629×979cm, 루브르, 파리.

그림 100: '그림 99'의 세부: 「조세핀의 대관」.

림 1 조반니 벨리니, 「성모대관」, 1471~1473, 패널에 유채, 2×240cm, 시립미술관, 페사로.

그림 2 두초 디 부오니세냐, 「루첼라이 마돈나」, 1285, 나무에 템페라, 450×290cm, 우피치 미술관, 피렌체.

림 3 「성모대관의 문」, 1160년대 말, 상리스 대성당, 상리

그림 4 「성모대관」, 1140~1143, 산타 마리아 인 트라스테베레, 로마.

그림 5 「성모대관」, 리딩 수도원, 서리, 영국.

그림 6 「성모대관」, 퀘닝턴 대성당, 글로스터, 영국.

그림 7 「마리아의 승리」, 파리 대성당, 파리.

그림 8 얀 반 아이크, 「롤랭 수상과 함께 있는 성모자」, 1435, 나무에 유채, 66×62cm, 루브르 박물관, 파리.

그림 9 「에스테르의 일화」 샤르트르 대성당, 북측 출입문.

그림 10 「비너스-아리아드네의 대관식」, 6세기, 모자이크, 카르타고.

그림 11 「폼페이의 비너스」, 프레스코, 폼페이.

그림 12 「월계관을 받는 승리자」, 기원전 5세기, 적색상 도기화 파편.

그림 13 「은잔」, BC. 42~AD. 37. 은.

그림 14 「젬마 아우구스테아」 c. 14 A. D, 마노 카메오, 1
23cm, 미술사 박물관, 비엔나.

그림 15 「클라우디우스의 신격화」.

그림 16 「황제대관」, 136~137, 금화, 지름 3.6cm.

그림 17 「콘스탄티누스 7세 푸르피로게네투스의 대관식」, 945, 상아, 18.6×9.5cm, 푸쉬킨 박물관, 모스코바.

그림 18 「유스티니아누스의 승리」, 6세기 후반, 상아, 34.2×26.8cm, 루브르, 파리.

그림 19 「로마누스와 에우도키아에게 관을 수여하는 그리스도」, 944~949, 상아, 24.6×15.5cm, 국립도서관, 파리.

그림 20 「오토 2세와 테오파니에게 복을 주는 그리스도」, 982~983, 상아, 18.6×10.8cm, 글뤼니 국립 중세 박물관, 파리.

그림 21 「결혼식」, 1세기, 대리석.

그림 22 「결혼 축복」, 6~7세기, 비잔틴 주화.

그림 24 「황후 아리아드나」, 5세기, 상아.

그림 23 「콘스탄티누스 7세와 로마누스 1세의 딸 헬레나의 결혼」, 10세기, 필사본, 국립도서관, 마드리드.

그림 25 「바실리우스 대제의 일대기」, 14세기.

그림 26 '그림 4'의 세부: 「성모대관」.

그림 27 「호노리우스 아우구스토두넨시스의 〔 주석」, 12세기말, 바이에른 국립도서관, 뮌헨.

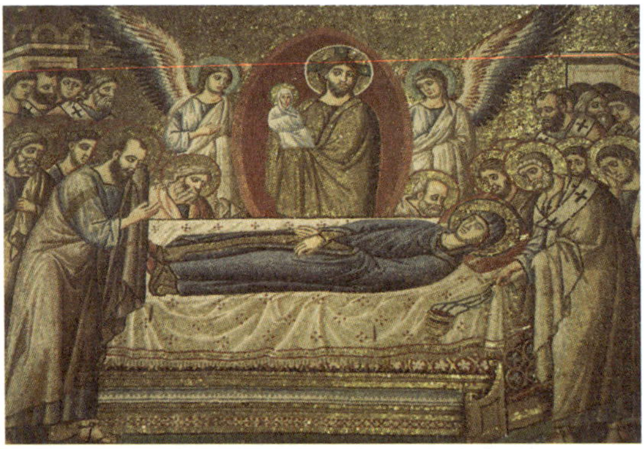

그림 28 '그림 4'의 세부: 「성모의 죽음과 승천」.

그림 29 쉬제, 마리아 채플의 북측 창, 생-드니 대성당, 프랑스.

그림 30 '그림 3'의 세부: 「성모대관」.

그림 31 「라옹 대성당 서측 파사드」 1200년경, 라옹, 프랑스

그림 32 「성모대관」 서측 파사드 중앙 문, 라옹 대성당.

그림 33 「최후의 심판」, 라옹 대성당, 서측 파사드 북문.

그림 34 「예수 탄생과 동방박사의 경배」, 라옹 대성당, 서측 파사드 남문.

그림 35 「성모대관」, 1204~1205, 샤르트르 대성당, 북측 익랑 중앙 문.

그림 36 '그림 35'의 세부

그림 37 「예수 탄생과 동방박사의 경배」, 샤르트르 대성당 북측 농문.

그림 38 「욥의 고난」, 샤르트르 대성당 북측 서문.

그림 39 「베데의 아가 주석」, 킹스 칼리지, 캠브리지.

그림 40 「성 안나의 문」, 파리 대성당 서측 파사드 북측 문.

그림 41 「최후의 심판」, 파리 대성당 서측 파사드 중앙 문.

그림 42 「성모대관」, 파리 대성당 서측 파사드 남측 문.

그림 43 「붉은 문」, 1270, 파리 대성당 남측 콰이어.

그림 44 '그림 43'의 세부: 「성모대관」.

그림 45 얀 반 아이크, 「겐트 제단화」, 1432, 나무에 유채, 350×223cm, 성 바봉 대성당, 겐트.

그림 46 「아미앵 대성당 서측 파사드」, 1220~1240, 아미앵, 프랑스.

그림 47 '그림 46'의 세부: 「성모의 죽음과 승천」.

그림 48 '그림 46'의 세부: 「성모대관」.

그림 49 「랭스 대성당 서측 파사드」, 1245~1255, 랭스, 랑스.

그림 50 「성모대관」, 랭스 대성당 서측 파사드 게이블.

그림 51 안드레아 디 오르카냐 「벽감」, 1359, 대리석, 오르산 미켈레, 피렌체.

그림 52 코포 디 마르코발도 「보르도네 마돈나」」, 1261, 나무에 템페라, 225×125cm, 산타 마리아 데이 세르비, 시에나.

그림 53 「니코포이아」, 산 마르코 성당, 베네치아.

그림 54 칼렌다리오, 「베네치아」, 1355, 도제궁, 베네치아.

그림 55 자코포 토리티, 「산타 마리아 마조레 앱스 모자이크」, 1295, 산타 마리아 마조레 성당, 로마.

그림 56 「성모자」, 산타 마리아 마조레, 로마.

그림 57 「그리스도 이콘」, 라테란 교회, 로마.

그림 58 「성모대관」, 1310 이후, 서측 파사드 상단 게이블, 두오모, 시에나.

그림 59 두초 디 부오니세나, 「마리아의 일생」, 1288, 앱스 스테인드글라스 창, 두오모, 시에나.

그림 60 두초 디 부오니세나, 「마에스타」, 1308~1311, 나무에 템페라, 214×412cm, 뮤제오 델 두오모 박물관, 시에나.

그림 61 아뇰로 가디, 「마리아의 생애」, 1392~1395, 프레스코, 산토 스페타노 대성당, 프라토.

그림 62 '그림 61'의 세부: 「성모대관」.

그림 63 '그림 61'의 세부: 「성모의 죽음과 승천」

그림 64 아뇰로 가디, 「성모대관」, 1380~1388, 패널에 템페라, 182.2×94cm, 내셔널 갤러리, 런던.

그림 65 조토 디 본도네, 「바론첼리 제단화」, c. 1334, 나무에 템페라, 185×323cm, 바론첼리 채플, 산타 크로체, 피렌체.

그림 66 '그림 65'의 세부: 「성모대관」.

그림 67 아뇰로 가디, 「옥좌에 앉은 성모」.

그림 68 아뇰로 가디, 「성모대관」 1388~1393, 패널에 템페라, 162.6×79.4cm, 내셔널 갤러리, 워싱턴.

그림 69 파올로 베네치아노, 「성모대관」, c. 1324, 패널에 템페라, 99.1×77.5cm, 내셔널 갤러리, 워싱턴.

그림 70 파올로 베네치아노, 「성 글라라 성당 제단화」, 1350, 패널에 템페라, 167×285cm, 아카데미아 갤러리, 베네치아.

그림 71 '그림 70'의 세부: 「성모대관」.

그림 72 파올로 베네치아노, 「성모대관」, 1358, 패널에 템페라, 109.86×68.58cm, 프릭 컬렉션, 뉴욕.

그림 73 젠틸레 다 파브라아노, 「발레 로미타 제단화」, 1410
이전, 패널에 템페라, 브레라 미술관, 밀라노.

그림 74 '그림 73'의 세부: 「성모대관」.

그림 75 젠틸레 다 파브리아노, 「성모대관」, c. 1420, 패널에
템페라, 게티 미술관, 말리부.

그림 76 프란체스코 디 조르조, 「성모대관」, 1471, 나무에 템
페라, 337×200cm, 국립 미술관, 시에나.

그림 77 '그림 76'의 세부.

그림 78 프라 필리포 리피, 「성모대관」, 1441, 나무에 템페라, 200×287cm, 우피치, 피렌체.

그림 79 프라 안젤리코, 「피에졸레 제단화」, c. 1440, 패널에 탬페라, 240×211cm, 루브르, 파리.

그림 80 프라 필리포 리피, 「성모의 죽음과 대관」, c. 146 프레스코, 산타 마리아 아순타, 스폴레토.

그림 81 '그림 80'의 세부: 「성모대관」.

그림 82 '그림 80'의 세부: 「성모의 죽음」.

그림 83 산드로 보티첼리, 「성모대관」, c. 1488, 패널에 템페라, 우피치, 피렌체.

그림 84 라파엘로, 「성모대관」, 1502~1503, 캔버스에 유채, 267×163cm, 피나코테카, 바티칸.

그림 85 프라 안젤리코, 「최후의 심판 세부: 낙원」, 1432~1435, 나무에 템페라, 105×210cm, 산 마르코 미술관, 피렌체.

그림 86 프라 안젤리코, 「산 에지디오 제단화」, 1430~1435, 나무에 템페라, 112×114cm, 우피치, 피렌체.

그림 88 프라 안젤리코, 「성모대관」, 1438~1452, 프레스코, 산 마르코 수도원, 피렌체.

그림 87 '그림 86'의 세부: 「섬광」.

그림 89 로렌조 모나코, 「성모대관」, 1414, 나무에 템페라, 50×350cm, 우피치 미술관, 피렌체.

그림 90 로렌조 모나코, 「산 베네데토 제단화」, c. 1414, 나무에 템페라, 182×105cm(left), 217×115cm(central), 179×102cm(right), 내셔널 갤러리, 런던.

그림 91 프라 필리포 리피, 「마르수피니 제단화」」, 1444, 패널, 167×69cm, 172×93cm, 167×82cm, 피나코테카, 바티칸.

그림 92 프라 안젤리코, 「안날레나 제단화」, c. 1445, 나무에 템페라, 180×202cm, 산 마르코 미술관, 피렌체.

그림 93 도메니코 베네치아노, 「성 루치아 제단화」, c. 1445, 나무에 템페라, 209×216cm, 우피치, 피렌체.

그림 94 프라 안젤리코, 「성모대관」, c. 1434, 패널에 ■라, 42×25cm, 산 마르코 수도원, 피렌체.

그림 95 조반니 벨리니, 「페사로 제단화」, 1471~1473, 패널에 유채, 시립미술관, 페사로.

그림 97 '그림 95'의 세부: 「피에타」.

그림 96 자코벨로 델 피오레, 「성모대관」, 1438, 패널에 템페라, 283×303cm, 아카데미아 미술관, 베네치아.

그림 98 '그림 84'의 세부: 「성모대관」.

그림 99 자크-루이 다비드, 「황제 나폴레옹 1세와 황후 조세핀의 대관식」, 1805~1807, 캔버스에 유채, 629×979cm, 루브르, 파리.

그림 100 '그림 99'의 세부: 「조세핀의 대관」.

찾아보기

* 이탤릭체는 그림 제목임

ㅁ

ㅂ

ㅅ